O GRANDE MASSACRE DE GATOS

Robert Darnton

O GRANDE MASSACRE DE GATOS

E OUTROS EPISÓDIOS DA HISTÓRIA CULTURAL FRANCESA

Tradução

Sonia Coutinho

9ª edição

Paz & Terra

Rio de Janeiro

2024

Copyright do texto: © Basic Books, Inc
1ª edição Graal - 1986
1ª edição Paz e Terra - 2014
Copyright desta edição: © 2011, Edições Graal Ltda.

Direitos de edição da obra em língua portuguesa no Brasil adquiridos pela
EDIÇÕES GRAAL. Todos os direitos reservados. Nenhuma parte desta obra pode
ser apropriada e estocada em sistema de banco de dados ou processo similar,
em qualquer forma ou meio, seja eletrônico, de fotocópia, gravação etc., sem
a permissão do detentor do Copyright.

EDITORA PAZ E TERRA LTDA.
Rua Argentina, 171, 3º andar – 20921-380 – Rio de Janeiro, RJ – Tel.: (21) 2585-2000
http://www.record.com.br

Texto revisado segundo o Acordo Ortográfico da Língua Portuguesa de 1990.

Seja um leitor preferencial Record.
Cadastre-se e recebe informações sobre nossos
lançamentos e nossas promoções.

Atendimento e venda direta ao leitor:
sac@record.com.br

CIP-BRASIL. CATALOGAÇÃO NA FONTE
SINDICATO NACIONAL DOS EDITORES DE LIVROS, RJ.

Darnton, Robert
9ª ed.   O grande massacre de gatos : e outros
episódios da história cultural francesa / Robert Darnton;
tradução de Sonia Coutinho. - 9ª ed. - Rio de Janeiro: Paz
e Terra, 2024.

Título original: The great cat massacre

Bibliografia
ISBN 978-85-7753-304-6

1. Características nacionais francesas
2. Folclore - França 3. França - Civilização -
Século 18 I. Título.

11-03741   CDD-944.034

Impresso no Brasil
2024

Para Nicholas

Sumário

Lista de ilustrações		9
Agradecimentos		11
Apresentação		13

1   Histórias que os camponeses contam: o significado de Mamãe Ganso   21

    Apêndice: Variações de um conto   94

2   Os trabalhadores se revoltam: o grande massacre de gatos na rua Saint-Séverin   105

    Apêndice: A narrativa do massacre de gatos feita por Contat   138

3   Um burguês organiza seu mundo: a cidade como texto   143

    Apêndice: Uma mistura de estados na sociedade provinciana   185

4   Um inspetor de polícia organiza seus
    arquivos: a anatomia da república das letras   191

    Apêndice: Três *histoires*   241

5   Os filósofos podam a árvore do conhe-
    cimento: a estratégia epistemológica da
    Encyclopédie   247

    Apêndice: Três árvores do conhecimento   271

6   Os leitores respondem a Rousseau: a
    fabricação de sensibilidade romântica   277

    Apêndice: Encomendas de livros feitas por
    Ranson 1775-1785   324

    CONCLUSÃO   331
    NOTAS   339

LISTA DE ILUSTRAÇÕES

1 Contos de Mamãe Ganso, da ilustração original de *Contes de ma mère l'oye*, de Perrault. A foto é cortesia da Biblioteca Pierpont Morgan   20

2 Chapeuzinho Vermelho, de Gustave Doré. A foto é cortesia da Biblioteca Pierpont Morgan   27

3 O Gato de Botas, de Gustave Doré. A foto é cortesia da Biblioteca Pierpont Morgan   46

4 *O primeiro estágio da crueldade*, de William Hogarth. Reproduzida por cortesia dos curadores do Museu Britânico   104

5 O mundo virado de cabeça para baixo num desfile carnavalesco. A foto é cortesia da Bibliothèque Nationale, Paris   116

6 Diversões do povo na taverna Ramponeau, nas imediações de Paris. A foto é cortesia da Bibliothèque Nationale, Paris   119

7 Nu com um gato, de um estudo para a *Olympia* de Edouard Manet. A foto é cortesia de M. Knoedler & Co., Inc.   123

8 Crueldade para com os animais como cena cotidiana da vida doméstica. A foto é cortesia da Bibliothèque Nationale, Paris   124

9 Jovem feiticeira preparando-se para um sabá, de Antoine Wiertz. A foto é cortesia da Bibliothèque Nationale, Paris   126

10 Cortejo em honra da infanta espanhola em Paris, 1722. A foto é cortesia da Bibliothèque Nationale, Paris   142

11 Um desfile de dignitários em Toulouse. Foto de Jean Dieuzaide   146

12 *Propos* político num café parisiense. A foto é cortesia da Bibliothèque Nationale, Paris   190

13 Um *libelliste*, Jean de La Coste, no pelourinho. A foto é cortesia da Bibliothèque Nationale, Paris   205

14 *Nouvellistes* agrupados num café. A foto é cortesia da Bibliothèque Nationale, Paris   235

15 O Santuário da Verdade, uma alegoria das artes e das ciências, do frontispício da *Encyclopédie*. A foto é cortesia da Biblioteca da Universidade Brandeis   246

16 As alegrias da maternidade, de Moreau le Jeune. A foto é cortesia do Museu de Arte da Filadélfia: adquirida   276

17 O túmulo de Rousseau em Ermenonville. A foto é cortesia da Bibliothèque Nationale, Paris   307

AGRADECIMENTOS

ESTE LIVRO NASCEU DE UM CURSO, História 406, que venho dando na Universidade de Princeton desde 1972. Inicialmente, o curso era apenas uma introdução à história das mentalidades, mas acabou por se transformar num seminário de história e antropologia, graças à influência de Clifford Geertz, que há seis anos ministra-o comigo, e, ao fazê-lo, me vem ensinando a maior parte do que sei sobre antropologia. Quero manifestar a ele, e aos nossos alunos, a minha gratidão. Também devo muito ao Instituto de Estudos Avançados de Princeton, onde comecei a escrever este livro, como participante de um programa em torno de autoconsciência e mudança histórica, financiado pela Fundação Andrew W. Mellon. E, finalmente, gostaria de agradecer à Fundação John D. e Catherine T. MacArthur, que me concedeu uma bolsa cobiçada, possibilitando-me interromper meu trabalho normal para me empenhar — levando-a a termo — numa tarefa que deve ter parecido arriscada.

Apresentação

Este livro analisa as maneiras de pensar na França do século XVIII. Tenta mostrar não apenas o que as pessoas pensavam, mas como pensavam — como interpretavam o mundo, conferiam-lhe significado e lhe infundiam emoção. Em vez de seguir a estrada principal da história intelectual, a pesquisa conduz para o território ainda inexplorado que é conhecido na França como história das mentalidades.* Este gênero ainda não recebeu uma designação em inglês, mas poderia, simplesmente, ser chamado de história cultural; porque trata nossa própria civilização da mesma maneira como os antropólogos estudam as culturas exóticas. É história de tendência etnográfica.

A maioria das pessoas tende a pensar que a história cultural aborda a cultura superior, a Cultura com c maiúsculo. A história da cultura com c minúsculo remonta a Burckhardt, se não a Heródoto; mas ainda é pouco familiar e cheia de surpresas. Então, o leitor pode querer uma palavra de explicação. Enquanto o historiador das ideias esboça a filiação do pensamento formal, de um filósofo para outro, o historiador etnográfico estuda a maneira como as pessoas comuns entendiam o mundo. Tenta descobrir sua cosmologia, mostrar como organizavam a realidade em suas mentes e a expressavam em seu comportamento. Não tenta transformar

---

* O autor conserva a expressão em francês, pela razão que explica a seguir, mas em português é usual traduzi-la.

em filósofo o homem comum, mas ver como a vida comum exigia uma estratégia. Operando no nível corriqueiro, as pessoas comuns aprendem a "se virar" — e podem ser tão inteligentes, à sua maneira, quanto os filósofos. Mas, em vez de tirarem conclusões lógicas, pensam com coisas, ou com qualquer material que sua cultura lhes ponha à disposição, como histórias ou cerimônias.

Que coisas são boas para se pensar com elas? Claude Lévi--Strauss fez essa pergunta com relação aos totens e tatuagens da Amazônia, há 25 anos. Por que não tentar aplicá-la à França do século XVIII? Porque os franceses daquele século não podem ser entrevistados, responderá o cético; e, indo direto ao caso, ele acrescentará que os arquivos jamais podem servir de substitutos para o trabalho de campo. É verdade, mas os arquivos do Antigo Regime são excepcionalmente ricos e sempre é possível fazer perguntas novas ao material antigo. Além disso, não se deve imaginar que o antropólogo trabalhe facilmente com seu informante nativo. Ele também se depara com áreas de opacidade e silêncio, e tem de elucidar a interpretação que faz o nativo do pensamento dos outros nativos. A vegetação rasteira da mente pode ser tão impenetrável no campo quanto na biblioteca.

Mas uma coisa parece clara a todos os que voltam do trabalho de campo: os outros povos são diferentes. Não pensam da maneira que pensamos. E, se queremos entender sua maneira de pensar, precisamos começar com a ideia de captar a diferença. Traduzido em termos do ofício do historiador, isto talvez soe, simplesmente, como aquela familiar recomendação contra o anacronismo. Mas vale a pena repetir a afirmativa, porque nada é mais fácil do que deslizar para a confortável suposição de que os europeus pensavam e sentiam, há dois séculos, exatamente como o fazemos agora

— acrescentando-se as perucas e os sapatos de madeira. Precisamos de ser constantemente alertados contra uma falsa impressão de familiaridade com o passado, de recebermos doses de choque cultural.

Não há melhor maneira, acredito, do que peregrinar pelos arquivos. É difícil ler-se uma carta do Antigo Regime sem deparar com surpresas — qualquer coisa, desde o constante pavor de dor de dente, que existia em toda parte, até a obsessão de entrançar esterco para exibir nos montes de adubo, que permaneceu confinada a certas aldeias. O que era sabedoria proverbial para nossos ancestrais permanece completamente opaco para nós. Abrindo quaisquer livros de provérbios do século xviii, encontramos coisas como: "Quem é ranhento, que assoe o nariz." Quando não conseguimos entender um provérbio, uma piada, um ritual ou um poema, temos a certeza de que encontramos algo. Analisando o documento em que ele é mais opaco, talvez se consiga descobrir um sistema de significados estranho. O fio pode até conduzir a uma pitoresca e maravilhosa visão de mundo.

Este livro tenta explorar essas visões de mundo pouco familiares. Seu procedimento é examinar as surpresas proporcionadas por uma coleção improvável de textos; uma versão primitiva de "Chapeuzinho Vermelho" ("Little Red Hiding Hood"), a narrativa de um massacre de gatos, uma bizarra descrição de uma cidade, um curioso arquivo mantido por um inspetor de polícia — documentos que não se podem considerar típicos do pensamento do século xviii, mas que fornecem maneiras de penetrar nele. A exposição começa com as expressões mais vagas e gerais da visão de mundo e se torna cada vez mais precisa. O capítulo 1 fornece uma exegese do folclore que era familiar a quase todos na França, mas especialmente pertinente aos camponeses. O capítulo 2 interpreta as tradições de um grupo de artesãos urbanos. Subindo na escala social, o capítulo 3 mostra o que a vida urbana significava para o burguês provinciano. O cenário, em seguida, muda para Paris e para o mundo dos intelectuais — primeiro, como era visto pela polícia, que tinha sua própria maneira de enquadrar a realidade (capítulo 4), depois como era classificado epistemologicamente no texto-chave do Iluminismo, o *Discours préliminaire* da *Encyclopédie* (capítulo 5). O último capítulo mostra como a ruptura de Rousseau com os enciclopedistas abriu um novo caminho de pensamento e sentimento, que pode ser apreciado relendo-se Rousseau com a perspectiva de seus leitores.

A noção de leitura está em todos os capítulos, porque se pode ler um ritual ou uma cidade, da mesma maneira como se pode ler um conto popular ou um texto filosófico. O método de exegese pode variar, mas, em cada caso, a leitura é feita em busca do significado — o significado inscrito pelos contemporâneos no que quer que sobreviva de sua visão de mundo. Tentei, portanto, ir fazendo a minha leitura do século XVIII e anexei textos às minhas interpretações, de maneira que meu próprio leitor possa interpretar esses textos e discordar de mim. Não espero ter a última palavra e não tenho a pretensão à totalidade. Este livro não fornece um inventário de ideias de todos os grupos sociais e regiões geográficas do Antigo Regime. Também não oferece estudos de casos típicos, porque não acredito que exista algo como o camponês típico ou um burguês representativo. Em vez de sair à sua cata, persegui a série de documentos que me parecia mais rica, seguindo os indícios que me davam e apressando o passo logo que tropeçava numa surpresa. Desviar-se do caminho batido talvez não seja uma grande metodologia, mas cria a possibilidade de se apreciar alguns pontos de vista incomuns, que podem ser os mais reveladores. Não vejo por que a história cultural deva evitar o excêntrico, ou abraçar a média, porque não se pode calcular a média dos significados nem reduzir os símbolos ao seu mínimo denominador comum.

A confissão de não sistematização não implica que tudo entre na história cultural porque qualquer coisa possa passar como antropologia. O método antropológico da história tem um rigor próprio, mesmo quando possa parecer, a um cientista social tarimbado, suspeitosamente próximo da literatura. Começa com a premissa de que a expressão individual ocorre dentro de um idioma geral, de que aprendemos a classificar as sensações e a entender as coisas pensando dentro de uma estrutura fornecida por nossa cultura. Ao historiador, portanto, deveria ser possível descobrir a dimensão social do pensamento e extrair a significação de documentos, passando do texto ao contexto e voltando ao primeiro, até abrir caminho através de um universo mental estranho.

Esse tipo de história cultural pertence às ciências interpretativas. Pode parecer demasiado literária para ser classificada sob a marca registrada* de ciência, no universo do idioma inglês, mas se ajusta muito bem à de *sciences humaines*, na França. Não é um gênero fácil e está destinado

---

* O autor usa a expressão francesa *appelation contrôlée*.

à imperfeição, mas não deveria ser inviável, mesmo em inglês. Todos nós, franceses e "anglo-saxões", pedantes ou camponeses, operamos dentro de coações culturais, exatamente como todos partilhamos convenções de fala. Então, os historiadores deveriam ser capazes de perceber como as culturas formulam maneiras de pensar, mesmo no caso dos grandes pensadores. Um poeta ou um filósofo podem levar a linguagem aos seus limites, mas, a certa altura, vão deparar-se com a estrutura externa da significação. Para além dela, jaz a loucura — o destino de Hölderlin e de Nietzsche. Mas, dentro dela, os grandes homens podem testar e deslocar as fronteiras da significação. Assim, deveria haver espaço para Diderot e Rousseau, num livro sobre mentalidades na França do século XVIII. Incluindo-os ao lado dos contadores de histórias camponeses e dos plebeus matadores de gatos, abandonei a diferenciação habitual entre cultura de elite e cultura popular, e tentei mostrar como os intelectuais e as pessoas comuns lidavam com o mesmo tipo de problema.

Percebo que existem riscos, quando alguém se afasta dos métodos estabelecidos da história. Alguns argumentarão que os dados são demasiado vagos para permitir que se chegue, algum dia, a penetrar nas mentes de camponeses desaparecidos há dois séculos. Outros se ofenderão com a ideia de que se interprete um massacre de gatos com a mesma linha de pensamento com que se interpreta o *Discours préliminaire* da *Encyclopédie*, ou mesmo com o fato de se chegar a interpretá-lo. E um número ainda maior de leitores reagirá contra a arbitrariedade de se selecionarem alguns poucos documentos estranhos como vias de acesso ao pensamento do século XVIII, em vez de se proceder de maneira sistemática, através do cânone dos textos clássicos. Acho que existem respostas válidas para essas objeções, mas não quero transformar esta apresentação num discurso sobre o método. Em vez disso, gostaria de convidar o leitor a começar a palmilhar o meu texto. Talvez não fique convencido, mas espero que aprecie a jornada.

Contos de Mamãe Ganso, da ilustração original de Contes de ma mère l'oye, de Perrault. A foto é cortesia da Biblioteca Pierpont Morgan.

1

Histórias que os camponeses contam: o significado de Mamãe Ganso

O universo mental dos não iluminados, durante o Iluminismo, parece estar irrecuperavelmente perdido. É tão difícil, se não impossível, situar o homem comum do século xviii, que parece uma tolice pesquisar sua cosmologia. Mas, antes de desistir da tentativa, talvez fosse útil esquecer a nossa descrença e lembrar uma história — uma história que todos conhecem, embora em versão diferente da que reproduzimos a seguir, que é a do conto mais ou menos como era narrado em torno às lareiras, nas cabanas dos camponeses, durante as longas noites de inverno, na França do século xviii.[1]

Certo dia, a mãe de uma menina mandou que ela levasse um pouco de pão e de leite para sua avó. Quando a menina ia caminhando pela floresta, um lobo aproximou-se e perguntou-lhe para onde se dirigia.

— Para a casa de vovó — ela respondeu.

— Por que caminho você vai, o dos alfinetes ou o das agulhas?

— O das agulhas.

Então o lobo seguiu pelo caminho dos alfinetes e chegou primeiro à casa. Matou a avó, despejou seu sangue numa garrafa e cortou sua carne em fatias, colocando tudo numa travessa. Depois, vestiu sua roupa de dormir e ficou deitado na cama, à espera.

Pam, pam.

— Entre, querida.

— Olá, vovó. Trouxe para a senhora um pouco de pão e de leite.

— Sirva-se também de alguma coisa, minha querida. Há carne e vinho na copa.

A menina comeu o que lhe era oferecido, e enquanto o fazia um gatinho disse: "Menina perdida! Comer a carne e beber o sangue de sua avó!"

Então, o lobo disse:

— Tire a roupa e deite-se na cama comigo.

— Onde ponho meu avental?

— Jogue no fogo. Você não vai precisar mais dele.

Para cada peça de roupa — corpete, saia, anágua e meias — a menina fazia a mesma pergunta. E, a cada vez, o lobo respondia:

— Jogue no fogo. Você não vai precisar mais dela.

Quando a menina se deitou na cama, disse:

— Ah, vovó! Como você é peluda!

— É para me manter mais aquecida, querida.

— Ah, vovó! Que ombros largos você tem!

— É para carregar melhor a lenha, querida.

— Ah, vovó! Como são compridas as suas unhas!

— É para me coçar melhor, querida.

— Ah, vovó! Que dentes grandes você tem!

— É para comer melhor você, querida.

E ele a devorou.

Qual é a moral dessa história? Para as meninas, é clara: afastem-se dos lobos. Para os historiadores, parece dizer algo sobre o universo mental dos camponeses, no início dos tempos modernos. Mas o quê? Como pode alguém partir para a interpretação de um texto desses? Um dos caminhos passa pela psicanálise. Os analistas examinaram minuciosamente os contos populares, identificando símbolos escondidos, motivos inconscientes e mecanismos psíquicos. Consideremos, por exemplo, a exegese de "Chapeuzinho Vermelho" feita por dois dos melhores psicanalistas, Erich Fromm e Bruno Bettelheim.

Fromm interpretou o conto como um enigma referente ao inconsciente coletivo na sociedade primitiva e decifrou-o "sem dificuldade", decodificando sua "linguagem simbólica". A história diz respeito à confrontação de uma adolescente com a sexualidade adulta, explicou ele. Seu significado oculto aparece através de seu simbolismo — mas os símbolos que ele viu, em sua versão do texto, baseavam-se em aspectos que não existiam nas versões conhecidas dos camponeses, nos séculos XVII e XVIII. Assim, ele enfatiza o (inexistente) chapeuzinho vermelho como um símbolo da menstruação e a (inexistente) garrafa que levava a menina como símbolo da virgindade: daí a (inexistente) advertência da mãe, para que ela não se desviasse do caminho, entrando em regiões ermas, onde poderia quebrá-la. O lobo é o macho estuprador. E as duas (inexistentes) pedras colocadas na barriga do lobo, depois que o (inexistente) caçador retira a menina e sua avó, representam a esterilidade, a punição por infringir um tabu sexual. Assim, com uma misteriosa sensibilidade para detalhes que não apareciam no conto original, o psicanalista nos conduz para um universo mental que nunca existiu ou, pelo menos, que não existia antes do advento da psicanálise.[2]

Como poderia alguém entender um texto de maneira tão equivocada? A dificuldade não decorre do dogmatismo profissional — porque os psicanalistas não precisam ser mais rígidos que os poetas, em sua manipulação de símbolos — mas, principalmente, da cegueira diante da dimensão histórica dos contos populares.

Fromm não se preocupou em mencionar sua fonte, mas, aparentemente, tirou seu texto dos irmãos Grimm. Os Grimm o conseguiram, juntamente com "O Gato de Botas", "Barba Azul" e algumas poucas outras histórias, com Jeannette Hassenpflug, vizinha e amiga íntima deles, em Kassel; e ela ouviu as histórias de sua mãe, que descendia de uma família francesa huguenote. Os huguenotes trouxeram seu próprio repertório de contos para a Alemanha, quando fugiram da perseguição de Luís XIV. Mas não os recolheram diretamente da tradição popular oral. Leram-nos em livros escritos por Charles Perrault, Marie Cathérine d'Aulnoy e outros, durante a voga dos contos de fadas nos círculos elegantes de Paris, no fim do século XVII. Perrault, mestre do gênero, realmente recolheu seu material da tradição oral do povo (sua principal fonte, provavelmente, era a babá de seu filho). Mas ele retocou tudo, para atender ao gosto dos sofisticados frequentadores dos salões, *précieuses* e cortesãos aos quais ele endereçou a primeira versão publicada de Mamãe Ganso, seu *Contes de ma mère l'oye*, de 1697. Assim, os contos que chegaram aos Grimm através dos Hassenpflug não eram nem muito alemães nem muito representativos da tradição popular. Na verdade, os Grimm reconheceram sua natureza literária e afrancesada e, por isso, eliminaram-na da segunda edição do *Kinderund Hausmärchen* — com exceção de "Chapeuzinho Vermelho". Este permaneceu na coletânea, evidentemente, porque Jeannette Hassenpflug lhe enxertara um final feliz, tirado de "O lobo e as crianças" (conto do tipo 123, de acordo com o esquema de classificação padrão elaborado por Antti Aarne e Stith Thompson), um dos mais populares na Alemanha. Assim, "Chapeuzinho Vermelho" inseriu-se na tradição literária alemã e, mais tarde, na inglesa, com suas origens francesas não detectadas. Ela mudou consideravelmente suas características, ao passar da classe camponesa francesa para o quarto do filho de Perrault e daí partir para a publicação, atravessando depois o Reno e voltando para uma tradição oral, mas, desta vez, como parte da diáspora huguenote, dentro da qual retornou sob a forma de livro, mas, agora, como produto da floresta teutônica, em lugar das lareiras das aldeias do tempo do Antigo Regime, na França.[3]

Fromm e vários outros exegetas psicanalíticos não se preo-
cuparam com a transformação do texto — na verdade, nada
sabiam a respeito — porque tinham o conto que desejavam.
Começa com o sexo na puberdade (o chapeuzinho vermelho*
que não existe na tradição oral francesa) e termina com o triunfo do ego (a menina resgatada — que, em geral, é devorada,
nos contos franceses) sobre o id (o lobo, que jamais é morto,
nas versões tradicionais). Tudo está bem, quando termina bem.

O final é particularmente importante para Bruno Bettelheim,
o último da série de psicanalistas que tentaram a sorte com "Chapeuzinho Vermelho". Para ele, a chave da história, e de todas as
histórias desse tipo, é a mensagem afirmativa de seu desenlace.
Tendo um final feliz, declara, os contos populares permitem às
crianças enfrentarem seus desejos e medos inconscientes e emer-
girem incólumes, o id subjugado e o ego triunfante. O id é o vilão
do "Chapeuzinho Vermelho", na versão de Bettelheim. É o princípio do prazer que faz a menina se extraviar, quando já está crescida demais para a fixação oral (o estágio representado por "João
e Maria") e ainda é muito nova para o sexo adulto. O id é também
o lobo, que é também o pai, que é também o caçador, que é também o ego e, de alguma forma, igualmente o superego. Encami-
nhando o lobo para sua avó, Chapeuzinho Vermelho consegue,
de maneira edipiana, liquidar sua mãe, porque as mães também
podem ser avós, na organização moral da alma, e as casas dos
dois lados dos bosques são, na verdade, a mesma casa, como em
"João e Maria", no qual são, também, o corpo da mãe. Essa de-
sembaraçada mistura de símbolos proporciona a Chapeuzinho
Vermelho uma oportunidade de ir para a cama com seu pai, o
lobo, dando vazão, assim, às suas fantasias edipianas. Ela sobrevive, no fim, porque renasce num nível mais elevado de existência,
quando seu pai reaparece como ego-superego-caçador e corta a

---

* Ou "capuzinho vermelho", numa tradução literal. [N.T.]

barriga do seu pai como lobo-id, para tirá-la de lá, e todos vivem felizes para sempre.[4]

A generosa visão do simbolismo que tem Bettelheim fornece uma interpretação menos mecanicista do conto do que a resultante do conceito de código secreto que tem Fromm, mas também decorre de algumas crenças não questionadas quanto ao texto. Embora cite comentaristas de Grimm e Perrault em número suficiente para indicar alguma consciência do folclore como disciplina universitária, Bettelheim lê "Chapeuzinho Vermelho" e os outros contos como se não tivessem história alguma. Aborda-os, por assim dizer, horizontalizados, como pacientes num divã, numa contemporaneidade atemporal. Não questiona suas origens nem se preocupa com outros significados que possam ter tido em outros contextos, porque sabe como a alma funciona e como sempre funcionou. Na verdade, no entanto, os contos populares são documentos históricos. Surgiram ao longo de muitos séculos e sofreram diferentes transformações, em diferentes tradições culturais. Longe de expressarem as imutáveis operações do ser interno do homem, sugerem que as próprias mentalidades mudaram. Podemos avaliar a distância entre nosso universo mental e o dos nossos ancestrais se nos imaginarmos pondo para dormir um filho nosso contando-lhe a primitiva versão camponesa do "Chapeuzinho Vermelho". Talvez, então, a moral da história devesse ser: cuidado com os psicanalistas — e cuidado com o uso das fontes. Parece que voltamos ao historicismo.[5]

Não inteiramente, no entanto, porque "Chapeuzinho Vermelho" tem uma aterrorizante irracionalidade, que parece deslocada na Idade da Razão. Na verdade, a versão dos camponeses ultrapassa a dos psicanalistas, em violência e sexo. (Seguindo os Grimm e Perrault, Fromm e Bettelheim não mencionam o ato de canibalismo com a avó e o *strip-tease* antes de a menina ser devorada.) Evidentemente, os camponeses não precisavam de um código secreto para falar sobre tabus.

Chapeuzinho Vermelho, de Gustave Doré. A foto é cortesia da Biblioteca Pierpont Morgan.

As outras histórias da Mamãe Ganso dos camponeses franceses têm as mesmas características de pesadelo. Numa versão primitiva da "Bela Adormecida" (conto do tipo 410), por exemplo, o Príncipe Encantado, que já é casado, viola a princesa e ela tem vários filhos com ele, sem acordar. As crianças, finalmente, quebram o encantamento, mordendo-a durante a amamentação, e o conto então aborda seu segundo tema: as tentativas da sogra do príncipe, uma ogra, de comer sua prole ilícita. O "Barba Azul" original (conto do tipo 312) é a história de uma noiva que não consegue resistir à tentação de abrir uma porta proibida na casa de seu marido, um homem estranho, que já teve seis mulheres. Ela entra num quarto escuro e descobre os cadáveres das esposas anteriores, pendurados na parede. Horrorizada, deixa a chave proibida cair de sua mão numa poça de sangue, no chão. Não consegue limpá-la; então, Barba Azul descobre sua desobediência, ao examinar as chaves. Enquanto ele amola sua faca, preparando-se para transformá-la na sétima vítima, ela se recolhe em seu quarto e veste seu traje de casamento. Mas demora a se vestir, o tempo suficiente para ser salva por seus irmãos, que galopam em seu socorro depois de receberem um aviso de seu pombo de estimação. Num dos primeiros contos do ciclo de Cinderela (conto do tipo 510B), a heroína torna-se empregada doméstica, a fim de impedir o pai de forçá-la a se casar com ele. Em outro, a madrasta ruim tenta empurrá-la para dentro de um fogão, mas incinera, por engano, uma das mesquinhas irmãs postiças. Em "João e Maria" ("Hansel e Gretel", conto do tipo 327), na versão dos camponeses franceses, o herói engana um ogro fazendo-o cortar a garganta de seus próprios filhos. Um marido devora uma sucessão de recém-casadas, no leito conjugal, em "La Belle et le monstre"* (conto do tipo 433), uma das centenas de contos que jamais chegaram a ser incluídos nas versões publicadas de Mamãe Ganso. Num conto mais desagradável, "Les trois chiens"** (conto do tipo 315), uma irmã mata seu irmão escondendo grandes pregos no colchão de seu leito conjugal. No conto mais maligno de todos, "Ma mère m'a tué, mon père m'a mangé"*** (conto do tipo 720), uma mãe faz do filho picadinho e o cozinha, preparando uma caçarola à lionesa, que sua filha serve ao pai. E por aí vai, do estupro e da sodomia ao incesto e ao canibalismo. Longe de ocultar sua mensagem

---

* "A bela e a fera".
** "Os três cães".
*** "Minha mãe me matou, meu pai me devorou".

com símbolos, os contadores de histórias do século XVIII, na França, retratavam um mundo de brutalidade nua e crua.

Como podem os historiadores entender esse mundo? Uma maneira de ele não perder o pé, em meio às ondas do psiquismo expresso nas primeiras versões de Mamãe Ganso, é segurar-se firme em duas disciplinas: a antropologia e o folclore. Quando discutem teoria, os antropólogos discordam quanto aos fundamentos de sua ciência. Mas, quando saem em campo, usam, para a compreensão das tradições orais, técnicas que podem, com discernimento, ser aplicadas ao folclore ocidental. Com exceção de alguns estruturalistas, eles relacionam os contos com a arte de narrar histórias e com o contexto no qual isso ocorre. Examinam a maneira como o narrador adapta o tema herdado a sua audiência, de modo que a especificidade do tempo e do lugar apareça, através da universalidade do motivo. Não esperam encontrar comentários sociais diretos, ou alegorias metafísicas, porém mais um tom de discurso — ou um estilo cultural — capaz de comunicar um *ethos* e uma visão de mundo particulares.[6] Folclore "científico", como o chamam os franceses (os especialistas americanos, com frequência, distinguem entre folclore e "fakelore"*), implica a compilação e comparação de contos de acordo com o esquema padronizado de tipos elaborado por Antti Aarne e Stith Thompson. Não exclui, necessariamente, análises formalistas como as de Vladimir Propp, mas enfatiza a rigorosa documentação — a ocasião em que foi feita a narrativa, os antecedentes do narrador e o grau de contaminação pelas fontes escritas.[7]

Os folcloristas franceses registraram cerca de 10 mil contos, em muitos dialetos diferentes, em todos os recantos da França e dos territórios de idioma francês. Por exemplo, durante uma viagem ao Berry, para visitar o Musée des arts et traditions po-

---

* "Fakelore" — falsificação da tradição. [N.T.]

pulaires, em 1945, Ariane de Félice registrou uma versão de "Le Petit Poucet" ("Pequeno Polegar", conto do tipo 327), contada por uma camponesa, Euphrasie Pichon, que nascera em 1862, na vila de Eguzon (Indre). Em 1879, Jean Drouillet escreveu outra versão, tal como a escutou de sua mãe, Eugénie, que a aprendera, por sua vez, com a mãe dela, Octavie Riffet, na aldeia de Teillay (Cher). As duas versões são quase idênticas e nada devem à primeira narrativa impressa do conto, que Charles Perrault publicou em 1697. Estes e mais oitenta "Petits Poucets" que os folcloristas compilaram e compararam, detalhe por detalhe, pertencem a uma tradição oral que sobreviveu, com uma contaminação pela cultura impressa notavelmente pequena, até o final do século xix. A maioria dos contos do repertório francês foi recolhida por escrito entre 1870 e 1914, durante "a Idade de Ouro da pesquisa dos contos populares na França", e quem narrou as histórias foram camponeses que as haviam aprendido na infância, muito antes de a alfabetização se disseminar no campo. Assim, em 1874, Nannette Levesque, uma camponesa analfabeta, nascida em 1794, ditou uma versão do "Chapeuzinho Vermelho" que remonta ao século xviii; e, em 1865, Louis Grolleau, criado doméstico nascido em 1803, ditou uma versão de "Le Pou" (conto do tipo 621) que ouvira pela primeira vez nos tempos do Império. Como todos os contadores de histórias, os narradores camponeses adaptavam o cenário de seus relatos ao seu próprio meio; mas mantinham intatos os principais elementos, usando repetições, rimas e outros dispositivos mnemônicos. Embora o elemento do "desempenho", que é central no estudo do folclore contemporâneo, não transpareça nos antigos textos, os folcloristas argumentam que os registros da Terceira República fornecem evidências suficientes para que possam reconstituir, em linhas gerais, uma tradição oral existente há dois séculos.[8]

Essa afirmação pode parecer extravagante, mas estudos comparativos revelaram surpreendentes semelhanças em diferentes anotações do mesmo conto, mesmo tendo sido feitas em aldeias remotas, muito afastadas umas das outras e da circulação de livros. Num estudo do "Chapeuzinho Vermelho", por exemplo, Paul Delarue comparou 35 versões, registradas em toda uma vasta área da *langue d'oil*. Vinte versões correspondiam exatamente ao primitivo "Conte de la mère grand" citado anteriormente, com exceção de alguns poucos detalhes (algumas vezes, a menina é devorada, em outras, ela escapa através de um artifício). Duas versões acompanham o conto de Perrault (o primeiro a mencionar o capuz vermelho). E o resto contém uma mistura dos relatos orais e escritos, cujos elementos se distinguem tão nitidamente quanto o alho e a mostarda num molho de salada francês.[9]

Evidências escritas provam que os contos existiam antes de ser concebido o "folclore", neologismo do século XIX.[10] Os pregadores medievais utilizavam elementos da tradição oral para ilustrar argumentos morais. Seus sermões, transcritos em coleções de "Exempla" dos séculos XII ao XV, referem-se às mesmas histórias que foram recolhidas, nas cabanas dos camponeses, pelos folcloristas do século XIX. Apesar da obscuridade que cerca as origens dos romances de cavalaria, as canções de gesta e os *fabliaux*, parece que boa parte da literatura medieval bebeu da tradição oral popular, e não o contrário. A "Bela Adormecida" apareceu num romance arturiano do século XIV e "Cinderela" veio à tona em *Propos rustiques*, de Noël du Fail, de 1547, livro que situou as origens dos contos nas tradições camponesas e mostrou como eles eram transmitidos; porque Du Fail fez a primeira descrição por escrito de uma importante instituição francesa, a *veillée*, reunião junto à lareira, à noitinha, quando os homens consertavam suas ferramentas e as mulheres costuravam, escutando as histórias que seriam registradas pelos folcloristas trezentos anos depois e que já duravam séculos.[11] Pretendessem elas divertir os adultos ou assustar as crianças, como no caso de contos de advertência, como "Chapeuzinho

Vermelho", as histórias pertenciam sempre a um fundo de cultura popular, que os camponeses foram acumulando através dos séculos, com perdas notavelmente pequenas.

As grandes coletâneas de contos populares, organizadas no fim do século XIX e início do XX, oferecem, portanto, uma rara oportunidade de se tomar contato com as massas analfabetas que desapareceram no passado, sem deixar vestígios. Rejeitar os contos populares porque não podem ser datados nem situados com precisão, como outros documentos históricos, é virar as costas a um dos poucos pontos de entrada no universo mental dos camponeses, nos tempos do Antigo Regime. Mas tentar penetrar esse mundo é enfrentar uma série de obstáculos tão assustadores como aqueles com que se deparou "Jean de l'Ours" (conto do tipo 301B) ao tentar resgatar da região dos mortos as três princesas espanholas, ou o pequeno Parle (conto do tipo 328), quando planejou apoderar-se do tesouro do ogre.

O maior obstáculo é a impossibilidade de escutar as narrativas, como eram feitas pelos contadores de histórias. Por mais exatas que sejam, as versões escritas dos contos não podem transmitir os efeitos que devem ter dado vida às histórias no século XVIII: as pausas dramáticas, as miradas maliciosas, o uso dos gestos para criar cenas — uma Branca de Neve com uma roda de fiar, uma Cinderela catando os piolhos de uma irmã postiça — e o emprego de sons para pontuar as ações — uma batida na porta (muitas vezes obtida com pancadas na testa de um ouvinte) ou uma cacetada, ou um peido. Todos esses dispositivos configuravam o significado dos contos e todos eles escapam ao historiador. Ele não pode ter certeza de que o texto inerte e sem vida que ele segura, entre as capas de um livro, fornece um relato exato da interpretação que ocorreu no século XVIII. Não pode sequer ter certeza de que o texto corresponde às versões não escritas que existiam um século antes. Embora possa encontrar muitas evidências provando que o conto em si existiu, não pode acalmar suas suspeitas de que talvez tenha sofrido grandes transformações, antes de chegar aos folcloristas da Terceira República.

Diante dessas incertezas, parece desaconselhável elaborar uma interpretação com base numa única versão de um único conto, e mais arriscado ainda basear análises simbólicas em detalhes — capuzes vermelhos e caçadores — que podem não ter aparecido nas versões dos camponeses. Mas há registros dessas versões em número suficiente — 35 "Chapeuzinhos Vermelhos", noventa "Pequenos Polegares", 105 "Cinderelas" — para se poder perceber as linhas gerais de um conto, como ele existiu na tradição oral. É possível estudá-lo no nível da estrutura, observando a maneira como a narrativa é organizada e como os temas se combinam, em vez de nos concentrarmos em pequenos detalhes. Assim, é possível comparar o conto com outras histórias. E, finalmente, trabalhando com todo o conjunto dos contos populares franceses, poderemos distinguir características gerais, temas centrais e elementos difusos de estilo e tom.[12]

Também se pode procurar ajuda e conforto da parte de especialistas no estudo da literatura oral. Milman Parry e Albert Lord mostraram como epopeias populares tão longas quanto a *Ilíada* passaram fielmente de bardo para bardo, entre os camponeses analfabetos da Iugoslávia. Esses "cantores de contos" não têm os poderes fabulosos de memorização algumas vezes atribuídos aos povos "primitivos". Não memorizam muito, absolutamente. Em vez disso, combinam frases estereotipadas, fórmulas e segmentos de narrativa, em ordens improvisadas de acordo com a reação de sua audiência. Anotações da mesma epopeia, narrada pelo mesmo cantor, demonstram que cada interpretação é única. No entanto, anotações feitas em 1950 não diferem, nas coisas essenciais, das que foram feitas em 1934. Em cada caso, o cantor procede como se caminhasse por uma estrada bem conhecida. Pode desviar-se aqui, para fazer uma pausa, ou ali, para apreciar uma vista, mas sempre permanece em terreno familiar — tão familiar, na verdade, que seria capaz de dizer que repetiu exatamente os mesmos passos dados antes. Não concebe a repetição da mesma maneira que a pessoa alfabetizada, porque não tem noção de palavras, linhas e versos. Os textos, para ele, não são rigidamente fixos, como são para os leitores da página impressa. Cria seu texto ao narrá--lo, escolhendo novos caminhos através dos velhos temas. Até pode trabalhar com material tirado de fontes impressas, porque a epopeia, no todo, é tão maior que a soma de suas partes a ponto de as modificações de detalhes mal perturbarem sua configuração geral.[13]

As pesquisas de Lord confirmam as conclusões a que chegou Vladimir Propp, através de um método de análise diferente, demonstrando como as variações de detalhes, nos contos populares russos, permanecem subordinadas a estruturas estáveis.[14] Pesquisadores de campo, atuando entre povos analfabetos na Polinésia, África e América do Norte e do Sul, também descobriram que as tradições orais têm um enorme poder de resistência. As opiniões se dividem quanto à questão separada de saber se as fontes orais podem ou não fornecer relatos confiáveis de acontecimentos passados. Robert Lowie, que recolheu narrativas dos índios Crow, no início do século xix, adotou uma posição de extremo ceticismo: "Não posso atribuir às tradições orais o mínimo valor histórico, sob quaisquer condições."[15] Por valor histórico, no entanto, Lowie entendia exatidão factual. (Em 1910, ele anotou o relato, feito por um Crow, de um combate contra os Dakota; em 1931, o mesmo informante descreveu-lhe a batalha, mas declarou que fora contra os Cheyenne.) Lowie admitiu que as histórias, consideradas como tal, permaneciam bastante consistentes; ampliavam-se e se desdobravam dentro dos padrões habituais da narrativa Crow. Então, suas descobertas, na verdade, confirmam o ponto de vista de que, na narrativa tradicional de histórias, as continuidades de forma e de estilo têm mais peso que as variações de detalhes, seja entre os índios norte-americanos ou entre os camponeses iugoslavos.[16] Frank Hamilton Cushing observou um exemplo marcante dessa tendência entre os Zuni, há quase um século. Em 1886, ele serviu como intérprete de uma delegação Zuni, no leste dos Estados Unidos. Durante uma rodada de histórias, certa noite, ele contou, como sua contribuição, o conto "O galo e o camundongo", que tirara de um livro de contos populares italianos. Cerca de um ano depois, ficou pasmado ao escutar um dos índios contar a mesma história, já entre os Zuni. Os temas italianos permaneciam suficientemente identificáveis para permitir uma classificação do conto no esquema de Aarne-Thompson (é conto do tipo 2.032). Mas todo o resto, na história — sua estrutura, figuras de linguagem, alusões, estilo e a atmosfera geral —, se havia tornado intensamente Zuni. Em vez de italianizar as tradições nativas, a história fora *zunificada*.[17]

Sem dúvida, o processo de transmissão afeta as histórias de maneiras diferentes, em culturas diferentes. Alguns conjuntos de tradições folclóricas podem resistir à "contaminação", embora absorvendo novo material de maneira mais efetiva que outros. Mas as tradições orais parecem ser tenazes e altamente duráveis quase em toda parte, entre os povos sem escrita. Também não se desmantelam com sua primeira exposição à palavra impressa. Apesar da afirmação de Jack Goody, de que uma linha de alfabetização corta toda a história, dividindo as culturas orais das "escritas", ou "impressas", parece que a narrativa tradicional de contos pode florescer muito tempo depois do começo da alfabetização. Para os antropólogos e folcloristas que saíram em campo atrás dos contos, não há nada extravagante na ideia de que os narradores camponeses no fim do século XIX, na França, contavam histórias um ao outro de maneira bastante parecida com a dos seus ancestrais, de um século antes, ou mais.[18]

Por mais confortador que possa ser esse testemunho dos peritos, não esclarece todas as dificuldades para a interpretação dos contos franceses. Os textos são bastante acessíveis, porque permanecem inexplorados, em casas que abrigam tesouros, como o Musée des arts et traditions populaires, em Paris, e em coletâneas universitárias como *Le Conte populaire français*, de Paul Delarue e Marie-Louise Tenèze. Mas não se pode tirá-los dessas fontes e erguê-los para o exame, como se fossem outras tantas fotografias do Antigo Regime, tiradas pelo olho inocente de uma classe camponesa extinta. São histórias.

Como na maioria dos tipos de narrativa, desenvolvem tramas padronizadas, a partir de temas convencionais, recolhidos aqui, ali e em toda parte. Apresentam uma aflitiva falta de especificidade para qualquer pessoa que deseje situá-los em pontos precisos do tempo e do espaço. Raymond Jameson estudou o caso de uma Cinderela chinesa do século IX. Ela recebe suas chinelas de um peixe mágico, em vez de uma fada madrinha, e perde uma delas numa festa de aldeia, em vez de num baile real, mas tem uma semelhança inconfundível com a heroína de Perrault.[19] Os folcloristas reconheceram seus contos em Heródoto e Homero, em antigos papiros egípcios e em plaquetas de pedra caldeias; e reproduziram-nos por escrito no mundo inteiro, na Escandinávia e na África, entre indianos às margens do Bengala e índios ao longo do Missouri. A dispersão é tão notável que alguns chegaram a acreditar em "histórias primordiais" e num repertório básico, indo-europeu, de mitos, lendas e contos. Esta tendência se alimenta das teorias cósmicas de Frazer, Jung e Lévi-Strauss, mas não ajuda ninguém a tentar penetrar na mentalidade dos camponeses, nos primórdios da França moderna.

Felizmente, uma tendência mais terra a terra do folclore possibilita que sejam isoladas as características peculiares dos contos franceses tradicionais. *Le Conte populaire français* ordena-os de acordo com o esquema classificatório Aarne-Thompson, que abrange todas as variedades de contos populares indo-europeus. Assim, fornece a base para o estudo comparativo e as comparações sugerem a maneira como os temas gerais se enraizaram e cresceram em solo francês. "Pequeno Polegar" ("Le Petit Poucet", conto do tipo 327), por exemplo, tem um forte sabor francês, tanto em Perrault como nas versões camponesas, quando o comparamos com seu primo germânico, "João e Maria". O conto de Grimm enfatiza a floresta misteriosa e a ingenuidade das crianças diante do mal inescrutável, e tem toques mais fantasiosos e poéticos, como nos detalhes sobre a casa de pão e bolo e nos pássaros mágicos. As crianças francesas enfrentam um ogre, mas numa casa muito real. *Monsieur* e *Madame* Ogre discutem seus planos de dar um jantar, como se fossem qualquer casal de marido e mulher, e censuram um ao outro exatamente como faziam os pais do Pequeno Polegar. Na verdade, é difícil distinguir um casal do outro. Ambas as esposas simplórias jogam fora a fortuna de sua família; e seus maridos ralham com elas da mesma maneira, sendo que o ogre diz a sua mulher que ela merece ser devorada e que ele próprio faria o serviço, se ela não fosse uma *vieille bête* (vaca velha) tão pouco apetitosa.[20] Ao contrário de seus parentes alemães, os ogres franceses aparecem no papel de *le bourgeois de la maison* (burguês chefe de família),[21] como se fossem ricos proprietários de terras locais. Tocam violino, visitam amigos, roncam satisfeitos na cama, ao lado de gordas esposas ogras;[22] e, por mais grosseiros que sejam, jamais deixam de ser bons pais de família e provedores generosos. Daí a alegria do ogre em "Pitchin-Pitchot", quando ele pula para dentro de casa, com um saco às costas: "Catherine, ponha a panela grande no fogo. Peguei Pitchin- Pitchot."[23]

Enquanto os contos germânicos mantêm um tom de terror e fantasia, os franceses enfatizam o humor e a domesticidade. Pássaros de fogo acomodam-se nos galinheiros. Elfos, demônios, espíritos da floresta, toda a panóplia indo-europeia de seres mágicos reduz-se, na França, a duas espécies, os ogres e as fadas. E essas criaturas restantes adquirem fraquezas humanas e, em geral, deixam os seres humanos resolverem seus problemas com seus próprios recursos, ou seja, esperteza e "cartesianismo" — expressão que os franceses aplicam, vulgarmente, a sua tendência para a astúcia e a intriga. O toque gaulês é evidente em muitos dos contos que Perrault não retrabalhou, para a sua galicizada Mamãe Ganso, de 1697: o *panache* do jovem ferreiro em "Le Petit Forgeron" (conto do tipo 317), por exemplo, que mata gigantes num clássico *tour de France*; ou o provincianismo do camponês bretão, em "Jean Bête" (conto do tipo 675), a quem é oferecida qualquer coisa que desejar, e ele pede *un bon péché de piquette et une écuelle de patates au lait* ("vinho cru e uma tigela de batatas ao leite"); ou o ciúme profissional do mestre jardineiro que não consegue podar as vinhas tão bem quanto seu aprendiz, em "Jean le Teigneux" (conto do tipo 31); ou a inteligência da filha do diabo, em "La Belle Eulalie" (conto do tipo 313), que foge com seu amante, deixando dois *pâtés* falantes em suas camas. Da mesma maneira como não se pode relacionar os contos franceses a eventos específicos, não se deve diluí-los numa mitologia universal atemporal. Pertencem, na verdade, a um terreno intermediário: *la France moderne*, ou a França que existiu entre os séculos xv e xviii.

Esse espaço de tempo pode parecer desagradavelmente vago a qualquer pessoa que exija que a história seja precisa. Mas a precisão pode ser inadequada, ou mesmo impossível, na história das mentalidades, um gênero que requer métodos diferentes dos empregados nos gêneros convencionais, como a história política. Visões de mundo não podem ser descritas da mesma maneira que acontecimentos políticos, mas não são menos "reais". A política não poderia ocorrer sem que existisse uma disposição mental prévia, implícita na noção que o senso comum tem do mundo real. O próprio senso comum é uma elaboração social da realidade, que varia de cultura para cultura. Longe de ser a invenção arbitrária de uma imaginação coletiva, expressa a base comum de uma determinada ordem social. Portanto, para reconstituir a maneira como os camponeses viam o mundo, nos tempos do Antigo Regime, é preciso começar perguntando o que tinham em comum, que experiência partilhavam, na vida cotidiana de suas aldeias.

Graças a pesquisas feitas por várias gerações de historiadores sociais, essa pergunta pode ser respondida. A resposta deve ser cercada de limitações, e deve permanecer restrita a um alto nível de generalização, porque as condições variavam muitíssimo no reino, tendo este continuado como uma colcha de retalhos de regiões, em vez de uma nação unificada, isto até a Revolução ou mesmo, talvez, até bem avançado o século xix. Pierre Goubert, Emmanuel Le Roy Ladurie, Pierre Saint-Jacob, Paul Bois e muitos outros revelaram as particularidades da vida dos camponeses, região por região, expondo-as em sucessivas monografias. A densidade das monografias pode fazer a história social francesa parecer uma conspiração de exceções que tentam desmentir as regras. No entanto, também neste caso existe o perigo do profissionalismo equivocado; porque, quando nos colocamos a uma distância dos detalhes suficientemente segura, um quadro geral começa a se compor. Na verdade, já começou a alcançar a etapa da assimilação, em compêndios como *Histoire économique et sociale de la France* (Paris, 1970) e sínteses como *Histoire de la France rurale* (Paris, 1975-1976). O quadro, em linhas gerais, é o descrito a seguir.[24]

Apesar da guerra, das epidemias e da fome, a ordem social que existia no nível das aldeias permaneceu notavelmente estável, durante o início do período moderno na França. Os camponeses eram relativamente livres — menos que os pequenos proprietários rurais, que se transformavam em trabalhadores sem terras, na Inglaterra, e mais que os servos, que mergulhavam numa espécie de escravidão, a leste do Elba. Mas não podiam escapar a um sistema senhorial que lhes negava terras suficientes para alcançarem a independência econômica, e que lhes sugava qualquer excedente por eles produzido. Os homens trabalhavam do amanhecer ao anoitecer, arranhando o solo em faixas dispersas de terra, com arados semelhantes aos empregados pelos romanos, e cortando seu cereal com pequenas foices primitivas, a fim de deixar restolho suficiente para a pastagem comunitária. As mulheres se casavam tarde — entre 25 e 27 anos — e davam à luz apenas cinco ou seis filhos, dos quais apenas dois ou três sobreviviam até a idade adulta. Grandes massas humanas viviam num estado de subnutrição crônica, subsistindo sobretudo com uma papa feita de pão e água, eventualmente tendo misturadas algumas verduras de cultivo doméstico. Comiam carne apenas umas poucas vezes por ano, em dias de festa ou depois do abate do outono, que só ocorria quando não tinham silagem suficiente para alimentar o gado durante o inverno. Muitas vezes, não conseguiam o quilo diário de pão (2 mil calorias) de que necessitavam para se manterem com saúde, e então tinham pouca proteção contra os efeitos conjugados da escassez de cereais e da doença. A população flutuava entre 15 e 20 milhões de pessoas e se expandia até o limite de sua capacidade produtiva (densidade média de quarenta almas por quilômetro quadrado e índice médio anual de quarenta nascimentos por mil habitantes), apenas para ser devastada por crises demográficas. Durante quatro séculos — dos primeiros estragos da Peste Negra, em 1347, até o primeiro grande salto de população e produtividade, por volta de 1730 —, a sociedade francesa permaneceu aprisionada em instituições rígidas e condições malthusianas. Atravessou um período de estagnação que Fernand Braudel e Emmanuel Le Roy Ladurie descreveram como *l'histoire immobile* (a história imóvel).[25]

Essa expressão, agora, parece exagerada, pois não chega a fazer justiça ao conflito religioso, aos motins por cereais e às rebeliões contra a extensão do poder estatal, que perturbaram o padrão habitual da vida nas aldeias. Mas, quando foi empregada pela primeira vez, nos anos 1950, a noção de história imóvel — uma história de continuidade estrutural durante um longo período de tempo, *la longue durée** — serviu como corretivo para a tendência a ver a história como uma sucessão de acontecimentos políticos. A história dos eventos, *histoire événementielle*, em geral ocorria por sobre as cabeças dos camponeses, no universo remoto de Paris e Versalhes. Enquanto os ministros iam e vinham e as batalhas se encarniçavam, a vida nas aldeias continuava imperturbável, bem semelhante ao que sempre fora, desde tempos imemoriais.

A história parecia "imóvel" no nível da aldeia porque o senhorialismo e a economia de subsistência mantinham os aldeões curvados sobre o solo, e as técnicas agrícolas primitivas não lhes davam qualquer oportunidade de se desencurvarem. A produção de cereais permanecia numa proporção de cerca de cinco por um, um rendimento primitivo, em contraste com a lavoura moderna, que produz quinze ou mesmo trinta grãos para cada semente plantada. Os agricultores não podiam obter cereais em quantidade suficiente para alimentar grande número de animais e não tinham gado bastante para produzir o adubo capaz de fertilizar os campos e aumentar a colheita. Este círculo vicioso os mantinha fechados num sistema de rotação de colheitas trienal ou bienal, que deixava alqueivada grande proporção de suas terras. Não podiam converter o alqueive no cultivo de plantas como o trevo, que proporciona nitrogênio ao solo, porque viviam muito próximos da penúria para se arriscarem à experiência, além do fato de que ninguém tinha a menor ideia do que fosse nitrogênio. Os métodos coletivos de cultivo também reduziam

---

* A larga duração.

a margem de experimentação. Com exceção de algumas poucas regiões que tinham cercados, como o distrito do *bocage*, a oeste, os camponeses cultivavam faixas esparsas de terra, em campos abertos. Semeavam e colhiam coletivamente, para que pudessem realizar-se a respiga e a pastagem comuns. Dependiam de terras e florestas comuns, para além dos campos cultivados, para pastagem, lenha e castanhas ou morangos. A única área onde podiam tentar progredir através da iniciativa individual era o galinheiro ou o quintal unido aos lotes de suas casas, ou *manses*. Ali, eles se esforçavam para levantar montões de adubo, cultivar o linho, para fiar e produzir verduras e frangos para o consumo doméstico e mercados locais.

A horta do quintal, muitas vezes, proporcionava a margem de sobrevivência para famílias que não tinham os vinte, trinta ou quarenta acres necessários para a independência econômica. Tinham extrema necessidade de terra porque grande parte de sua colheita lhes era tirada por seus tributos senhoriais, dízimos, arrendamentos de terrenos e impostos. Na maior parte da França central e do norte, os camponeses mais prósperos influíam fraudulentamente na forma de cobrança do principal imposto real, a talha, de acordo com um antigo princípio francês: escorchar os pobres. Então, a cobrança de impostos abria fissuras dentro da aldeia e o endividamento cobria os prejuízos. Os camponeses mais pobres frequentemente tomavam emprestado dos ricos — ou seja, dos relativamente prósperos *coqs du village* (os mais influentes do grupo), que possuíam terras suficientes para vender excedentes de cereais no mercado, formar rebanhos e contratar os pobres para seu serviço. A servidão por dívidas pode ter atraído tanto ódio para os camponeses mais prósperos quanto o que cercava o *seigneur* e o *décimateur* (cobrador de dízimos) eclesiástico. Ódio, inveja e conflitos de interesses ferviam na sociedade camponesa. A aldeia não era uma *Gemeinschaft* (comunidade) feliz e harmoniosa.

Para a maioria dos camponeses, a vida na aldeia era uma luta pela sobrevivência, e sobrevivência significava manter-se acima da linha que separava os pobres dos indigentes. A linha de pobreza variava de lugar para lugar, de acordo com a extensão de terras necessária para pagar impostos, dízimos e tributos senhoriais; separar grãos suficientes para plantar no próximo ano; e alimentar a família. Em tempos de escassez, as famílias pobres tinham de comprar sua comida. Sofriam como consumidores, enquanto os preços disparavam e os camponeses mais prósperos tinham grandes lucros. Assim, uma sucessão de más colheitas podia polarizar a aldeia, levando as famílias marginais à indigência, enquanto os ricos ficavam mais ricos. Diante dessas dificuldades, os "pequenos" (*petites gens*) sobreviviam com a esperteza. Conseguiam trabalho como lavradores, teciam e fiavam panos em suas cabanas, faziam trabalhos avulsos e saíam pela estrada, pegando serviços onde pudessem encontrá-los.

Muitos não resistiam. Neste caso, saíam pela estrada para sempre, seguindo à deriva com os destroços da *population flottante* ("população flutuante") da França, que incluía vários milhões de criaturas desesperadas, por volta de 1780. Com exceção dos privilegiados que faziam um *tour de France* como artesãos, e as ocasionais *troupes* de atores e saltimbancos, a vida na estrada significava passar o tempo recolhendo restos de comida. Os itinerantes invadiam galinheiros, ordenhavam vacas à solta, roubavam roupa lavada secando sobre as cercas, cortavam a tesouradas a cauda de cavalos (para vender a estofadores) e dilaceravam e disfarçavam seus corpos, a fim de passarem por inválidos, em locais onde estavam sendo distribuídas esmolas. Ingressavam e desertavam de um regimento após outro e serviam como falsos recrutas. Tornavam-se contrabandistas, salteadores de estradas, punguistas, prostitutas. E, no final, entregavam-se aos *hôpitaux*, imundas casas para os pobres, ou rastejavam para debaixo de um arbusto ou de um palheiro e morriam — *croquants* que "esticavam as canelas"*.[26]

A morte vinha da mesma maneira implacável para as famílias que permaneciam em suas aldeias e se mantinham acima da linha de pobreza. Como mostraram Pierre Goubert, Louis Henry, Jacques Dupâquier e outros demógrafos históricos, a vida era uma luta inexorável contra a morte, em toda parte, na França do início dos tempos modernos. Em Crulai, Normandia, 236 de cada mil bebês morriam antes de seu primeiro aniversário, durante o século XVII, enquanto hoje morrem vinte. Cerca de 45% dos franceses nascidos no século XVIII morriam antes da idade de dez anos. Poucos dos sobreviventes chegavam à idade adulta antes da morte de, pelo menos, um de seus pais. E poucos pais chegavam ao fim de seus anos férteis, porque a morte os interrompia. Terminados com a morte, e não com o divórcio, os casamentos duravam uma média de quinze anos, metade da duração que têm na França de hoje. Em Crulai, um em cinco maridos perdia a esposa, e então tornava a casar-se. As madrastas proliferavam por toda parte — muito mais que os padrastos, porque o índice de novos casamentos entre as viúvas era de um em dez. Os filhos postiços podem não ter sido tratados como Cinderelas, mas as relações entre os irmãos, provavelmente, eram difíceis. Um novo filho, muitas vezes, significava a diferença entre pobreza e indigência. Mesmo quando não sobrecarregava a despensa da família, podia trazer a penúria para a próxima geração, aumentando o número de pretendentes, quando a terra dos pais fosse dividida entre seus herdeiros.[27]

Sempre que a população aumentava, a propriedade da terra se fragmentava e estabelecia-se o empobrecimento. Os morgadios retardaram o processo, em algumas áreas, mas a melhor defesa, em toda parte, era o casamento tardio, uma tendência que deve ter tido seu peso negativo na vida emocional da família. Os cam-

---

* Aqui há um trocadilho intraduzível: *"croquants* who had 'croaked'". [N.T.]

poneses do Antigo Regime, ao contrário do que acontece com os da Índia contemporânea, geralmente não se casavam até poderem ocupar uma cabana e raramente tinham filhos fora do casamento, ou depois de atingirem os quarenta. Em Port-en-Bessin, por exemplo, as mulheres se casavam aos 27 e paravam de ter filhos aos quarenta, em média. Os demógrafos não encontraram nenhuma prova de controle da natalidade, ou de ilegitimidade disseminada, antes do fim do século xviii. O homem do início da era moderna não entendia a vida de uma maneira que o capacitasse a controlá-la. A mulher do mesmo período não conseguia conceber o domínio sobre a natureza, e então dava à luz quando Deus queria — como fez a mãe do Pequeno Polegar em "Le Petit Poucet". Mas o casamento tardio, um curto período de fertilidade e os longos espaços de amamentação ao seio, que reduzem a probabilidade de concepção, limitavam o tamanho de sua família. O limite mais duro e mais eficaz era imposto pela morte, a sua própria e a de seus bebês, durante o parto ou na infância. Os filhos natimortos, chamados *chrissons*, eram algumas vezes enterrados informalmente, em túmulos coletivos anônimos. Os bebês eram, algumas vezes, sufocados por seus pais na cama — um acidente bastante comum, a julgar pelos editos episcopais proibindo os pais de dormirem com filhos que não tivessem ainda chegado ao primeiro aniversário. Famílias inteiras se apinhavam em uma ou duas camas e se cercavam de animais domésticos, para se manterem aquecidos. Assim, as crianças se tornavam observadoras participantes das atividades sexuais de seus pais. Ninguém pensava nelas como criaturas inocentes, nem na própria infância como uma fase diferente da vida, claramente distinta da adolescência, da juventude e da fase adulta por estilos especiais de vestir e de se comportar. As crianças trabalhavam junto com os pais quase imediatamente após começarem a caminhar, e ingressavam na força de trabalho adulta como lavradores, criados e aprendizes, logo que chegavam à adolescência.

O Gato de Botas, de Gustave Doré. A foto é cortesia da Biblioteca Pierpont Morgan.

Os camponeses, no início da França moderna, habitavam um mundo de madrastas e órfãos, de labuta inexorável e interminável, e de emoções brutais, tanto aparentes como reprimidas. A condição humana mudou tanto, desde então, que mal podemos imaginar como era, para pessoas com vidas realmente desagradáveis, grosseiras e curtas. É por isso que precisamos reler Mamãe Ganso.

Consideremos quatro das histórias mais conhecidas da Mamãe Ganso de Perrault — "Gato de Botas", "Pequeno Polegar", "Cinderela" e "Os desejos ridículos" ("The ridiculous wishes") — comparando-as com alguns dos contos camponeses que tratam dos mesmos temas.

No "Gato de Botas", um moleiro pobre morre, deixando o moinho para seu filho mais velho, um asno para o segundo e apenas um gato para o terceiro. "Nenhum tabelião nenhum advogado foram chamados", observa Perrault. "Eles teriam devorado o pobre patrimônio." Estamos, obviamente, na França, embora outras versões desse tema existam na Ásia, África e América do Sul. Os costumes referentes à herança dos camponeses franceses, e também da nobreza, muitas vezes impediam a fragmentação do patrimônio, com o favorecimento do filho mais velho. O filho mais novo do moleiro, contudo, herda um gato que é um gênio para a intriga doméstica. Em toda parte, em torno dele, esse gato cartesiano vê vaidade, estupidez e apetite insatisfeito; e ele explora tudo com uma série de truques que resultam num casamento rico para seu dono e uma bela propriedade para si mesmo — embora, nas versões pré-Perrault, o dono, no fim, logre o gato — que, na verdade, é uma raposa e não usa botas.

Um conto da tradição oral, "La Renarde" (conto do tipo 460), começa de maneira parecida: "Era uma vez dois irmãos que receberam as heranças que o pai deixara para eles. O mais velho, Joseph, ficou com a fazenda. O mais novo, Baptiste, recebeu apenas um punhado de moedas; e, como tinha cinco filhos e muito pouco com que alimentá-los, caiu na indigência."[28] Desesperado, Baptiste implora trigo a seu irmão. Joseph lhe diz para despir seus farrapos, tomar chuva nu e rolar no celeiro. Ele pode ficar com todo o trigo que se grudar a seu corpo. Baptiste submete-se a esse exercício de amor fraterno, mas não consegue pegar alimento suficiente para manter sua família viva e então sai pela estrada. Finalmente, encontra-se com uma fada bondosa, La Renarde, que o ajuda a decifrar uma série de enigmas que conduzem a um pote de ouro enterrado e à realização do sonho de um camponês — uma casa, campos, pastagens, bosques: "E seus filhos comiam um pedaço de bolo todos os dias."[29]

"Pequeno Polegar" ("Le Petit Poucet", conto do tipo 327) é uma versão francesa de "João e Maria", embora Perrault tirasse seu título de um conto do tipo 700. Proporciona uma visão do universo malthusiano, mesmo na versão atenuada de Perrault: "Era uma vez um lenhador e sua mulher, que tinham sete filhos, todos meninos [...] Eram muito pobres e seus sete filhos se tornaram um pesado fardo, porque nenhum tinha idade suficiente para se sustentar [...] Chegou um ano muito difícil e a fome era tão grande que essa pobre gente decidiu livrar-se dos filhos." O tom casual sugere como se tornara comum a morte de crianças, no início da França moderna. Perrault escreveu seu conto em meados de 1690, no auge da pior crise demográfica do século XVII — período em que a peste e a fome dizimavam a população do norte da França, quando os pobres comiam carniça atirada nas ruas por curtidores, quando eram encontrados cadáveres com capim na boca e as mães "expunham" os bebês que não podiam alimentar, para eles adoecerem e morrerem. Abandonando seus filhos na floresta, os pais do Pequeno Polegar tentavam enfrentar um problema que acabrunhou os camponeses muitas vezes, nos séculos XVII e XVIII — o problema da sobrevivência durante um período de desastre demográfico.

O mesmo tema existe nas versões camponesas do conto e em outros contos, juntamente com outras formas de infanticídio e maus-tratos infligidos a crianças. Algumas vezes, os pais lançam seus filhos à estrada, para que se tornem mendigos e ladrões. Outras vezes, fogem eles próprios, deixando as crianças mendigarem em casa. Ainda outras, vendem os filhos ao diabo. Na versão francesa do "Aprendiz de feiticeiro" ("La pomme d'orange", conto do tipo 325), um pai é oprimido por "tantos filhos quantos buracos há numa peneira",[30] frase que aparece em muitos contos e deve ser tomada como uma hipérbole sobre a pressão malthusiana, em vez de um dado efetivo sobre o tamanho da família. Quando chega um novo bebê, o pai o vende ao diabo (um feiticeiro, em algumas versões), recebendo em troca uma despensa cheia, capaz de durar doze anos. No fim desse período, ele recebe o menino de volta, graças a um artifício que o menino concebe, porque o pequeno patife aprendeu um repertório de truques durante seu aprendizado, inclusive o poder de se transformar em animais. Antes de muito tempo, o armário está vazio e a família enfrenta outra vez a inanição. O menino, então, transforma-se num cão de caça, de modo que seu pai pode vendê-lo mais uma vez ao demônio, que reaparece como caçador. Depois que o pai recebe o dinheiro, o cachorro foge e volta para casa, sob a forma de um menino. Tentam o mesmo truque de novo, com o menino transformado em cavalo. Desta vez, o demônio consegue uma coleira mágica que impede o cavalo de tornar a se transformar em menino. Mas um trabalhador rural leva o cavalo para beber num lago, dando-lhe, assim, uma oportunidade de fugir sob a forma de uma rã. O demônio se transforma num peixe e está prestes a devorá-lo, quando a rã se transforma num pássaro. Então, o demônio se transforma em águia e persegue o pássaro, que voa para o quarto de um rei agonizante e toma a forma de uma laranja. Então, o demônio aparece como um médico e pede a laranja, prometendo, em troca, curar o rei. A laranja derrama-se no chão, transformada em grãos de milho. O demônio se transforma num frango e começa a engolir os grãos. Mas o último grão se transforma numa raposa que, finalmente, ganha o concurso de transformações devorando o frango. O conto não apenas proporciona divertimento. Dramatiza a luta pelos recursos escassos, que opunha os pobres aos ricos, os "pequenos" (*menu peuple, petites gens*) aos "grandes" (*les gros, les grands*). Algumas versões tornam o comentário social explícito, colocando o demônio no papel de um *seigneur*, e concluindo, no final: "E assim o servo comeu o patrão."[31]

Comer ou não comer, eis a questão com que os camponeses se defrontavam em seu folclore, bem como em seu cotidiano. Aparece em inúmeros contos, muitas vezes em relação com o tema da madrasta má, que deve ter tido especial ressonância em torno às lareiras do Antigo Regime, porque a demografia do Antigo Regime tornava as madrastas figuras extremamente importantes na sociedade das aldeias. Perrault fez justiça ao assunto, em "Cinderela", mas negligenciou o tema correlato da subnutrição, que se destaca nas versões camponesas do conto. Numa versão comum ("La Petite Annette", conto do tipo 511), a madrasta má dá à pobre Annette apenas um pedaço de pão por dia e faz com que ela cuide das ovelhas, enquanto suas gordas e indolentes irmãs postiças vagueiam pela casa e jantam carneiro, deixando os pratos para Annette lavar, ao voltar dos campos. Annette está a ponto de morrer de inanição, quando a Virgem Maria aparece e lhe dá uma varinha mágica, que produz um magnífico banquete todas as vezes em que Annette toca com ela uma ovelha negra. Não demora muito e a menina está mais gorducha que suas irmãs postiças. Mas sua beleza recém-adquirida — e a gordura corresponde à beleza, no Antigo Regime, como em muitas sociedades primitivas — desperta as suspeitas da madrasta. Através de um artifício, a madrasta descobre a ovelha mágica, mata-a e serve seu fígado a Annette. Annette consegue, secretamente, enterrar o fígado e ele se transforma numa árvore, tão alta que ninguém consegue colher suas frutas, a não ser Annette; porque abaixa seus ramos para ela, sempre que se aproxima. Um príncipe de passagem (que é tão guloso como todos os demais no país) deseja tanto as frutas que promete casar-se com a donzela que conseguir colher algumas para ele. Esperando casar uma de suas filhas, a madrasta constrói uma grande escada. Mas quando vai experimentá-la, cai e quebra o pescoço. Annette, então, colhe as frutas, casa-se com o príncipe e vive feliz para sempre.

A subnutrição e o abandono pelos pais estão juntos em vários contos, marcadamente em "La Sirène et l'épervier" (conto do tipo 316) e "Brigitte, la maman qui m'a pas fait, mais m'a nourri" (conto do tipo 713). A procura de comida pode ser encontrada em quase todos eles, mesmo em Perrault, na qual aparece sob forma burlesca, em "Os desejos ridículos". Um pobre lenhador tem a promessa de ver satisfeitos três desejos, quaisquer que sejam, como recompensa por uma boa ação. Enquanto ele rumina, seu apetite o domina; e deseja uma salsicha. Depois que ela aparece em seu prato, sua mulher, uma rabugenta insuportável, repreende-o com tanta violência pelo desperdício do desejo que ele deseja que a salsicha cresça no nariz dela. Depois, diante de uma esposa desfigurada, deseja que ela volte ao seu estado normal; e eles retornam à sua miserável existência anterior.

O desejo habitualmente é por comida, nos contos dos camponeses, e jamais é ridículo. La Ramée, soldado que teve baixa, arruinado, um personagem estereotipado como a enteada maltratada, é reduzido à mendicância em "Le Diable et le maréchal ferrant" (conto do tipo 330). Ele divide seus últimos tostões com outros mendigos, um dos quais, na verdade, é são Pedro disfarçado; como recompensa, é-lhe concedido formular o desejo que quiser, e será cumprido. Em vez de querer o paraíso, pede "uma refeição substancial" — ou, em outras versões, "pão branco e um frango", "um coelho, uma salsicha e tanto vinho quanto puder beber", "fumo e a comida que ele viu na estalagem", ou "ter sempre um pedaço de pão".[32] Quando recebe varinhas de condão, anéis mágicos ou auxiliares sobrenaturais, o primeiro pensamento do herói camponês é sempre para a comida. Jamais demonstra qualquer imaginação, em seu pedido. Simplesmente, fica com o *plat du jour*, que é sempre o mesmo: o sólido passadio camponês, que pode variar com a região, como no caso dos "bolos, pão frito e pedaços de queijo" (*canistrelli* e *fritelli, pezzi de broccio*) servidos num banquete corso.[33] Em geral, o narrador camponês não descreve a comida com detalhes. Destituído de qualquer noção de gastronomia, simplesmente enche bem o prato de seu herói; e, se quer dar um toque extravagante, acrescenta: "Havia até guardanapos."[34]

Uma extravagância se destaca, nitidamente: a carne. Numa sociedade de vegetarianos *de facto*, o luxo supremo era cravar os dentes numa costeleta de carneiro, em carne de porco ou de boi. O banquete de casamento, em "Royaume des Valdars" (conto do tipo 400), inclui porcos assados que circulam com garfos enfiados nos flancos, de modo que os convidados podem servir-se de bocados já trinchados. A versão francesa de uma história de fantasmas comum, "La Goulue" (conto do tipo 366), fala de uma moça camponesa que insiste em comer carne todo dia. Incapazes de satisfazer esse extraordinário anseio, seus pais lhe servem uma perna que cortaram de um cadáver recém-enterrado. No dia seguinte, o cadáver aparece diante da moça, na cozinha. Ordena-lhe que lave sua perna direita, depois a esquerda. Quando ela vê que a perna esquerda está faltando, ele grita: "Você a comeu." Depois, carrega-a consigo para o túmulo e a devora. As versões inglesas posteriores do conto, especialmente "The golden arm" ("O braço de ouro"), que Mark Twain tornou famosa, têm a mesma trama, sem o aspecto carnívoro — o elemento essencial que parece ter garantido o fascínio da história para os camponeses do Antigo Regime. Mas, empanturrem-se eles de carne ou de papa, a barriga cheia vem em primeiro lugar, entre os desejos dos heróis camponeses da França. Era tudo a que aspirava a Cinderela camponesa, embora tivesse conseguido um príncipe. "Ela tocou a ovelha negra com a varinha de condão. Imediatamente, uma mesa inteiramente coberta apareceu diante dela. Podia comer o que quisesse e encheu a barriga."[35] Comer até se encher, comer até a exaustão do apetite (*manger à sa faim*),[36] era o principal prazer que tentava a imaginação dos camponeses e que eles raramente realizavam em suas vidas.

Também imaginavam que outros sonhos se tornavam realidade, inclusive a habitual sucessão de castelos e princesas. Mas seus desejos, usualmente, permaneciam fixados em objetos comuns do mundo cotidiano. Um herói consegue "uma vaca e algumas galinhas"; outro, um armário cheio de panos de linho. Um terceiro contenta-se com trabalho leve, refeições regulares e um cachimbo cheio de fumo. E quando chove ouro na lareira de um quarto, usa-o para comprar "alimentos, roupas, um cavalo, terras".[37] Na maioria dos contos, a satisfação dos desejos se torna um programa para a sobrevivência, não uma fantasia ou uma fuga.

Apesar de ocasionais toques de fantasia, portanto, os contos permanecem enraizados no mundo real. Quase sempre acontecem dentro de dois contextos básicos, que correspondem ao cenário dual da vida dos camponeses nos tempos do Antigo Regime: por um lado, a casa e a aldeia; por outro, a estrada aberta. A oposição entre a aldeia e a estrada percorre os contos, exatamente como se fazia sentir na vida dos camponeses, em toda parte, na França do século XVIII.[38]

As famílias dos camponeses não podiam sobreviver, no Antigo Regime, a menos que todos trabalhassem, e trabalhassem juntos, como uma unidade econômica. Os contos populares mostram, constantemente, pais trabalhando nos campos, enquanto os filhos recolhem madeira, guardam as ovelhas, pegam água, tecem a lã, ou mendigam. Longe de condenarem a exploração do trabalho infantil, ficam indignados quando não ocorre. Em "Les Trois Fileuses" (conto do tipo 501), um pai decide livrar-se de sua filha porque "ela comia mas não trabalhava".[39] Convence o rei de que ela pode tecer sete *fusées* (100,8 metros) de linho por noite — quando, na verdade, ela come sete *crêpes* (estamos em Angoumois). O rei ordena à moça que realize feitos prodigiosos na fiação, prometendo casar-se com ela, se conseguir. Três fiandeiras mágicas, cada uma mais deformada que a outra, realizam as tarefas para ela e, em troca, pedem apenas que sejam convidadas para o casamento. Quando aparecem, o rei pergunta qual a causa de suas deformidades. Excesso de trabalho, respondem; e advertem-no de que sua esposa ficará igualmente horrenda, se ele permitir que continue tecendo. Assim, a moça escapa da escravidão, o pai livra-se de uma glutona e os pobres levam a melhor sobre os ricos (em algumas versões, o *seigneur* local toma o lugar do rei).

As versões francesas de "Rumpelstilzchen" (conto do tipo 500 e algumas versões correlatas de conto do tipo 425) seguem a mesma sinopse. Uma mãe bate na filha, porque esta não trabalha. Quando um rei ou um *seigneur* local, que passava por ali, pergunta o que aconteceu, a mãe imagina um artifício para se livrar do membro improdutivo da família. Alega que a moça trabalha em excesso, tão obsessivamente, na verdade, que seria capaz de fiar até a palha de seus colchões. Achando isso uma boa coisa, o rei leva consigo a moça e lhe ordena fazer trabalhos sobre-humanos: ela tem de fiar montes inteiros de feno, transformando-os em quartos cheios de linho; carregar e descarregar cinquenta carroças de adubo por dia; de separar montanhas de trigo da palha. Embora as tarefas acabem sempre sendo cumpridas, graças a uma intervenção sobrenatural, expressam um fato básico da vida dos camponeses, de forma hiperbólica. Todos enfrentavam um trabalho interminável, sem limites, da mais tenra infância até o dia da morte.

O casamento não oferecia nenhuma fuga; ao contrário, impunha uma carga adicional, porque submetia as mulheres ao trabalho no sistema de manufatura em domicílio, (putting-out system), além do trabalho para a família e a fazenda. Os contos, inevitavelmente, colocam esposas de camponeses junto à roda de fiar, depois de um dia cuidando do gado, carregando lenha ou ceifando feno. Algumas histórias apresentam quadros hiperbólicos de seu trabalho, mostrando-as jungidas ao arado ou puxando água de um poço com o cabelo ou, ainda, limpando fogões com os seios nus.[40] E, mesmo o casamento representando a aceitação de uma nova carga de trabalho e o novo perigo do parto, a moça pobre precisava de um dote para casar-se — a não ser que ficasse com um sapo, um corvo ou alguma besta horrenda. Os animais nem sempre se transformam em príncipes, embora essa fosse uma forma comum de escapismo. Numa versão burlesca da estratégia matrimonial camponesa ("Les Filles mariées à des animaux", conto do tipo 552), os pais casam suas filhas com um lobo, uma raposa, uma lebre e um porco. De acordo com as versões irlandesa e norte-europeia do conto, os casais metem-se numa série de aventuras, necessárias para metamorfosear outra vez os animais em seres humanos. As versões francesas simplesmente contam o que os jovens casais servem, quando a mãe vem em visita — carneiro caçado pelo lobo, peru que a raposa pegou, repolho surripiado pela lebre e sujeira do porco. Tendo encontrado bons provedores, cada qual à sua maneira, as filhas precisam aceitar sua sorte na vida; e cada qual prossegue com a atividade básica de pilhar para sobreviver.

Os filhos têm maior área de ação, nos contos. Exploram a segunda dimensão da experiência camponesa, a vida na estrada. Os rapazes partem em busca da fortuna e, muitas vezes, a obtêm, graças à ajuda de velhas horrorosas, que pedem um pedaço de pão e, na verdade, são fadas bondosas, disfarçadas. Apesar da intervenção sobrenatural, os heróis partem para um mundo real, em geral a fim de fugir à pobreza em casa e encontrar emprego em pastagens mais verdes. Nem sempre conquistam princesas. Em "La Langage des bêtes" (conto do tipo 670), um rapaz pobre, que encontrou trabalho como pastor, vai socorrer uma serpente mágica. Em troca, descobre algum ouro enterrado: "Encheu os bolsos com ele e, na manhã seguinte, conduziu seu rebanho de volta à fazenda e pediu em casamento a filha do patrão. Ela era a moça mais bonita da aldeia e há muito ele a amava. Vendo que o pastor estava rico, o pai deu-lhe a mão da moça. Oito dias depois, estavam casados; e, como o fazendeiro e sua esposa eram velhos, fizeram do genro o único patrão da fazenda."[41] Esse era o teor dos sonhos, nos contos dos camponeses.

Outros rapazes partem porque não há terra, trabalho nem comida onde vivem.[42] Tornam-se trabalhadores rurais, criados domésticos ou, na melhor das hipóteses, aprendizes — de ferreiros, alfaiates, carpinteiros, feiticeiros, e do demônio. O herói de "Jean de l'Ours" (conto do tipo 301b) serve cinco anos a um ferreiro, depois vai embora com um bastão de ferro, que recebe como pagamento de seu trabalho. Na estrada, é seguido por estranhos companheiros de viagem (Torce-Carvalho e Corta--Montanha), enfrenta casas assombradas, derruba gigantes, mata monstros e se casa com uma princesa espanhola. Aventuras corriqueiras, mas que se encaixam na estrutura de um típico *tour de France*. "Jean-sans-Peur" (conto do tipo 326) e muitos dos outros heróis favoritos dos contos franceses seguem o mesmo roteiro.[43] Suas proezas ocorrem num cenário com o qual estaria familiarizada uma audiência de artesãos que tivessem passado a juventude na estrada, ou de camponeses que regularmente se afastassem de suas famílias, depois da colheita de verão, para percorrer centenas de quilômetros como pastores, mascates e trabalhadores migrantes.

Enfrentavam o perigo em toda parte, em suas viagens, porque a França não tinha força policial eficaz e os bandidos e lobos ainda vagueavam pelas terras ermas que separavam as aldeias, em vastas extensões do Maciço Central, do Jura, dos Vosges, das Landes e do *bocage*. Os homens tinham de abrir caminho a pé através desse território traiçoeiro, dormindo, à noite, sob montes de feno e arbustos, quando não podiam implorar hospitalidade em fazendas, ou pagar por uma cama numa estalagem — na qual ainda havia uma boa chance de terem suas bolsas roubadas, ou as gargantas cortadas. Quando as versões francesas do Pequeno Polegar e de João e Maria batem às portas de casas misteriosas, no meio da floresta, os lobos ladrando às suas costas dão um toque de realismo, não de fantasia. É bem verdade que as portas são abertas por ogres e feiticeiras. Mas, em muitos contos ("Le Garçon de chez la bûcheronne", conto do tipo 461, por exemplo), as casas abrigam quadrilhas de bandidos, como as de Mandrin e Cartouche, que realmente tornavam as viagens arriscadas, no século XVIII. Viajar em grupo dava proteção, mas não se podia jamais confiar nos companheiros de estrada. Poderiam salvar a pessoa do desastre, como em "Moitié Poulet" (conto do tipo 563) e "Le Navire sans pareil" (conto do tipo 283); ou poderiam atacar, quando farejavam algo para roubar, como em "Jean de l'Ours" (conto do tipo 301B). O pai de Petit Louis tinha razão, quando aconselhou o menino a jamais viajar com um corcunda, um aleijado ou um *cacous* (um cordoeiro, semelhante a um pária) (conto do tipo 531). Qualquer coisa fora do normal representava uma ameaça. Mas nenhuma fórmula era adequada para perceber o perigo na estrada.

Para a maioria da população que entulhava as estradas da França, a busca de fortuna era um eufemismo para a mendicância. Os mendigos se apinham, nos contos; verdadeiros mendigos, não simplesmente fadas disfarçadas. Quando a pobreza esmaga uma viúva e seu filho, em "Le Bracelet" (conto do tipo 590), eles abandonam sua cabana, na periferia da aldeia, e vão para a estrada, carregando todos os seus bens num único saco. Sua trajetória leva-os para uma floresta ameaçadora, uma quadrilha de assaltantes e o asilo de indigentes, antes que venha o socorro, finalmente, de um bracelete mágico. Em "Les Deux Voyageurs" (conto do tipo 613), dois soldados que haviam dado baixa jogam dados para ver qual deles deverá ter os olhos arrancados. Desesperados por comida, não conseguem pensar em nenhuma maneira de sobreviver, a não ser atuando como uma equipe de mendigos, o cego e seu guia. Em "Norouâs" (conto do tipo 563), uma simples colheita de linho representa a diferença entre a sobrevivência e a penúria para uma família de camponeses que vive num pequeno lote de terra. A colheita é boa, mas o mau vento Norouâs sopra o linho para longe, enquanto seca no campo. O camponês parte com um porrete, para espancar Norouâs até a morte. Mas fica sem provisões e logo é forçado a implorar pedaços de pão e um cantinho no estábulo, como qualquer mendigo. Finalmente, encontra Norouâs no alto de uma montanha. "Devolva-me meu linho! Devolva-me meu linho!", grita. Apiedando-se dele, o vento dá-lhe uma toalha de mesa encantada, que produz uma refeição sempre que é desdobrada. O camponês "enche a barriga" e passa a noite seguinte numa estalagem, mas é roubado pela estalajadeira. Depois de mais duas rodadas com Norouâs, recebe uma vara mágica, que surra a estalajadeira, forçando-a a devolver a toalha. O camponês vive feliz — ou seja, com a despensa cheia — para sempre, mas o conto ilustra o desespero dos que vacilam na linha de separação entre a pobreza na aldeia e a penúria na estrada.[44]

Assim, sempre que alguém procura, por trás de Perrault, as versões camponesas de Mamãe Ganso, encontra elementos de realismo — não narrativas fotográficas sobre a vida no pátio da estrebaria (os camponeses não tinham, na realidade, tantos filhos quanto os buracos de uma peneira, e não os comiam), mas um quadro que corresponde a tudo que os historiadores sociais conseguiram reconstituir, a partir do material existente nos arquivos. O quadro é cabível, e essa adequação é uma decorrência lógica. Mostrando como se vivia, *terre à terre*, na aldeia e na estrada, os contos ajudavam a orientar os camponeses. Mapeavam os caminhos do mundo e demonstravam a loucura de se esperar qualquer coisa, além de crueldade, de uma ordem social cruel.

Mostrar que por trás das fantasias e do divertimento escapista dos contos populares existe um substrato de realismo social não significa, no entanto, que se deva levar muito longe a demonstração.[45] Os camponeses poderiam ter descoberto que a vida era cruel sem a ajuda de "Chapeuzinho Vermelho". A crueldade pode ser encontrada nos contos populares e na história social em toda parte, da Índia à Irlanda e da África ao Alasca. Se desejarmos ir além das generalizações vagas, ao interpretarmos os contos franceses, precisamos saber se alguma coisa os distingue de outras variedades. Precisamos fazer pelo menos uma rápida tentativa de análise comparativa.

Consideremos, em primeiro lugar, a Mamãe Ganso, que é mais familiar aos que falam o inglês. Segundo a opinião geral, a díspar coletânea de canções de ninar, rimas e canções obscenas que passaram a se relacionar com o nome de Mamãe Ganso na Inglaterra, no século XVIII, tem pouca parecença com a coletânea de contos recolhidos por Perrault para seu *Contes de ma mère l'oye*, na França, no século XVII. Mas a Mamãe Ganso inglesa é tão reveladora, à sua maneira, quanto a francesa; e, felizmente, boa parte do seu material pode ser datada, porque os versos proclamam sua natureza de criações de um determinado período.

"No cerco da Ilha Bela" ("At the siege of Belle Isle") pertence à Guerra dos Sete Anos, "Yankee Doodle", à Revolução Americana e "O nobre e antigo Duque de York" ("The Grand Old Duke of York"), às guerras revolucionárias francesas. Seus versos, no entanto, na maioria parecem ser relativamente modernos (pós-1700), apesar das persistentes tentativas de relacioná-los a nomes e eventos de um passado mais remoto. Especialistas como Iona e Peter Opie encontraram poucas provas das afirmações de que *Humpty Dumpty* era Ricardo III; de que *Curly Locks* era Carlos II; *Wee Willie Winkie*, Guilherme III; e de que a Pequena Senhorita Muffet fosse Maria, rainha da Escócia, ou a aranha John Knox.[46]

De qualquer maneira, o significado histórico dos versos está mais em seu tom que em suas alusões. Têm mais vivacidade e fantasia que os contos franceses e alemães, talvez porque tantos deles pertencem ao período posterior ao século XVII, quando a Inglaterra se libertou do domínio do malthusianismo. Mas há um toque de agonia demográfica em alguns dos versos mais antigos. Como acontece com a equivalente inglesa da mãe de "Le Petit Poucet" (O Pequeno Polegar):

> *Era uma vez uma velha que morava num sapato;*
> *Tinha tantos filhos que não sabia o que fazer.*

Como os camponeses em toda parte, ela os alimentava com caldo, embora não pudesse oferecer-lhes pão algum; e dava vazão a seu desespero surrando-os. A dieta das outras crianças em Mamãe Ganso não era lá muito melhor:

> *Papa de ervilha quente,*
> *Papa de ervilha fria,*
> *Papa de ervilha na panela,*
> *Velha de nove dias.*

E o mesmo acontecia com suas roupas:

Quando eu era menina,
Aí pelos sete anos,
Eu não tinha anágua
Para me proteger do frio.

Algumas vezes, eles desapareciam pela estrada, como nestes versos do período Tudor-Stuart:

Era uma vez uma velha que tinha três filhos
Jerry, James e John.
Jerry foi enforcado e James se afogou.
John se perdeu e nunca foi encontrado.
E assim se acabaram seus três filhos,
Jerry, James e John.

A vida era dura no tempo antigo de Mamãe Ganso. Muitos personagens mergulham na penúria:

Trololó, Margery Daw,
Vendeu sua cama e dorme na palha.

Outros, é verdade, gozavam uma vida de indolência, como no caso da garçonete georgiana Elsie Marly (aliás, Nancy Dawson):

Ela não precisa levantar-se, para alimentar os porcos,
Fica na cama até as oito ou nove horas.

Curly Locks regalava-se com uma dieta de morangos, açúcar e creme; mas ela parece ter sido uma menina do fim do século XVIII. A velha Mamãe Hubbard, uma personagem elisabetana, tinha de enfrentar um armário vazio, enquanto seu contemporâneo, o Pequeno Tommy Tucker, era obrigado a cantar para poder jantar. Simão Simples, que provavelmente pertence ao século XVII, não tinha um tostão. E ele era um inofensivo idiota da aldeia, ao contrário dos ameaçadores pobres errantes e marginais que aparecem nos versinhos mais antigos:

Escuta, escuta,
Os cães estão latindo,
Os mendigos chegam à cidade;
Alguns esfarrapados,
Outros embriagados.
E um trajado em veludo.

A pobreza impelia muitos personagens de Mamãe Ganso para a mendicância e o roubo:

O Natal está chegando;
Os gansos engordam.
Faz favor, ponha uma moeda
No chapéu do velho.

Roubavam crianças indefesas:

Então veio um mendigo arrogante
E disse que ia ficar com ela:
Levou a minha bonequinha.

E seus companheiros de miséria:

Era uma vez um homem que nada tinha de seu,
Mas vieram ladrões para roubá-lo;
Ele subiu rastejando até o alto da chaminé,
E eles acharam que o haviam pegado.

As antigas rimas contêm muito *nonsense* e fantasia bem-humorada; mas, de vez em quando, ouve-se uma nota de desespero, através da alegria. Sintetiza vidas que eram brutalmente curtas, como no caso de Solomon Grundy, ou que eram acabrunhadas pela miséria, como a de outra velha anônima:

> *Era uma vez uma velha*
> *Que nada tinha.*
> *E se dizia que essa velha*
> *Era louca.*
> *Não tinha nada para comer,*
> *Nada para usar,*
> *Nada para perder,*
> *Nada para temer,*
> *Nada para perguntar,*
> *E nada para dar.*
> *E quando realmente morreu*
> *Não tinha nada para deixar.*

Nem tudo é jovialidade em Mamãe Ganso. Os versos mais antigos pertencem a um universo anterior, de pobreza, desespero e morte.

De modo geral, portanto, os versos da Inglaterra têm alguma afinidade com os contos da França. Não são realmente comparáveis, no entanto, porque pertencem a gêneros diferentes. Embora os franceses cantassem alguns *contines* (versos ritmados) e canções de ninar para seus filhos, jamais criaram nada parecido com os versos infantis ingleses; e os ingleses jamais criaram um repertório tão rico de contos populares como os franceses. Apesar disso, o conto popular floresceu na Inglaterra o bastante para que nos aventuremos a alguns comentários comparativos e estendamos, a seguir, as comparações à Itália e à Alemanha, onde podem ser feitas de maneira mais sistemática.

O GRANDE MASSACRE DE GATOS | 63

Os contos populares ingleses têm muito da fantasia, do humor e dos detalhes elaborados que aparecem nas histórias infantis em versos. Falam de muitos personagens que são os mesmos: Simão o Simples, Dr. Fell, Os Homens Sábios de Gotham, Jack (Joãozinho), de "A casa que Joãozinho construiu" ("The house that Jack built"), e especialmente o Pequeno Polegar, o herói dos contos populares que deu nome à primeira coleção importante de histórias rimadas para crianças a ser publicada na Inglaterra, *Tommy Thumb's Pretty Song Book* (1744).[47] Mas o Pequeno Polegar tem pouca semelhança com seu primo francês, Le Petit Poucet. O conto inglês detém-se em suas diabruras e na excentricidade liliputiana de seu traje: "As fadas puseram-lhe um chapéu feito com uma folha de carvalho, uma camisa de teia de aranha, paletó de lanugem de cardo e calças de penas. Suas meias eram feitas de casca de maçá e amarradas com um cílio de sua mãe, e seus sapatos eram de pele de rato, com os pelos na parte interna."[48] Nenhum desses detalhes iluminou a vida de Poucet. O conto francês (conto do tipo 700) não menciona as roupas do personagem e não lhe oferece a ajuda de fadas nem de quaisquer outros seres sobrenaturais. Em vez disso, coloca-o num impiedoso universo camponês e mostra como ele repele bandidos, lobos e o padre da aldeia, usando sua inteligência, a única defesa dos "pequenos" contra a ganância dos grandes.

Apesar de uma numerosa população de fantasmas e duendes, o universo dos contos ingleses parece muito mais prazenteiro. Até a matança de gigantes ocorre numa terra de fantasia; como no início de "Jack the Giant Killer" ("Joãozinho, o matador de gigantes"), numa versão oral:

> Houve um tempo — e que tempo bom aquele — em que os porcos eram glutões, os cachorros comiam limas e os macacos mastigavam fumo, em que as casas eram cobertas com panquecas e as ruas pavimentadas com pudins de ameixa, e porcos

assados corriam de alto a baixo pelas ruas, com facas e garfos enfiados nas costas, exclamando: "Venham comer-me!" Aquele era um bom tempo para os viajantes.[49]

Como um parvo, Joãozinho negocia a vaca da família por algumas poucas favas e, depois, ascende às riquezas, com a ajuda de amparos mágicos — um pé de feijão fantástico, uma galinha que põe ovos de ouro e uma harpa falante. Ele é uma espécie de *Simple Simon*, como os *Jacks* e *Jocks* de tantos contos britânicos. Corajoso, mas preguiçoso, de bom gênio, mas cabeça-dura, acaba encontrando um final feliz, num mundo despreocupado. Sua pobreza inicial e o agourento coro de *fi-fai-fo-fums* do alto do pé de feijão não estragam essa atmosfera. Tendo superado a adversidade, Joãozinho ganha sua recompensa e aparece, no fim, com um aspecto semelhante ao do *Pequeno Jack Horner*: "Ah, que bom rapaz eu sou!"

O matador de gigantes francês pertence a outra espécie: *Petit Jean*, *Parle* ou *Le Petit Fûteux*, de acordo com diferentes versões da mesma história (conto do tipo 328). Um filho mais novo baixotinho, "extraordinariamente esperto [...] sempre animado e alerta", ele ingressa no exército com seus detestáveis irmãos mais velhos, que convencem o rei a mandá-lo realizar a missão suicida de roubar o tesouro de um gigante. Como a maioria dos gigantes franceses, esse "bonhomme" não vive numa terra imaginária em alguma parte acima do pé de feijão. É um proprietário de terras local, que toca violino, briga com a mulher e convida os vizinhos para banquetes de meninos assados. Petit Jean não apenas foge com o tesouro; logra o gigante, atormenta-o durante o sono, salga demais sua sopa e engoda sua mulher e filha, fazendo-as cozinharem a si mesmas até morrerem, num forno. Finalmente, o rei dá a Petit Jean a tarefa aparentemente impossível de capturar o próprio gigante. O pequeno herói parte disfarçado de monarca, dirigindo uma carruagem na qual há uma imensa gaiola de ferro.

"*Monsieur le roi*, o que está fazendo com essa gaiola de ferro?", pergunta o gigante. "Estou tentando pegar Petit Jean, que me pregou todo tipo de peças", responde Petit Jean. "Ele não pode ter sido pior para o senhor do que foi para mim. Também estou procurando por ele." "Mas, gigante, acha que é bastante forte para pegá-lo sozinho? Segundo dizem, ele é terrivelmente poderoso. Não tenho certeza de que possa mantê-lo preso nesta gaiola de ferro." "Não se preocupe, *Monsieur le roi*, posso cuidar dele sem uma gaiola; e, se quiser, vou testar a sua."

Então o gigante entra na gaiola. Petit Jean a tranca. E, depois que o gigante fica exausto de tentar quebrar as barras de ferro, Petit Jean anuncia sua verdadeira identidade e entrega sua vítima, indefesa e enraivecida, ao verdadeiro rei, que o recompensa com uma princesa.[50]

Quando se mistura uma variante italiana às diferentes modalidades do mesmo tipo de conto, pode-se observar que o clima muda, da fantasia inglesa para a astúcia francesa e o burlesco italiano. No caso do conto do tipo 301, que trata do resgate da princesa, salva de um encantado mundo subterrâneo, o herói inglês é outro Jack, o francês outro Jean. Jack liberta sua princesa seguindo as instruções de um anão. Ele desce por um poço, corre atrás de uma bola mágica e mata uma sucessão de gigantes, em palácios de cobre, de ouro e de prata. O francês Jean tem de enfrentar ambientes mais traiçoeiros. Seus companheiros de viagem o abandonam ao demônio, numa casa assombrada, e depois cortam a corda, quando ele tenta subir por ela para sair do poço, depois de salvar a princesa. O herói italiano, um padeiro do palácio que é expulso da cidade por namorar a filha do rei, segue o mesmo caminho, enfrentando os mesmos perigos, mas faz isso com um espírito de bufonaria, além da bravura. O diabo desce pela chaminé da casa assombrada numa bola mágica e tenta derrubá-lo pulando entre seus pés. Imperturbável, o padeiro põe-se de pé sobre uma cadeira, depois sobre uma mesa e, finalmente, uma cadeira montada sobre a mesa, enquanto depena uma galinha — sem que a bola diabólica pare de pular, inutilmente, em torno dele. Sem conseguir sair vencedor nesse número de circo, o diabo sai da bola e se oferece para preparar a refeição. O padeiro pede-lhe que segure a lenha e, depois, destramente, corta-lhe a cabeça. Usa truque parecido, no poço subterrâneo, para decapitar uma feiticeira que, enquanto isso, raptara a princesa. Assim, acumulando truques, finalmente ganha seu verdadeiro amor. A trama, idêntica à das versões inglesa e francesa, parece aproximar-se mais da *Commedia dell'Arte* que de qualquer tipo de mundo encantado.[51]

O aspecto bufão e maquiavélico dos contos italianos transparece com força ainda maior quando os comparamos com os alemães. A versão italiana de "The youth who wanted to know what fear was" ("O rapaz que queria saber o que era o medo") (Grimm 4) narra o procedimento de praxe de um certo Alphonse-Gaston, o herói que logra o diabo, fazendo-o cair numa sucessão de armadilhas.[52] A Chapeuzinho Vermelho italiana engana o lobo atirando-lhe um bolo cheio de pregos, embora, posteriormente, ele a engane, fazendo-a comer sua avó e depois comendo-a.[53] O Gato de Botas italiano, como o francês, mas ao contrário do alemão (conto do tipo 545, Grimm 106), é uma raposa que brinca com a vaidade e a credulidade de todos em torno dela, para conseguir um castelo e uma princesa para seu dono. E o "Barba Azul" italiano mostra como um conto pode mudar de tom, embora continuando com a mesma estrutura.

Na Itália, Barba Azul é um demônio que atrai uma sucessão de moças camponesas para o inferno, contratando-as para lavar sua roupa e, depois, tentando-as com o truque habitual da chave da porta proibida. A porta conduz ao inferno; então, quando elas a abrem, irrompem chamas, chamuscando uma flor que ele coloca em seus cabelos. Depois que o demônio volta de suas viagens, a flor chamuscada mostra-lhe que as moças quebraram o tabu; e ele as atira nas chamas, uma após outra — até que encontra Lúcia. Ela concorda em trabalhar para ele depois que suas irmãs mais velhas desaparecem. E também abre a porta proibida, mas só o suficiente para ver, num relance, suas irmãs nas chamas. Como ela teve a prudência de deixar sua flor num lugar seguro, o demônio não pode condená-la por desobediência. Pelo contrário, ela adquire poder sobre ele — o bastante, pelo menos, para obter a realização de um desejo. Pede-lhe que carregue algumas bolsas com roupa para lavar até a casa dela, a fim de que sua mãe possa ajudá-la a se desincumbir da carga gigantesca de peças sujas que ele acumulou. O demônio aceita o encargo e se vangloria de que é suficientemente forte para fazer todo o percurso sem pôr as bolsas no chão, para um descanso. Lúcia responde que o fará cumprir sua palavra, porque tem o poder de ver a grandes distâncias. Então, ela liberta suas irmãs do fogo do inferno e enfia-as, disfarçadamente, nas bolsas de roupa suja. Logo o demônio as carrega para casa. Cada vez que começa a parar para descansar, elas exclamam: "Estou vendo! Estou vendo!" No fim, Lúcia se liberta, com o mesmo artifício. Então, todas as moças se salvam, usando o próprio demônio para fazer o serviço e enganando-o o tempo todo.[54]

As versões alemãs do conto (Grimm 46) seguem a mesma linha narrativa, mas há um acréscimo de toques macabros, quando a versão italiana emprega o humor. O vilão é um bruxo misterioso, que leva as moças para um castelo, no meio de uma floresta sombria. O quarto proibido é uma câmara de horrores e o relato se detém no assassinato em si: "Ele a derrubou, arrastou-a pelo cabelo, cortou-lhe a cabeça no cepo e retalhou-a em pedaços, de modo que seu sangue escorreu pelo chão. Depois, atirou-a na bacia, com o resto."[55] A heroína escapa a este destino e adquire certo poder mágico sobre o bruxo, guardando sua chave. Ela traz as irmãs de volta à vida reunindo os pedaços mutilados de seus cadáveres. Depois, esconde-as numa cesta, cobre-a de ouro e ordena ao bruxo que a carregue até seus pais, enquanto ela se prepara para o casamento que a unirá a ele. Veste uma caveira com traje de noiva, e flores, e a coloca numa janela. Depois, disfarça-se como um pássaro gigante, rolando sobre mel e penas. Deparando com ela, ao voltar, o bruxo pergunta-lhe sobre os preparativos para o casamento. Ela responde, em versos, que a noiva limpou a casa e está à espera dele na janela. O bruxo se apressa; e, quando ele e seus cúmplices estão reunidos para a cerimônia, os parentes da moça chegam às escondidas, trancam as portas e incendeiam a casa, que é inteiramente destruída, com todos os que se acham lá dentro.

Como já foi mencionado, as versões francesas (contos dos tipos 311 e 312), incluindo a de Perrault, contêm alguns detalhes horríveis, mas nada se aproxima do horror dos Grimm. Algumas, entre elas, enfatizam o artifício da fuga e a maioria depende, para seu efeito dramático, das táticas de retardamento da heroína, que vai enfiando, lentamente, seu vestido de noiva, enquanto o vilão (um demônio, um gigante, um *"Monsieur"* com uma barba azul ou verde) amola a faca e os irmãos dela vão correndo em seu socorro. As versões inglesas parecem quase alegres, em comparação. "Peerifool" começa à maneira de *Peter Rabbit* (Pedro, o Coelho), com um roubo num canteiro de repolhos. Desenvolve-se em complicados episódios que envolvem enigmas e elfos, mas sem nenhum cadáver esquartejado, e termina com um belo e limpo assassinato de gigante (com água fervendo).[56] Embora cada história se prenda à mesma estrutura, as versões das diferentes tradições produzem efeitos inteiramente diversos — burlescos, nas versões italianas; horríficos, nas alemãs; dramáticos, nas francesas; e humorísticos, nas inglesas.

Claro que o narrador podia produzir quase qualquer efeito, com um conto, dependendo da maneira como o relatava. Não há como saber que efeitos realmente causavam nos ouvintes, nas diferentes partes da Europa, há dois séculos, as várias versões de "Barba Azul". E, mesmo que se pudesse saber, seria absurdo tirar conclusões sobre o caráter nacional comparando as variações de um único conto. Mas as comparações sistemáticas de vários contos deveriam ajudar a identificar as qualidades que deram à tradição oral francesa sua natureza peculiar. A comparação funciona melhor onde os contos são mais comparáveis — nas versões francesa e alemã. Isto, feito minuciosamente, poderia estender-se por muitos volumes, cheios de estatísticas e diagramas estruturais. Mas devemos ser capazes de fazer o suficiente, dentro das fronteiras de um único ensaio, para chegar a algumas afirmações de ordem geral.

Consideremos "Godfather Death" ("O Padrinho Morte") (conto do tipo 332). As versões francesa e alemã têm exatamente a mesma estrutura: (a) Um pobre escolhe a morte como padrinho para seu filho. (b) A morte faz o filho prosperar, como médico. (c) O filho tenta enganar a morte, e morre. Em ambas as versões, o pai recusa-se a aceitar Deus como padrinho, porque observa que Deus favorece os ricos e os poderosos, enquanto a Morte trata a todos de maneira igual. Esta irreverência é rejeitada na transcrição que os Grimm fizeram do conto alemão: "Assim falou o homem, porque ele não sabia quão sabiamente Deus distribui riqueza e pobreza."[57] A versão francesa deixa a questão em aberto e chega a ponto de sugerir que o engodo funciona muito bem, como estilo de vida. O médico ganha uma fortuna porque a Morte dota-o com uma técnica infalível de diagnóstico. Quando ele vê a Morte aos pés do leito de um doente, sabe que a pessoa morrerá. Quando a morte aparece à cabeceira da cama, o paciente se recuperará e pode tomar qualquer tipo de remédio falso. Num dos casos, o médico prevê, com êxito, a morte de um lorde e, em troca, recebe duas fazendas dos herdeiros satisfeitos. Em outro, ele vê a Morte ao pé do leito de uma princesa e gira o seu corpo ao contrário, de modo que a morte é enganada. A princesa sobrevive, ele se casa com ela e vivem até uma velhice avançada e feliz. Quando o médico alemão tenta o mesmo estratagema, a Morte agarra-o pelo pescoço e o ergue até uma caverna cheia de velas, cada uma das quais representando uma vida. Vendo que sua própria vela está quase a se apagar, o médico implora para que ela dure mais. Mas a Morte apaga-a com um sopro e o médico cai morto a seus pés. O médico francês acaba tendo o mesmo fim, mas ele o adia com muito sucesso. Numa versão, pede para rezar um Padre-Nosso, antes da extinção da vela, e, deixando a prece sem terminar, consegue lograr a morte, para que lhe permita ter uma vida ainda mais longa. A morte finalmente o apanha, fingindo ser um cadáver na beira da estrada — uma visão comum no início dos tempos modernos, na Europa, e que causava uma reação comum: rezar um Padre-Nosso, o que leva o conto a um final talvez pouco edificante. Na verdade, a história demonstra que ninguém pode enganar a morte, pelo menos a longo prazo. Mas o engodo é um caminho curto para o francês ganhar dinheiro.

"Le Chauffeur du diable" (conto do tipo 475, Grimm 100) transmite uma mensagem parecida. Também tem a mesma organização nas versões francesa e alemã: (a) Um pobre soldado que dera baixa concorda em trabalhar para o demônio, atiçando as fogueiras embaixo dos caldeirões, no inferno. (b) Desobedece à ordem do demônio de não olhar para dentro dos caldeirões e descobre seu(s) antigo(s) oficial(ais) de comando. (c) Foge do inferno com um objeto mágico que, embora tenha um aspecto desagradável, produz todo o dinheiro de que ele precisa para viver feliz pelo resto da vida. Na versão alemã, a trama se desdobra sem rodeios, mas com detalhes fantasiosos que não existem na francesa. Como condição para contratar o soldado, o demônio lhe pede que ele não corte as unhas nem o cabelo, e também que não tome banho durante o período de sete anos a seu serviço. Ao descobrir seus antigos oficiais de comando nos caldeirões, o soldado atiça o fogo com mais força; assim, o demônio o perdoa por sua desobediência e o soldado serve seus sete anos sem maiores incidentes, com uma aparência cada vez mais horrorosa. Sai do inferno parecendo-se com *Struwelpeter* e chamando a si mesmo de "o irmão fuliginoso do demônio", como este lhe havia ordenado. Sua obediência é recompensada, porque o saco de lixo que o demônio lhe dera como pagamento se transforma em ouro. Quando um estalajadeiro o rouba, o demônio intervém para que seja devolvido. E, no fim, bem provido e bem esfregado, o soldado se casa com uma princesa e herda um reino.

A versão francesa apela para um logro. O demônio atrai o soldado para o inferno fingindo ser um cavalheiro em busca de um criado para sua cozinha. Quando o soldado descobre seu ex-capitão sendo cozido no caldeirão, seu primeiro impulso é empilhar novos troncos na fogueira. Mas o capitão o detém, revelando-lhe que estão no inferno e dando-lhe conselhos sobre a maneira de escapar. O soldado deve fingir que ignora a verdadeira situação e pedir que seja liberado, alegando que não gosta do trabalho. O demônio o tentará, oferecendo-lhe ouro — um artifício para fazê-lo enfiar a cabeça numa arca, a fim de poder ser decapitado, quando a tampa bater. Em vez de ouro o soldado deve pedir um velho par de calções do demônio, como pagamento. Esta estratégia funciona; e, a noite seguinte, quando chega numa estalagem, o soldado descobre que os bolsos estão cheios de ouro. Enquanto dorme, no entanto, a mulher do estalajadeiro agarra os calções mágicos e grita que ele está tentando violentá-la e matá-la — outro artifício, desta vez visando a pegar o ouro e fazer com que o soldado vá para o patíbulo. Mas o demônio intervém a tempo para salvá-lo e recuperar os calções. E, enquanto isso, o soldado já extraiu ouro suficiente dos bolsos para se aposentar em ótimas condições e até, segundo algumas versões, casar-se com uma princesa. Mais velhaco que os velhacos, ele chega ao mesmo ponto ao qual chegou seu colega alemão, só que este através do trabalho duro, obediência e autodegradação.

"Le Panier de figues" (conto do tipo 570, Grimm 175) fornece outro exemplo de como, a partir da mesma estrutura, podem ser interpretadas diferentes mensagens. O enredo é o seguinte: (a) Um rei promete a mão de sua filha a quem conseguir trazer a mais bela fruta. (b) Um jovem camponês ganha o concurso, após comportar-se bondosamente com um auxiliar sobrenatural, ao qual seus irmãos mais velhos haviam tratado rudemente. (c) O rei recusa-se a dar a mão da princesa e estipula para o herói uma série de tarefas impossíveis de cumprir. (d) Ajudado por seu protetor, o herói cumpre as tarefas e se casa com a princesa, após uma confrontação final com o rei. O herói da versão alemã é um idiota bem-humorado, Hans Dumm. Ele cumpre as tarefas num cenário carregado de forças sobrenaturais e intensamente povoado de elementos fantasiosos — um barco que voa sobre a terra, um apito mágico, um horrendo grifo, anões, castelos e donzelas desesperadas. Embora, algumas vezes, demonstre lampejos de inteligência, o que o faz superar os infortúnios e conquistar a princesa são as ordens que recebe de seu ajudante mágico e o fato de guiar-se pelo instinto.

Seu colega francês, Benoît, sobrevive usando a cabeça, num universo cruel em que se logra ou se é logrado. O rei defende sua filha como um camponês defende seu celeiro, usando truques sucessivos. Como no conto alemão, recusa-se a entregar a princesa, a menos que o herói consiga guardar um rebanho de coelhos sem deixar nenhum se perder — e Benoît tem êxito, com a ajuda do apito mágico, que faz os coelhos se aproximarem, por mais que pareçam irremediavelmente dispersos. Mas, em vez de mandar Benoît, como Hans, caçar um grifo que come gente, o rei tenta dispersar os coelhos do rebanho, através de uma série de estratagemas. Disfarçado como camponês, ele se oferece para comprar um, por alto preço. Benoît percebe a manobra e usa-a como uma oportunidade para virar a mesa contra o rei. Ele só entregará o coelho a alguém que tiver sucesso num ordálio — anuncia. O rei deve abaixar as calças e se submeter a um chicoteamento. O rei concorda, mas perde o coelho logo que o animal ouve o som do apito mágico. A rainha tenta o mesmo artifício e recebe o mesmo tratamento, embora, em algumas versões, ela tenha de pôr-se de quatro, expondo as nádegas nuas. Depois, a princesa tem de beijar o herói — ou, em alguns casos, levantar a cauda de seu jumento e beijar-lhe o ânus. Ninguém consegue arrancar um coelho do rebanho. Mas o rei ainda resiste. Ele não dará sua filha, até Benoît apresentar três sacos contendo verdades. Com a corte reunida em torno, Benoît solta sua primeira verdade, *sotto voce*: "Não é verdade, senhor, que eu o chicoteei, e o senhor estava com a bunda de fora?" O rei é apanhado na armadilha. Não consegue aguentar ouvir as próximas duas verdades, e entrega a princesa. Os auxílios mágicos foram abandonados. O combate se travou *terre à terre*, num mundo real de poder, orgulho e tortuosidade. E os fracos ganham com a única arma que têm: a esperteza. O conto atira espertos contra espertos, em proporções iguais:

"Para esperteza, esperteza e meia", como observa um dos narradores camponeses.[58]

Essa fórmula não chega a fazer justiça à variedade de temas que surgiriam de uma comparação mais completa entre os contos franceses e alemães. Sem dúvida, é possível encontrar pobres-diabos inteligentes em Grimm e magia em *Le Conte populaire français*, especialmente nos contos da Bretanha e da Alsácia-Lorena. Alguns poucos contos franceses quase não se diferenciam de seus equivalentes na coleção de Grimm.[59] Mas, apesar das exceções e das complicações, as diferenças entre as duas tradições enquadram-se em padrões consistentes. Os narradores camponeses abordavam os mesmos temas e lhes faziam modificações características, os franceses de uma maneira, os alemães de outra. Enquanto os contos franceses tendem a ser realistas, grosseiros, libidinosos e cômicos, os alemães partem para o sobrenatural, o poético, o exótico e o violento. Naturalmente, as diferenças culturais não podem ser reduzidas a uma fórmula — astúcia francesa contra crueldade alemã —, mas as comparações possibilitam que se identifique o tom peculiar que os franceses davam às suas histórias; e a maneira como eles contam histórias fornece pistas quanto à sua maneira de encarar o mundo.

Vamos considerar uma série final de comparações. Em "Le Belle Eulalie" (conto do tipo 313), como já foi mencionado, a filha do demônio faz alguns *pâtés* falantes e os esconde debaixo de seu travesseiro e do travesseiro de seu amante, um soldado reformado que pediu pousada na casa do diabo, a fim de encobrir a fuga dos dois. Suspeitando de algum truque baixo, a esposa do demônio insiste com ele para ir dar uma olhada nos jovens. Mas ele, simplesmente, chama-os de sua cama e, depois, recomeça a roncar, enquanto os *pâtés* dão respostas tranquilizadoras e os namorados fogem sem serem incomodados. No conto correspondente dos Grimm ("Der liebste Roland", número 56), uma feiticeira decapita por engano a própria filha, ao tentar, certa noite, matar a enteada. Esta deixa escorrer pelas escadas o sangue da cabeça cortada e depois foge com o namorado, enquanto as gotas do sangue respondem às perguntas da feiticeira.

A boa filha, que cata obsequiosamente os piolhos da estranha, junto ao poço, em "Les Fées" (conto do tipo 480), encontra luíses de ouro no cabelo e se torna bonita, enquanto a filha malvada acha apenas piolhos e fica feia. Em "Frau Holle" (Grimm 24), a boa filha desce para uma terra mágica, que existe lá embaixo do poço, e trabalha para a estranha, como governanta. Quando ela sacode uma colcha recoberta de penas, faz nevar sobre a terra. E, ao receber uma recompensa por seu bom trabalho, é coberta por uma chuva de ouro que a torna bonita. A filha ruim executa as tarefas com má vontade e recebe uma chuva de piche.

Persinette, a Rapunzel francesa (conto do tipo 310), solta o cabelo para poder fazer amor com o príncipe em sua torre. Ela o esconde da fada que a mantém prisioneira, e inventa uma série de burlescos estratagemas para impugnar o testemunho do papagaio, que não para de traí-los. (Numa versão, Persinette e o príncipe costuram o traseiro do papagaio, e ele passa a gritar apenas: "Bunda costurada, bunda costurada.")[60] Os namorados fogem, finalmente, mas a fada troca o nariz de Persinette pelo focinho de um asno, o que arruína o prestígio dos dois, na corte. Afinal, a fada acaba cedendo e lhe devolve a beleza. Na "Rapunzel" de Grimm (número 12), a bruxa separa os namorados banindo a moça, com a cabeça raspada, para um deserto, e força o príncipe a pular da torre para o meio de um espinheiro, o que o cega. Ele vagueia pelo mato durante anos, até que, afinal, depara-se com Rapunzel e as lágrimas dela, caindo sobre seus olhos, restituem-lhe a visão.

Após partilhar sua comida com uma fada disfarçada em mendiga, o pobre pastorzinho de "Les Trois Dons" (conto do tipo 592) obtém a realização de três desejos: pode acertar em qualquer pássaro, com seu arco e flecha, pode fazer qualquer pessoa dançar, com sua flauta, e forçar sua madrasta a peidar todas as vezes em que ele faz "atchim". Logo, ele leva a velha a peidar pela casa toda, bem como na *veillée* e na missa dominical. O padre precisa expulsá-la da igreja, para poder terminar seu sermão. Mais tarde, quando ela explica seu problema, ele tenta lograr o menino, para fazê-lo revelar seu segredo. Mas o pastorzinho, que é mais esperto, mata um pássaro e pede ao padre que vá pegá-lo. Quando o padre tenta agarrá-lo, num espinheiro, o menino toca a flauta e o obriga a dançar até que sua batina fica toda esfarrapada e ele chega a ponto de quase cair de exaustão. Depois que se recupera, o padre procura vingar-se, acusando-o de feitiçaria, mas o menino, com sua flauta, obriga o tribunal a dançar tão incontrolavelmente, que é liberado. Em "Der Jude im Dorn" (Grimm 110), o herói é um criado mal pago que dá seus magros salários a um anão, e em troca ganha uma arma capaz de acertar qualquer coisa, um violino que leva todos a dançarem e o poder de formular um pedido irrecusável. Ele encontra um judeu que está escutando um pássaro cantar numa árvore. Mata o pássaro com um tiro, diz ao judeu para ir pegá-lo, num arbusto espinhoso, e depois toca tão implacavelmente seu violino que o judeu quase se mata nos espinhos, e compra sua liberação com uma bolsa de ouro. O judeu se vinga fazendo o criado ser condenado por roubo na estrada. Mas quando o criado está prestes a ser enforcado, faz um último pedido — quer seu violino. Logo, todos dançam loucamente em torno ao patíbulo. O juiz, exausto, solta o criado e enforca o judeu em seu lugar.

Seria abusivo tomar esse conto como prova de que o anticlericalismo funcionava, na França, como um equivalente ao antissemitismo da Alemanha.[61] A comparação entre contos populares não permite conclusões tão específicas. Mas ajuda a identificar o sabor peculiar dos contos franceses. Ao contrário de seus correspondentes alemães, eles têm gosto de sal. E cheiro de terra. Ocorrem num universo intensamente humano, onde peidar, catar piolhos, rolar no feno e jogar esterco um no outro são manifestações de paixões, valores, interesses e atitudes de uma sociedade camponesa hoje extinta. Se é assim, será que poderíamos ser mais precisos, ao interpretar o que os contos talvez significassem para os narradores e sua plateia? Gostaria de apresentar duas proposições: os contos diziam aos camponeses como era o mundo; e ofereciam uma estratégia para enfrentá-lo.

Sem fazer pregações nem dar lições de moral, os contos franceses demonstram que o mundo é duro e perigoso. Embora, na maioria, não fossem endereçados às crianças, tendem a sugerir cautela. Como se erguessem letreiros de advertência, por exemplo, em torno da busca de fortuna: "Perigo!"; "Estrada interrompida!"; "Vá devagar!"; "Pare!" É verdade que alguns contêm uma mensagem positiva. Mostram que a generosidade, a honestidade e a coragem são recompensadas. Mas não inspiram muita confiança na eficácia de se amar os inimigos e oferecer a outra face. Em vez disso, demonstram que, por mais louvável que seja dividir o seu pão com mendigos, não se pode confiar em todos aqueles que se encontra pelo caminho. Alguns estranhos talvez se transformem em príncipes e fadas bondosas; mas outros podem ser lobos e feiticeiras, e não há maneira de distinguir uns dos outros. Os auxiliares mágicos que Jean de l'Ours (conto do tipo 301) consegue, em sua busca de fortuna, têm os mesmos poderes gargantuescos que os de "Le Sorcier aux trois ceintures" (conto do tipo 329) e "Le Navire sans pareil" (conto do tipo 513). Mas, a certa altura da trama, tentam assassinar o herói, enquanto aqueles o salvam.

Por mais edificante que possa ser o comportamento de alguns personagens dos contos populares, eles habitam um mundo que parece arbitrário e amoral. Em "Les Deux Bossus" (conto do tipo 503), um corcunda depara-se com um bando de feiticeiras dançando e cantando: "Segunda, Terça e Quarta-feira, Segunda, Terça e Quarta-feira." Ele entra no grupo e acrescenta "e Quinta-feira" à canção delas. Encantadas com a inovação, elas o recompensam, eliminando sua deformidade. Um segundo corcunda tenta o mesmo truque, acrescentando "e Sexta-feira". "Isto não combina", diz uma das feiticeiras. "De jeito nenhum", comenta outra. Elas o castigam, acrescentando-lhe a corcunda do primeiro. Duplamente deformado, ele não pode suportar as zombarias da vila e morre em menos de um ano. Não há lógica alguma nesse universo. Os desastres ocorrem de maneira casual. Como a Peste Negra, não podem ser previstos nem explicados, devem ser, simplesmente, suportados. Mais de metade das 35 versões registradas de "Chapeuzinho Vermelho" terminam como a versão contada antes, com o lobo devorando a menina. Ela nada fizera para merecer esse destino; porque, nos contos camponeses, ao contrário dos contos de Perrault e dos irmãos Grimm, não desobedece a sua mãe nem deixa de ler os letreiros de uma ordem moral implícita, escritos no mundo que a rodeia. Ela, simplesmente, caminhou para dentro das mandíbulas da morte. E a natureza inescrutável e inexorável de calamidade que torna os contos tão comoventes, e não os finais felizes que eles, com frequência, adquirem, depois do século XVIII.

Como nenhuma moral discernível governa o mundo em geral, o bom comportamento não determina o sucesso, seja na aldeia ou na estrada, pelo menos nos contos franceses, em que a esperteza toma o lugar do pietismo dos alemães. É verdade que o herói, muitas vezes, ganha um auxiliar mágico através de uma boa ação, mas consegue a princesa usando a inteligência. E, algumas vezes, não pode ficar com ela se não realizar atos pouco éticos. O herói de "Le Fidèle Serviteur" (conto do tipo 516) só consegue fugir com a princesa recusando-se a ajudar um mendigo que se afogava num lago. Da mesma maneira, em "L'Homme qui ne voulait pas mourir" (conto do tipo 470B), ele é, finalmente, capturado pela Morte, porque se detém para ajudar um pobre condutor de carroça preso na lama. E, em algumas versões de "Le Chauffeur du diable" (conto do tipo 475), o herói só evita o perigo enquanto ele ou ela (o protagonista pode ser uma criada, ou um soldado que deu baixa) consegue uma cadeia de mentiras. Logo que diz a verdade, cai em desgraça. Os contos não advogam a imoralidade, mas desmentem a noção de que a virtude será recompensada ou de que a vida pode ser conduzida por qualquer outro princípio que não uma desconfiança básica.

Essas convicções são subjacentes à dura vida aldeã tal como aparece nos contos. Presume-se que os vizinhos sejam hostis (conto do tipo 162) e podem ser feiticeiras (conto do tipo 709). Espiam a pessoa e roubam sua horta, por mais pobre que seja (conto do tipo 330). Não se deve jamais discutir negócios diante deles nem deixá-los saber de coisa alguma caso se adquira repentina riqueza, através de algum passe de mágica, porque eles o denunciarão como ladrão, se não conseguirem roubar tudo para si mesmos (conto do tipo 563). Em "La Poupée" (conto do tipo 571C), uma órfã simplória deixa de observar essas regras básicas quando recebe uma boneca mágica, que evacua ouro todas as vezes em que ela diz: "Caga, caga, minha bonequinha de trapos." Não demora e ela compra várias galinhas e uma vaca, e convida os vizinhos para visitá-la. Um deles finge adormecer junto ao fogo e foge com a boneca, logo que a menina vai para a cama. Mas quando ele diz as palavras mágicas, ela evacua fezes de verdade, sujando-o todo. Então, ele a atira na pilha de esterco. Depois, um dia, quando ele próprio está evacuando, ela se ergue e o morde. Ele não consegue arrancá-la de seu *derrière,* até que a menina chega, recupera sua propriedade e vive desconfiada para sempre.

Se o mundo é cruel, a aldeia nada amena e a humanidade infestada de patifes, o que se deve fazer? Os contos não dão uma resposta explícita, mas ilustram a justeza do antigo provérbio francês: "A gente deve uivar com os lobos."[62] A patifaria está presente em todo o conjunto dos contos franceses, embora muitas vezes tome a forma mais suave e mais agradável da artimanha. Claro que os velhacos existem no folclore do mundo inteiro, notavelmente nos contos dos índios Plain e nas histórias do *Brer'Rabbit,* dos escravos americanos.[63] Mas parecem prevalecer especialmente na tradição francesa. Como foi indicado anteriormente, sempre que um conto francês e um alemão seguem o mesmo padrão, o alemão desvia-se em direção ao mistério, ao sobrenatural, à violência, enquanto o francês segue direto para a aldeia, onde o herói pode dar toda corda ao seu talento para a intriga. É verdade que o herói pertence ao mesmo tipo de vítima que se encontra em todos os contos populares europeus. Ele ou ela será um filho mais novo, uma enteada, uma criança abandonada, um pobre pastor, um trabalhador rural com pagamentos miseráveis, um criado oprimido, um aprendiz de feiticeiro ou um Pequeno Polegar. Mas esse tecido comum tem um corte francês, particularmente quando o narrador envolve com ele seus personagens favoritos, como Petit Jean, o petulante aprendiz de ferreiro; Cadiou, o alfaiate esperto, e La Ramée, o soldado duro e desiludido, que vai blefando e bravateando através de muitos contos, juntamente com Pipette, o inteligente jovem recruta e uma multidão de outros — Petit-Louis, Jean le Teigneux, Fench Coz, Belle Eulalie, Pitchin-Pitchot, Parle, Bonhome Misère. Algumas vezes, os próprios nomes sugerem as qualidades de inteligência e duplicidade que fazem o herói ultrapassar suas provações; é o caso de Le Petit Fûteux, Finon-Finette, Parlafine e Le Rusé Voleur. Quando os examinamos, eles parecem constituir um tipo ideal, o do "pequeno" que vai em frente, logrando os grandes com sua esperteza.

Os heróis velhacos destacam-se contra um ideal negativo, o do idiota. Nos contos ingleses, Simple Simon fornece uma porção de divertimento inocente. Nos alemães, Hans Dumm é um simpático palerma, que chega ao topo através de muita tontice bem-humorada e com a ajuda de criaturas mágicas. Os contos franceses não mostram nenhuma simpatia por idiotas da vida ou pela estupidez sob qualquer forma, inclusive a dos lobos e ogres que não conseguem comer suas vítimas imediatamente (contos dos tipos 112D e 162). A estupidez representa a antítese da velhacaria; sintetiza o pecado da simplicidade, um pecado mortal, porque a ingenuidade, num mundo de vigaristas, é um convite ao desastre. Os heróis estúpidos dos contos franceses são, portanto, falsos estúpidos, como Petit Poucet e Crampouès (contos dos tipos 327 e 569), que fingem ser estúpidos para conseguir manipular melhor um mundo cruel, mas crédulo. Chapeuzinho Vermelho — sem o capuz vermelho — usa a mesma estratégia nas versões do conto francês, em que ela escapa viva. "Tenho de me aliviar, vovó", diz ela, quando o lobo a agarra. "Faça na cama mesmo, querida", responde o lobo. Mas a menina insiste e então o lobo lhe permite ir lá fora, amarrada numa corda. A menina amarra a corda numa árvore e foge, enquanto o lobo puxa e chama, sem mais paciência para esperar. "O que é que você está fazendo, cagando uma corda?"[64] Na verdade, à maneira gaulesa, o conto narra a educação de uma velhaca. Passando de um estado de inocência para outro de falsa ingenuidade, Chapeuzinho Vermelho vai para a companhia do Pequeno Polegar e do Gato de Botas.

Esses personagens têm em comum não apenas a astúcia, mas também a fragilidade, e seus adversários se distinguem pela força, bem como pela estupidez. A velhacaria sempre joga o pequeno contra o grande, o pobre contra o rico, o desprivilegiado contra o poderoso. Estruturando as histórias dessa maneira, e sem explicitar o comentário social, a tradição oral proporcionou aos camponeses uma estratégia para lidar com seus inimigos, nos tempos do Antigo Regime. Mais uma vez, é preciso enfatizar que nada havia de novo ou de incomum no tema dos fracos vencendo os fortes pela esperteza. Remonta à luta de Ulisses contra os ciclopes e a Davi derrubando Golias, e se destaca nitidamente no tema da "donzela inteligente", dos contos alemães.[65] O que importa não é a novidade do assunto, mas sua significação — a maneira como ele se enquadra na estrutura de um relato e toma forma quando é narrado um conto. Ao virarem a mesa contra os ricos e poderosos, os oprimidos franceses o fazem de uma maneira bem material, num cenário bem terreno. Não matam gigantes numa terra imaginária, mesmo quando têm de trepar por pés de feijão para alcançá-los. O gigante em "Jean de l'Ours" (conto do tipo 301) é *le bourgeois de la maison*,[66] morando numa casa comum, como a de qualquer fazendeiro rico. O gigante em "Le Conte de Parle" (conto do tipo 328) é um *coq du village* que cresceu demais e "janta com a mulher e a filha",[67] quando o herói chega para enganá-lo. O gigante em "La Soeur infidèle" (conto do tipo 315) é um moleiro maldoso; os de "Le Chasseur adroit" (conto do tipo 304) são bandidos comuns; os de "L'Homme sauvage" (conto do tipo 502) e "Le Petit Forgeron" (conto do tipo 317) são proprietários de terras tirânicos, que o herói derruba depois de uma disputa sobre direitos de pastagem. Não exigia nenhum grande voo de imaginação vê-los como os verdadeiros tiranos — os bandidos, moleiros, intendentes do Estado e senhores do castelo — que tornavam a vida dos camponeses miserável, dentro de suas próprias aldeias.

Alguns contos deixam a ligação explícita. "Le Capricorne" (conto do tipo 571) toma o tema de "The Golden Goose" ("O ganso dourado"), como é encontrado nos Grimm (número 64) e o transforma numa acusação burlesca aos ricos e poderosos na sociedade aldeã. Um pobre ferreiro está sendo corneado por seu padre e tiranizado pelo *seigneur* local. Por instigação do padre, o *seigneur* ordena que o ferreiro execute tarefas impossíveis, a fim de mantê-lo fora do caminho enquanto o padre está ocupado com a sua mulher. Por duas vezes o ferreiro tem êxito no cumprimento das tarefas, graças à ajuda de uma fada. Mas, da terceira vez, o *seigneur* pede um "capricórnio" e o ferreiro nem sequer sabe de que se trata. A fada lhe diz para fazer um buraco no chão de seu sótão e bradar "Mantenha-se firme!" diante de qualquer coisa que vir. Primeiro, ele vê a criada, com a camisola de dormir entre os dentes, tirando pulgas de suas partes íntimas. O "Mantenha-se firme!" a congela nessa posição, exatamente quando sua patroa pede o urinol para o padre poder aliviar-se. Caminhando de costas, para esconder sua nudez, a moça entrega o urinol à patroa e ambas o seguram para o padre, exatamente quando outro "Mantenha-se firme!" faz os três ficarem imóveis, juntos. De manhã, o ferreiro leva o trio para fora da casa, com um chicote, e com uma série de "Mantenha-se firme!", ditos na hora certa, soma a eles toda uma parada de figuras da vila. Quando o desfile chega à residência do *seigneur*, o ferreiro brada: "Aqui está o seu capricórnio, *Monsieur*." O *seigneur* lhe paga e todos são liberados.

Um jacobino talvez contasse essa história de um tal jeito que a faria cheirar a pólvora. Mas, por menos respeito que mostre para com as classes privilegiadas, ela não vai além dos limites da irreverência pura e simples. O herói se satisfaz com infligir humilhação; não sonha com revolução. Depois de ridicularizar as autoridades locais, deixa-as retomarem seus postos, enquanto ele retoma o seu, por mais miserável que seja. E o desafio não leva mais longe o herói, em outros contos que se aventuram às proximidades do comentário social. Quando Jean le Teigneux (conto do tipo 314) consegue dominar um rei e dois arrogantes príncipes, ele os faz comer uma refeição de camponês, batatas cozidas com pão preto; depois, tendo ganho a princesa, assume seu lugar de direito, como herdeiro do trono. La Ramée ganha sua princesa usando uma espécie de circo de pulgas, num concurso para fazê-la rir (conto do tipo 559). Sem conseguir suportar a ideia de ter um mendigo por genro, o rei não cumpre sua palavra e tenta impor a ela um cortesão, em lugar dele. Finalmente, fica decidido que ela irá para a cama com os dois pretendentes e escolherá o que preferir. La Ramée ganha esse segundo concurso despachando uma pulga para dentro do ânus de seu rival.

A obscenidade pode ter causado algumas gargalhadas explosivas em torno das lareiras do século XVIII, mas será que deu aos camponeses determinação suficiente para derrubar a ordem social? Duvido. Uma distância considerável separa a irreverência da revolução, *gauloiserie* de *jacquerie*. Em outra variação do eterno tema do rapaz pobre que se encontra com a menina rica, em "Comment Kiot-Jean épousa Jacqueline" (conto do tipo 593), o camponês pobre, Kiot-Jean, é posto para fora da casa quando apresenta sua proposta ao pai do seu grande amor, um protótipo do *fermier*, ou camponês rico, que dominava os pobres das aldeias nos tempos do Antigo Regime, especialmente na Picardia, onde esta história foi recolhida, em 1881. Kiot-Jean consulta uma feiticeira local e recebe um punhado de esterco de bode mágico, que esconde debaixo das cinzas da lareira do camponês rico. Tentando reacender o fogo, a filha bate nele, e "Pum!", solta um imenso peido. A mesma coisa acontece com a mãe, o pai e, finalmente, com o padre, que emite uma espetacular série de peidos, enquanto borrifa água benta e murmura exorcismos em latim. Os peidos continuam com tal frequência — e devemos imaginar o narrador camponês pontuando cada frase de seu diálogo improvisado com uma espécie de assobio — que a vida se torna impossível na casa. Kiot-Jean promete liberá-los, se lhe derem a moça; e, assim, ganha sua Jacqueline, depois de remover, sub-repticiamente, o esterco de bode.

Sem dúvida, os camponeses obtinham alguma satisfação logrando, em suas fantasias, os ricos e os poderosos, como tentavam lográ-los no cotidiano, fosse através de ações judiciais ou deixando de pagar os tributos senhoriais, ou, ainda, roubando caça. Provavelmente riam, aprovadoramente, quando o oprimido atirava sua filha inútil para cima do rei, em "Les Trois Fileuses" (conto do tipo 501); quando ele chicoteava o rei, em "Le Panier des figues" (conto do tipo 570); na cena em que o engana, fazendo-o remar, no barco, como um criado do demônio, em "Le Garçon chez la bûcheronne" (conto do tipo 461); ou escutando que ele o obrigou a se sentar no topo do telhado de seu castelo, até entregar a princesa, em "La Grande Dent" (conto do tipo 562). Mas seria inútil procurar nessas fantasias o germe do republicanismo. Sonhar em enganar um rei e se casar com uma princesa pouco tinha a ver com qualquer tipo de desafio aos fundamentos morais do Antigo Regime.

Se os considerarmos como fantasias de "virar a mesa", verificamos que os contos parecem enfatizar o tema da humilhação. O fraco inteligente faz de tolo o opressor forte, provocando um coro de risadas à sua custa, de preferência através de algum estratagema obsceno. Ele força o rei a se humilhar, expondo as nádegas. Mas a risada, e até mesmo a risada rabelaisiana, tem limites. Quando termina, as mesas são de novo desviradas; e, como na Quarta-feira de Cinzas, que se segue ao Carnaval na sucessão do calendário, a ordem antiga retoma seu domínio sobre os foliões. A velhacaria é uma espécie de operação de resistência. Permite ao oprimido conseguir algumas vantagens marginais, jogando com a vaidade e a estupidez de seus superiores. Mas o velhaco trabalha dentro do sistema, utilizando em benefício próprio seus pontos fracos e, com isso, ratificando esse sistema. Além disso, pode sempre encontrar alguém mais velhaco que ele próprio, até entre os ricos e poderosos. O velhaco, que é vítima da velhacaria, demonstra quanto é vão esperar uma vitória final.

Em última instância, então, a velhacaria expressava uma orientação relativa ao mundo, mais do que uma variedade latente de radicalismo. Proporcionava uma maneira de lidar com uma sociedade dura, em vez de uma fórmula para subvertê-la. Vamos analisar um conto final, "Le Diable et le maréchal ferrant" (conto do tipo 330), um dos mais intrincados do repertório. Um ferreiro não pode resistir a dar alimento e abrigo a todos os mendigos que batem à porta, embora "não seja mais religioso do que um cachorro".[68] Logo ele próprio está reduzido à mendicância, mas escapa a ela vendendo sua alma ao demônio em troca de sete anos livre da pobreza, outra vez na ferraria. Depois que ele recomeça seu antigo hábito de generosidade descuidada, Jesus e são Pedro o visitam, disfarçados de mendigos. O ferreiro lhes dá uma boa refeição, roupas limpas e uma cama bem-arrumada. Em troca, Jesus concede-lhe a realização de três desejos. São Pedro aconselha-o a desejar o paraíso, mas em vez disso ele pede coisas pouco edificantes, que variam de acordo com as diferentes versões do conto: ter uma boa refeição (o passadio habitual: biscoitos, salsicha e muito vinho); que seu baralho sempre o faça ganhar no jogo; que seu violino obrigue qualquer pessoa a dançar; que seu saco se encha com tudo que ele quiser; e, na maioria dos casos, que qualquer um que se sentar em seu banco fique preso ali. Quando o mensageiro do diabo chega para buscá-lo, no fim dos sete anos, o ferreiro oferece hospitalidade, como de costume, e depois mantém-no preso no banco até que ele concede uma trégua de mais sete anos. Finalmente, o ferreiro concorda em ir para o inferno, mas os demônios, aterrorizados, recusam-se a deixá-lo entrar, ou, numa alternativa, ele ganha o direito de sair, disputando-o nas cartas. Liderando uma tropa de amaldiçoados — almas que ganhara na mesa de jogo do diabo —, ele se apresenta nos portões do céu. São Pedro não quer que entre, por causa de sua irreligião. Mas o ferreiro pega seu violino e faz Pedro dançar até ceder, ou então atira seu saco sobre o portão e deseja estar dentro dele. Além disso, em outras versões, ele joga cartas com os anjos e vai ganhando sua ascensão na hierarquia celestial: de um canto, para um lugar junto da lareira; em seguida, uma cadeira para se sentar; e, finalmente, uma posição próxima a Deus Pai. Não é preciso dizer que o céu é sempre tão estratificado quanto a corte de Luís xiv, e se pode entrar nele usando engodos. O engodo serve muito bem como estratégia para viver. Na verdade, é o único recurso ao alcance dos "pequenos", que precisam encarar as coisas como são e tirar delas o maior proveito possível. Melhor viver como o ferreiro e manter a barriga cheia do que se preocupar com a salvação e a igualdade na ordem social. Ao contrário da versão alemã (Grimm 81), que é cheia de religiosidade e quase sem velhacarias, o conto francês celebra o velhaco como um tipo social e sugere que a patifaria funciona muito bem como estilo de vida — ou tão bem quanto qualquer outra coisa, num mundo cruel e caprichoso.

A moral dessas histórias passou para a sabedoria dos provérbios, na França — um gênero muito francês de proverbializar, para ouvidos anglo-saxões:[69]

A rusé, rusé et demi: Para esperto, esperto e meio.

A bon chat, bon rat: Para o bom gato, o bom rato.

Au pauvre, la besace: Ao pobre, o saco para esmolar.

On ne fait pas d'omelette sans casser les oeufs: Não se faz uma omelete sem quebrar os ovos.

Ventre affamé n'a point d'oreilles: Um estômago faminto não tem ouvidos.

Là où chèvre est attachée, il faut qu'elle broute: A cabra tem de pastar onde foi amarrada.

Ce n'est pas sa faute, si les grenouilles n'ont pas de queue: Não é sua culpa, se as rãs não têm caudas.

Il faut que tout le monde vive, larrons et autres: Todo mundo precisa viver, os ladrões e os outros.

Os narradores camponeses não moralizavam desta maneira tão explícita. Simplesmente, contavam suas histórias. Mas os contos foram absorvidos no cabedal geral de imagens, ditos e estilizações que constituem o espírito francês. Ora, "espírito francês" pode parecer um conceito intoleravelmente vago e cheira a noções correlatas, como *Volksgeist*, que passou a soar mal, desde que a etnografia ficou poluída com o racismo, nos anos 1930. Apesar disso, a ideia pode ser válida, embora seja vaga e, no passado, se tenha abusado dela. O espírito francês existe. Como sugere o desajeitamento das traduções dos provérbios, é um estilo cultural diferente; e transmite uma visão particular do mundo — um senso de que a vida é dura, de que é melhor não se ter nenhuma ilusão sobre o desprendimento dos demais seres humanos, que a clareza das ideias e o raciocínio rápido são necessários para proteger o pouco que se pode extrair do ambiente em torno, e que a retidão moral não vai levar a pessoa a parte alguma. O espírito francês leva ao distanciamento irônico. Tende a ser negativista e desenganado. Ao contrário de seu oposto anglo-saxão, a ética protestante, ele não oferece fórmula alguma para conquistar o mundo. É uma estratégia de defesa, bem adequada para uma classe camponesa oprimida ou um país ocupado. Ainda fala hoje, através de diálogos coloquiais, como: *Comment vas-tu?* ("Como vai?") *Je me défends.* ("Eu me defendo.")

Como se forjou esse estilo comum? Ninguém poderia dizer, mas o caso de Perrault demonstra que foi um processo complexo.[70] A julgar pela aparência, Perrault pareceria ser a última pessoa que, provavelmente, iria interessar-se por contos populares. Um cortesão, "moderne" de maneira autoconsciente, e um arquiteto da política cultural autoritária de Colbert e Luís xiv, ele não tinha simpatia alguma pelos camponeses e por sua cultura arcaica. No entanto, recolheu as histórias da tradição oral e adaptou-as para o salão, com um ajuste de tom, para atender ao gosto de uma audiência sofisticada. Foram eliminadas as tolices sobre "caminhos de alfinetes e agulhas", e o canibalismo com a avó, em "Chapeuzinho Vermelho". Apesar disso, o conto conservou muito de sua força original. Ao contrário de Mme d'Aulnoy, Mme de Murat e outros líderes da moda dos contos de fadas, no período de Luís xiv, Perrault não se desviou da linha original da história e não estragou a autenticidade e a simplicidade da versão oral com detalhes embelezados. Agiu como *conteur doué* para o seu próprio meio, como se fosse o equivalente luís-catorziano dos contadores de histórias que se acocoravam em torno das fogueiras, na Amazônia e na Nova Guiné. Homero, provavelmente, retrabalhara seu material de maneira parecida, 26 séculos antes; Gide e Camus fariam o mesmo, dois séculos depois.

Porém, por mais que ele tenha em comum com todos os contadores de histórias que adaptam temas clássicos para audiências particulares, Perrault representa algo único na história da literatura francesa: o supremo ponto de contato entre os universos, aparentemente distantes, da cultura popular e da cultura de elite. Como o contato foi feito, não se pode determinar, mas talvez tenha ocorrido num cenário como aquele que aparece no frontispício da edição original de seus contos, a primeira versão publicada de Mamãe Ganso, que mostra três crianças bem-vestidas ouvindo, enlevadas, uma velhinha trabalhando num local que se assemelha a alojamentos de criados. Acima dela, uma inscrição diz *Contes de ma mère l'oye*, uma alusão, aparentemente, ao som cacarejante dos contos das velhas. Marc Soriano afirmou que o filho de Perrault aprendeu as histórias num cenário muito parecido com esse, e Perrault as reelaborou. Mas o próprio Perrault, provavelmente, escutou-as em situação parecida, como a maioria das pessoas de sua classe; porque toda a nobreza passava a tenra infância com amas de leite e babás que a embalava com canções populares e a divertia, depois que aprendia a falar, com *histoires ou contes du temps passé*, como Perrault inscreveu em sua folha de rosto — ou seja, histórias de antigamente, histórias da carochinha. Enquanto a *veillée* perpetuava as tradições populares dentro da aldeia, criadas e amas de leite serviam de elo entre a cultura do povo e a cultura da elite. As duas culturas eram ligadas, mesmo no auge do *Grand Siècle*, quando pareciam ter menos em comum; porque as audiências de Racine e Lully haviam sugado o folclore junto com o leite.

Além disso, a versão que Perrault deu aos contos tornou a entrar no fluxo da cultura popular, por intermédio da Bibliothèque Bleue, as antigas brochuras que eram lidas em voz alta, nas *veillées*, nas aldeias onde alguém era capaz de ler. Esses livrinhos azuis tinham, entre suas atrações, a Bela Adormecida e Chapeuzinho Vermelho, ao lado de Gargantua, Fortunatus, Robert le Diable, Jean de Calais, os Quatre Fils Aymon, Maugis l'Enchanteur e muitos outros personagens da tradição oral que Perrault jamais recolheu. Seria um erro identificar sua magra Mamãe Ganso com o vasto folclore da França no início da era moderna. Mas uma comparação dos dois destaca a impropriedade de se encarar a mudança cultural de maneira linear, como se resultasse da infiltração das grandes ideias nas camadas inferiores. As correntes culturais se mesclaram, movimentando-se para o alto e também para baixo, passando através de veículos e grupos de ligação diferentes, tão afastados entre si quanto estavam os camponeses dos salões sofisticados.[71]

Esses grupos não habitavam universos mentais completamente separados. Tinham muita coisa em comum — em primeiro lugar, e o que é mais importante, um estoque comum de contos. Apesar das distinções de classe social e particularidades geográficas, que impregnavam a sociedade do Antigo Regime, os contos comunicavam características, valores, atitudes e uma maneira de interpretar o universo que eram peculiarmente franceses. Insistir no espírito francês desses relatos não é cair na romantização do espírito nacional, mas reconhecer, em certa medida, a existência de estilos culturais distintos, o que afasta os franceses, ou a maioria deles (porque é preciso aceitar as peculiaridades dos bretões, bascos e outros grupos étnicos), de outros povos identificados, na época, como alemães, italianos e ingleses.[72]

A questão poderia parecer óbvia ou batida, a não ser pelo fato de contradizer a sabedoria convencional da profissão do historiador, que consiste em retalhar o passado em pequenos fragmentos e amuralhá-los dentro de monografias, nas quais podem ser analisados em detalhes minuciosos e rearrumados em ordem racional. Os camponeses do Antigo Regime não pensavam em termos monográficos. Tentavam entender o mundo, em toda sua barulhenta e movimentada confusão, com os materiais de que dispunham. Esses materiais incluíam um vasto repertório de histórias tiradas da antiga tradição indo-europeia. Os contadores de histórias camponeses não achavam as histórias apenas divertidas, assustadoras ou funcionais. Achavam-nas "boas para pensar". Reelaboravam-nas à sua maneira, usando-as para compor um quadro da realidade, e mostrar o que esse quadro significava para as pessoas das camadas inferiores da ordem social. No processo, infundiam aos contos muitos significados, cuja maioria se perdeu, porque estavam inseridos em contextos e desempenhos que não podem ser reconstituídos. Em linhas gerais, no entanto, parte do significado ainda se evidencia através dos textos. Estudando-se todo o conjunto deles e comparando-os com contos correspondentes, de outras tradições, vemos como essa dimensão geral de significado se expressa por meio de dispositivos narrativos característicos — maneiras de estruturar as histórias, dar-lhes um tom, combinar os temas e desdobrar as tramas. Os contos franceses têm um estilo comum, que comunica uma maneira comum de elaborar a experiência. Ao contrário dos contos de Perrault, não são moralizantes; e, ao contrário das filosofias do Iluminismo, não lidam com abstrações. Mas mostram como é feito o mundo e como se pode enfrentá-lo. O mundo é composto de tolos e velhacos, dizem: melhor ser velhaco do que tolo.

No curso do tempo, a mensagem ultrapassou os limites dos contos populares e as fronteiras da classe camponesa. Tornou-se um tema predominante na cultura francesa em geral, fosse em seu nível mais sofisticado ou no mais popular. Talvez tenha alcançado seu mais pleno desenvolvimento no Gato de Botas de Perrault, a personificação da astúcia "cartesiana". O Gato pertence a uma longa linhagem de trapaceiros: por um lado, os matreiros filhos mais novos, enteadas, aprendizes, criados e raposas dos contos populares: por outro, os ardilosos patifes e vigaristas das peças e dos romances franceses — Scapin, Crispin, Scaramouche, Gil Blas, Figaro, Cyrano de Bergerac, Robert

Macaire. O tema ainda vive em filmes como *Les Règles du jeu* e periódicos como *Le Canard enchainé*. Sobrevive na linguagem corriqueira, bem como na maneira aprovadora como um francês chamará o outro de *méchant* e *maliti* (as duas palavras têm a significação de "malvado" e "astuto" — a França é um país onde é bom ser ruim). Isto é um legado dos antigos camponeses para o cotidiano comum.

Claro que esse cotidiano não se parece mais com a miséria malthusiana do Antigo Regime. O velhaco moderno segue novos roteiros: ele burla no imposto de renda e trapaceia com um Estado todo-poderoso, em vez de tentar ser mais esperto que um *seigneur* local. Mas todos os movimentos que faz são tributos aos seus ancestrais — o Gato de Botas e todo o resto. À medida que as antigas histórias se espalharam, ultrapassando fronteiras sociais, e ao longo dos séculos, desenvolveram um enorme poder de resistência. Mudaram sem perder seu sabor. Mesmo depois de absorvidas pelas principais correntes da cultura moderna, são testemunhos de uma antiga visão de mundo. Guiados pela sabedoria dos provérbios, os franceses ainda tentam ser mais espertos que o sistema. *Plus ça change, plus c'est la même chose*.

Apêndice: Variações de um conto

Para mostrar ao leitor como o mesmo conto passa por transformações diferentes, nas tradições orais da Alemanha e da França, transcrevo a versão que os Grimm escreveram de "Der Jude im Dorn" (conto do tipo 592, Grimm 110), republicado com a permissão de *The Complete Grimm's Fairy Tales*, de Jakob Ludwig Karl Grimm e Wilhelm Karl Grimm, traduzido por Margaret Hunt e James Stern, direitos autorais 1944, da Pantheon Books, renovados em 1972 por Random House. Republicado com a permissão da Pantheon Books, uma subdivisão da Random House, pp. 503-8, seguido por seu equivalente francês, "Les Trois Dons" (*Le Conte populaire Français*, volume 2 — Paris, 1976 — pp. 492-95, tradução minha).

O judeu entre os espinhos

Era uma vez um homem rico, que tinha um criado que o servia com diligência e honestidade: toda manhã, era o primeiro a sair da cama e o último a ir descansar, à noite; e, sempre que havia um serviço difícil a ser feito, de que ninguém desejava encarregar-se, ele era sempre o primeiro a se dedicar à tarefa. Além disso, jamais se queixava — satisfazia-se com qualquer coisa e se mostrava sempre alegre.

Ao cabo de um ano, seu patrão não lhe deu salário algum, porque disse a si mesmo: "Essa é a maneira mais inteligente de agir, porque economizarei alguma coisa e ele não irá embora, mas vai continuar, silenciosamente, a meu serviço."

O criado nada disse e fez seu trabalho, durante o segundo ano, como o fizera no primeiro. E quando, no fim daquele, tornou a não receber pagamento algum, submeteu-se e ainda continuou trabalhando.

Quando transcorreu também o terceiro ano, o patrão refletiu, pôs a mão no bolso, mas nada tirou de lá. Então, afinal, o criado disse:

— Patrão, durante três anos eu o servi honestamente, tenha a bondade de me dar o que me cabe receber; porque quero ir embora para conhecer um pouco mais do mundo.

— Sim, meu bom amigo — respondeu o velho sovina —; você me serviu laboriosamente e, portanto, será indulgentemente recompensado. — E pôs a mão no bolso, mas de lá tirou e contou apenas três moedinhas, dizendo: — Veja, aqui tem uma moeda para cada ano; é um grande e generoso pagamento, como receberia de poucos patrões.

O honesto criado, que pouco entendia de dinheiro, pôs sua fortuna no bolso e pensou: "Ah! Agora que tenho a bolsa cheia, por que voltar a me preocupar e me afligir com trabalho pesado!" E lá se foi ele, morro acima e vale abaixo, cantando e pulando de satisfação. Mas aconteceu que, quando passava por um matagal, um homenzinho saiu de lá de dentro e o chamou:

— Passeando, meu jovial amigo? Vejo que não tem muitas preocupações.

— Por que deveria eu estar triste? — replicou o criado. — Tenho o bastante; o salário de três anos tilintando em meu bolso.

— E quanto é o seu tesouro? — perguntou-lhe o anão.

— Quanto? Três moedinhas de prata, no total.

— Escute — disse o anão —, sou um pobre homem necessitado, dê-me suas três moedinhas de prata; não posso mais trabalhar, mas você é jovem e pode, facilmente, ganhar o seu pão.

E como o criado tinha um bom coração, e sentiu piedade do homenzinho, deu-lhe as três moedinhas, dizendo:

— Tome-as, em nome de Deus; não ficarei pior em nada, por causa disso.

Então, o homenzinho disse:

— Vejo que tem um bom coração e, por isso, concedo-lhe três desejos, um para cada moedinha. Todos serão cumpridos.

— Ah! — exclamou o criado. — É um daqueles que sabem fazer mágicas! Ora, se é assim, quero, em primeiro lugar, uma arma que acerte em tudo que eu mirar; em segundo, um violino que, quando eu o tocar, obrigue todos a dançarem; em terceiro, que ninguém possa recusar, quando eu pedir um favor.

— Tudo isso terá — disse o anão; pôs a mão no mato e, vejam só, havia ali um violino e uma espingarda, à espera, como se fossem uma encomenda. Deu-os ao criado, e depois lhe disse:

— Peça o que quiser, em qualquer ocasião, e nenhum homem do mundo poderá negar-lhe.

— Viva! O que mais poderia alguém desejar? — disse o criado a si mesmo e prosseguiu, alegremente, em sua caminhada.

Logo depois, encontrou um judeu com uma comprida barbicha de bode, a escutar o canto de um pássaro que estava no alto de uma árvore.

— Deus do céu! — exclamou ele. — Uma criatura tão pequena tem uma voz tão incrivelmente alta! Ah, se ele fosse meu! Se, pelo menos, alguém salpicasse um pouco de sal em sua cauda!

— Se é só isso — disse o criado —, o pássaro logo estará aqui embaixo.

E, fazendo pontaria, disparou e o pássaro caiu nos arbustos espinhosos.

— Vá, seu velhaco — disse ele ao judeu —, e tire sozinho o pássaro de lá!

— Ah! — disse o judeu. — Esqueça esse velhaco, meu senhor, e farei isso imediatamente. Vou tirar o pássaro sozinho, agora que atirou nele.

Deitou-se no chão e começou a rastejar para dentro do arbusto.

Quando estava bem no meio dos espinhos, o humor do bom criado tentou-o tanto, que ele pegou seu violino e começou a tocar. Dentro de um instante, as pernas do judeu começaram a se movimentar e a dar chutes no ar, e quanto mais o criado tocava, mais ele dançava. Os espinhos rasgaram seu casaco puído, arrancando-o, pentearam-lhe a barba e o espetaram e arranharam pelo corpo todo.

— Ah, meu Deus! — gritou o judeu. — Que é isso que seu violino provoca em mim? Pare de tocar, senhor; não quero dançar.

Mas o criado não lhe deu ouvidos, pensando: "Você já tosquiou as pessoas com bastante frequência, agora os espinhos farão o mesmo com você." E recomeçou a tocar, de modo que o judeu teve de pular mais alto que nunca, e pedaços de seu casaco ficaram pendurados nos espinhos.

— Oh, ai de mim! — gritou o judeu. — Darei ao cavalheiro qualquer coisa que pedir, se parar de tocar; uma bolsa inteiramente cheia de ouro.

— Se é tão generoso — disse o criado —, vou parar minha música; mas devo dizer, a seu favor, que dança tão bem o que toco que me causou, realmente, admiração. — E, depois de pegar a bolsa, foi embora.

O judeu ficou quieto e, em silêncio, observou o criado, até ele se distanciar a perder de vista; depois, gritou com toda força:

— Seu músico miserável, seu violinista de cervejaria! Espera só até eu pegar você sozinho, vou caçá-lo até caírem as solas de seus sapatos! Seu vagabundo! Enfie dois tostões na boca e só assim valerá alguma coisa! — e continuou a cobri-lo de injúrias, falando a toda velocidade que podia. Logo que se aliviou um pouco, dessa maneira, e recuperou o fôlego, ele correu à cidade, indo procurar o juiz.

— Senhor magistrado — disse —, venho dar uma queixa; veja como um patife roubou-me e me maltratou, na estrada pública! Até uma pedra choraria de pena; minhas roupas estão todas rasgadas, meu corpo espetado e arranhado, e lá se foi todo o meu dinheirinho, com minha bolsa — bons ducados, cada moeda melhor que a outra; pelo amor de Deus, faça com que esse homem seja atirado na prisão!

— Foi um soldado — perguntou o juiz — quem o cortou assim, com seu sabre?

— Nada disso! — disse o judeu. — Não era nenhuma espada o que ele tinha, mas uma espingarda pendurada às costas e um violino ao pescoço; o malvado pode ser facilmente reconhecido.

Assim o juiz mandou seu pessoal ir atrás do homem e eles encontraram o bom criado, que andara bem devagar, e também encontraram a bolsa com o dinheiro, em seu poder. Logo que foi levado perante o juiz, ele disse:

— Não toquei no judeu nem peguei seu dinheiro; ele o entregou a mim por sua livre e espontânea vontade, para que eu parasse de tocar, porque não conseguia suportar a minha música.

— Que Deus nos defenda! — gritou o judeu. — Suas mentiras são tantas quantas as moscas na parede.

O juiz também não acreditou em sua história e disse:

— Essa é uma má defesa, nenhum judeu faria isso. — E condenou o bom criado a ser enforcado, pela prática de roubo na estrada.

Quando o levavam, o judeu outra vez gritou, em sua direção:

— Seu vagabundo! Seu violinista cachorro! Agora, vai receber a recompensa que bem merece!

O criado subiu a escada em silêncio, com o carrasco, mas no último degrau virou-se e disse ao juiz:

— Atenda apenas a um pedido, antes de eu morrer.

— Sim, se não pedir sua vida — disse o juiz.

— Não peço a vida — respondeu o criado. — Mas, como último favor, deixe-me tocar mais uma vez o meu violino.

O judeu soltou um grande grito:

— Assassino! Assassino! Pelo amor de Deus, não lhe permita fazer isso! Não permita!

Mas o juiz disse:

— Por que não o deixaria ter o seu curto prazer? Foi-lhe concedido e ele o terá. — E não poderia ter recusado, por causa do dom que fora concedido ao criado.

Então, o judeu gritou:

— Oh! ai de mim! Amarrem-me com força! — enquanto o bom criado tirava o violino do pescoço e se preparava.

Ao primeiro acorde, todos começaram a tremer e a se sacudir, o juiz, o funcionário da corte, o carrasco, seus auxiliares — e a corda caiu da mão que ia amarrar fortemente o judeu. Ao segundo acorde, levantaram as pernas e o carrasco soltou o bom criado e se preparou para dançar. No terceiro acorde, todos entraram na dança, com um pulo; o juiz e o judeu eram os que mais saltavam. Logo, os que se haviam reunido, por curiosidade, na praça do mercado, dançavam com eles; velhos e jovens, gordos e magros, todos dançavam uns com os outros. Até os cães, que haviam corrido para lá, também se ergueram nas pernas traseiras e deram cabriolas de um lado para outro; quanto mais ele tocava, mais alto pulavam os dançarinos, a ponto de baterem as cabeças umas contra as outras e começarem a gritar terrivelmente.

Afinal, o juiz exclamou, sem fôlego:

— Eu lhe darei sua vida, se você parar de tocar esse violino.

O bom criado, em consequência, teve compaixão, pegou seu violino e pendurou-o de novo em volta do pescoço, descendo, em seguida, da escada. Depois, aproximou-se do judeu, que estava caído no chão, arquejante, e disse:

— Seu patife, agora confesse onde conseguiu o dinheiro, senão pego meu violino e começo a tocar de novo.

— Eu o roubei, eu o roubei! — gritou ele. — Mas você o ganhou honestamente.

Então, o juiz mandou conduzir o judeu ao patíbulo e enforcá-lo como ladrão.

Os três dons

Era uma vez um menino cuja mãe morreu logo depois de seu nascimento. Seu pai, que ainda era jovem, tornou a se casar imediatamente; mas a segunda mulher, em vez de tomar conta do enteado, detestava-o de todo o coração e o maltratava.

Ela o mandou cuidar dos carneiros, às margens da estrada. Ele tinha de ficar fora de casa o dia inteiro, tendo apenas, para se cobrir, roupas esfarrapadas e remendadas. Para comer, ela só lhe dava uma pequena fatia de pão, com tão pouca manteiga que mal cobria a superfície, por mais que ele se esforçasse em espalhá-la.

Um dia, quando ele comia essa magra refeição, sentado num banco, espiando para seu rebanho, viu uma velha esfarrapada vir pela estrada, apoiada num bordão. Parecia uma mendiga, mas, na verdade, era uma fada disfarçada como as que existiam naquele tempo. Aproximou-se do menino e lhe disse:

— Estou com muita fome. Você me daria um pouco de seu pão?

— Ai de mim! Mal tenho que baste para mim mesmo, porque minha madrasta é tão sovina que, cada dia, corta para mim uma fatia mais fina. Amanhã, ainda será mais fina.

— Tenha pena de uma pobre velha, menino, e me dê um pedacinho de seu jantar.

O menino, que tinha bom coração, concordou em dividir seu pão com a mendiga, que voltou no dia seguinte quando ele se preparava para comer e pediu, mais uma vez, que tivesse piedade. Embora o pedaço fosse ainda menor que no dia anterior, ele concordou em cortar uma parte para ela.

No terceiro dia, o pão com manteiga mal chegava à largura de uma mão, mas mesmo assim a velha recebeu seu pedaço.

Quando acabou de comer, ela disse:

— Você foi bondoso para com uma velha que pensou que estivesse mendigando pão. Na verdade, sou uma fada e tenho o poder de lhe conceder três desejos, como recompensa. Escolha as três coisas que lhe darão o maior prazer.

O pastorzinho tinha uma besta na mão. Desejou que todas as suas setas, sem perder uma só, abatessem passarinhos, e que todas as melodias tocadas por ele, em sua flauta, tivessem o poder de fazer todos dançarem, querendo ou não. Teve certa dificuldade em escolher o terceiro desejo; mas pensando em todos os maus-tratos recebidos de sua madrasta, teve vontade de se vingar, e desejou que todas as vezes que ele espirrasse, ela não resistisse e soltasse um peido alto.

— Seus desejos serão atendidos, homenzinho — disse a fada, com os trapos transformados num belo vestido e com o rosto tendo um aspecto jovem e fresco.

À noite, o menino conduziu o seu rebanho de volta, e ao entrar em casa, espirrou. Imediatamente, sua madrasta, que estava ocupada fazendo bolos de trigo na lareira, soltou um alto e retumbante peido. E cada vez que ele fazia "atchim", a velha respondia com um som tão explosivo que ficou coberta de vergonha. Aquela noite, quando os vizinhos se reuniram para a *veillée*, o menino deu para espirrar com tanta frequência que todos repreenderam a mulher por seus maus modos.

O dia seguinte era domingo. A madrasta levou o menino à missa e se sentaram bem embaixo do púlpito. Nada incomum aconteceu durante a primeira parte do serviço; mas, logo que o padre começou seu sermão, a criança começou a espirrar e sua madrasta, apesar de todos os esforços para se conter, imediatamente soltou uma série de peidos e ficou tão vermelha que todos a olharam e ela desejou estar debaixo da terra. Como o ruído impróprio continuava, ininterruptamente, o padre não conseguiu continuar seu sermão e mandou o sacristão levar para fora aquela mulher que mostrava tão pouco respeito pelo lugar sagrado.

No dia seguinte, o padre foi à fazenda e repreendeu a mulher por se comportar tão mal na igreja. Ela escandalizara toda a paróquia.

— Não é minha culpa — disse ela. — Todas as vezes que o filho de meu marido espirra, não posso deixar de peidar. Estou ficando louca por causa disso.

Exatamente nesse momento, o menino, que se preparava para sair com seu rebanho, soltou dois ou três espirros e a mulher respondeu imediatamente.

O padre saiu da casa com o menino e caminhou a seu lado, tentando descobrir seu segredo e repreendendo-o o tempo todo. Mas o pequeno e hábil velhaco nada confessou. Quando passaram perto de um arbusto em que estavam empoleirados vários passarinhos, disparou num deles, com seu arco, e pediu ao padre que fosse pegá-lo. O padre concordou, mas quando chegou ao lugar onde o pássaro caíra, uma área coberta de espinheiros, o menino tocou sua flauta e o padre começou a rodopiar e dançar tão rápido, sem conseguir conter-se, que sua batina ficou presa nos espinhos; e não demorou muito estava toda esfarrapada.

Quando, afinal, a música parou, o padre pôde aquietar-se; mas estava completamente sem fôlego. Levou o menino perante o juiz de paz e acusou-o de destruir sua batina.

— Ele é um bruxo malvado — disse o padre. — Deve ser castigado.

O menino pegou sua flauta, que cuidadosamente enfiara no bolso, e logo que fez soar a primeira nota o padre, que estava em pé, começou a dançar; o funcionário começou a rodopiar em sua cadeira, o próprio juiz de paz pulava sem parar no assento e todos os presentes sacudiram as pernas, de maneira tão incontida, que a sala do tribunal parecia um salão de baile.

Logo se cansaram desse exercício forçado e prometeram ao menino que o deixariam em paz, se ele parasse de tocar.

O primeiro estágio da crueldade, de William Hogarth. Reproduzida por cortesia dos curadores do Museu Britânico.

2

Os trabalhadores se revoltam: o grande massacre de gatos na rua Saint-Séverin

A COISA MAIS ENGRAÇADA que aconteceu na gráfica de Jacques Vincent, segundo um operário que testemunhou o fato, foi um sedicioso massacre de gatos. O operário, Nicolas Contat, contou a história numa narrativa que fez sobre seu estágio na gráfica, na rua Saint-Séverin, Paris, durante o fim da década de 1730.[1] A vida de aprendiz era dura, ele explicou. Havia dois aprendizes: Jerome, versão algo ficcionalizada do próprio Contat, e Léveillé. Dormiam num quarto sujo e gelado, levantavam-se antes do amanhecer, saíam para executar tarefas o dia inteiro, tentando furtar-se aos insultos dos oficiais (assalariados) e aos maus tratos do patrão (mestre), e nada recebiam para comer, a não ser sobras. Achavam a comida especialmente mortificante. Em vez de jantar à mesa do patrão, tinham de comer os restos de seu prato na cozinha. Pior ainda, o cozinheiro vendia, secretamente, as sobras, e dava aos rapazes comida de gato — velhos pedaços de carne podre que não conseguiam tragar, e então passavam para os gatos, que os recusavam.

Essa última injustiça levou Contat ao assunto dos gatos. Eles ocuparam um lugar especial em sua narrativa, como ocupavam na casa da rua Saint-Séverin. A mulher do patrão os adorava, especialmente *la grise* (a cinzenta), sua favorita. Uma paixão pelos gatos parecia ter tomado conta das gráficas, pelo menos entre os patrões, ou *burgueses*, como os chamavam os operários. Um certo burguês tinha 25 gatos. Mandou pintar seus retratos e os alimentava com aves assadas. Por outro lado, os aprendizes tinham de aturar uma profusão de gatos de rua, e eles também proliferavam no distrito das gráficas, infernizando a vida dos rapazes. Uivavam a noite toda, no telhado do sujo quarto de dormir dos aprendizes, impossibilitando uma noite inteira de sono. Como Jerome e Léveillé tinham de sair cambaleando da cama às quatro ou cinco da madrugada, para abrir o portão para os primeiros trabalhadores assalariados que chegavam, eles começavam o dia num estado de exaustão, enquanto o burguês dormia até tarde. O patrão sequer trabalhava com os homens, da mesma maneira como não comia com eles. Deixava o capataz administrar a oficina e raramente aparecia, a não ser para dar vazão ao seu temperamento violento, em geral a expensas dos aprendizes.

Certa noite, os rapazes resolveram endireitar esse estado de coisas desigual. Léveillé, que tinha um talento extraordinário para a imitação, rastejou pelo telhado até chegar a uma área próxima ao quarto de dormir do patrão, e então começou a uivar e miar de maneira tão terrível que o burguês e sua mulher não pregaram os olhos. Depois de várias noites com esse tratamento, decidiram que estavam sendo enfeitiçados. Mas em vez de chamar o pároco — o mestre era excepcionalmente devoto, e sua mulher excepcionalmente ligada a seu confessor —, mandaram os aprendizes livrarem-se dos gatos. A patroa deu a ordem, recomendando aos rapazes, acima de tudo, que evitassem assustar sua *grise*.

Alegremente, Jerome e Léveillé puseram-se a trabalhar, ajudados pelos assalariados. Armados com cabos de vassoura, barras da impressora e outros instrumentos de seu ofício, foram atrás de todos os gatos que conseguiram encontrar, a começar pela *grise*. Léveillé partiu-lhe a espinha com uma barra de ferro e Jerome acabou de matá-la. Depois, enfiaram-na numa sarjeta, enquanto os assalariados perseguiam os outros gatos pelos telhados, dando cacetadas em todos os que estavam ao alcance deles e prendendo, em sacos estrategicamente colocados, os que tentavam escapar. Atiraram sacos cheios de gatos semimortos no pátio. Depois, com todo o pessoal da oficina reunido em torno, encenaram um fingido julgamento, com guardas, um confessor e um executor público. Depois de considerarem os animais culpados e ministrar-lhes os últimos ritos, penduraram-nos em forcas improvisadas. Atraída pelas explosões de gargalhadas, a patroa chegou. Soltou um grito, logo que viu um gato ensanguentado pendurado num laço. Depois, percebeu que poderia ser *la grise*. Claro que não, garantiram-lhe os homens. Tinham demasiado respeito pela casa para fazer uma coisa dessas. A essa altura, o patrão apareceu. Teve um acesso de raiva pela paralisação do trabalho, embora a esposa tentasse explicar-lhe que estavam ameaçados por um tipo mais sério de insubordinação. Depois, o patrão e a patroa se retiraram, deixando os homens em seu delírio de "alegria", "desordem" e "gargalhadas".[2]

As gargalhadas não pararam ali. Léveillé reencenou todo o espetáculo através de mímica, pelo menos vinte vezes, durante os dias subsequentes, quando os tipógrafos queriam provocar alguma hilaridade repentina. As reencenações burlescas de incidentes na vida da oficina, conhecidas como *copies* na gíria dos tipógrafos, eram uma forma importante de divertimento para os homens. A intenção era humilhar alguém da oficina, satirizando suas peculiaridades. Uma *copie* bem-feita faria o alvo da brincadeira ferver de raiva — *prendre la chèvre* (pegar a cabra ou arreliar alguém), na gíria da oficina — enquanto seus companheiros zombavam dele com uma "música grosseira". Faziam correr os bastões de composição sobre o alto da caixa de tipos, batiam suas marretas contra as ramas, davam socos em armários e baliam como bodes. O balido (*bais*, em gíria) representava a humilhação às vítimas, como em inglês se diz *get one's goat*.[*]

---

[*] Literalmente, pegar o bode de alguém; ou arreliar alguém. [N.T.]

Contat destacou que Léveillé fazia as mais engraçadas *copies* que já se vira e provocava os maiores coros de "música da pesada". O episódio em conjunto, o massacre dos gatos acrescido de *copies*, é destacado como a experiência mais hilariante em toda a carreira de Jerome.

No entanto, o fato surpreende desagradavelmente o leitor moderno, que não o acha engraçado, mas quase repulsivo. Onde está o humor num grupo de homens adultos balindo como bodes e batendo seus instrumentos de trabalho, enquanto um adolescente reencena a matança ritual de um animal indefeso? Nossa incapacidade de entender a piada é um indício da distância que nos separa dos operários da Europa pré-industrial. A percepção dessa distância pode servir como ponto de partida para uma investigação, porque os antropólogos descobriram que as melhores vias de acesso, numa tentativa para penetrar uma cultura estranha, podem ser aquelas em que ela parece mais opaca. Quando se percebe que não se está entendendo alguma coisa — uma piada, um provérbio, uma cerimônia — particularmente significativa para os nativos, existe a possibilidade de se descobrir onde captar um sistema estranho de significação, a fim de decifrá-lo. Entender a piada do grande massacre de gatos pode possibilitar o "entendimento" de um ingrediente fundamental da cultura artesanal, nos tempos do Antigo Regime.

É preciso destacar, de início, que não podemos observar a matança de gatos em primeira mão. Podemos estudá-la apenas através da narrativa de Contat, escrita cerca de vinte anos após o evento. Não pode haver dúvida sobre a autenticidade da autobiografia quase ficcionalizada de Contat, como Giles Barber demonstrou, em sua magistral edição do texto. Pertence à linhagem de escritos autobiográficos de tipógrafos, que se estende de Thomas Platter a Thomas Gent, Benjamin Franklin, Nicolas Restif de la Brettonne e Charles Manby Smith. Como os tipógrafos, ou pelo menos os que compunham o texto, tinham de ser razoavelmente instruídos para executar seu trabalho, eles estavam entre os poucos artesãos que podiam fazer seus próprios relatos sobre a vida das classes trabalhadoras há dois, três ou quatro séculos. Com todos os seus erros de ortografia e falhas gramaticais, o relato de Contat é, talvez, o mais rico de todos. Mas não pode ser encarado como reflexo exato do que realmente aconteceu. Deve ser lido como a versão que Contat dá de um acontecimento, como sua tentativa de contar uma história. Como todas as narrativas, esta coloca a ação numa estrutura referencial; supõe um certo repertório de associações e respostas, da parte de sua audiência, e proporciona uma forma significativa à matéria-prima da experiência. Mas como estamos, em primeiro lugar, tentando entender sua significação, não devemos desanimar com seu caráter fabricado. Pelo contrário, tratando a narrativa como ficção, ou invenção significativa, podemos usá-la para desenvolver uma *explication de texte* etnológica.

A primeira explicação da história de Contat que, provavelmente, ocorreria à maioria dos leitores, é uma visão do massacre de gatos como um ataque indireto ao patrão e sua mulher. Contat situou o acontecimento no contexto de observações sobre a disparidade entre a sorte dos operários e a dos burgueses — uma questão de elementos fundamentais na vida: trabalho, comida e sono. A injustiça parecia especialmente flagrante no caso dos aprendizes, que eram tratados como animais, enquanto os animais eram promovidos, à revelia daqueles, para a posição que os rapazes deveriam ocupar, o lugar à mesa do patrão. Embora os aprendizes pareçam as maiores vítimas, o texto deixa claro que um ódio pelos burgueses se espalhara entre os operários: "Os patrões adoram gatos; consequentemente (os operários) os odeiam." Depois de liderar o massacre, Léveillé tornou-se o herói da oficina, porque "todos os operários estão unidos contra os mestres. Basta falar mal deles (os mestres) para ser estimado por toda a assembleia de tipógrafos".[3]

Os historiadores tendem a tratar a era da fabricação artesanal como um período idílico, antes do início da industrialização. Alguns até descrevem o pessoal da oficina como uma espécie de família ampliada, na qual patrão e empregados faziam as mesmas tarefas, comiam à mesma mesa e, algumas vezes, dormiam debaixo do mesmo teto.[4] Será que alguma coisa aconteceu para envenenar a atmosfera das gráficas de Paris, por volta de 1740?

Durante a segunda metade do século XVII, as grandes gráficas, apoiadas pelo governo, eliminaram a maioria das oficinas menores e uma oligarquia de mestres assumiu o controle da indústria.[5] Ao mesmo tempo, a situação dos empregados se deteriorou. Embora as estimativas variem e as estatísticas não sejam confiáveis, parece que seu número permaneceu estável; aproximadamente 335, em 1666; 339, em 1701; e 340, em 1721. Enquanto isso, o número de mestres diminuiu mais da metade, de 83 para 36, o limite fixado por um edito de 1686. Isto significava menos oficinas, com forças de trabalho maiores, como se pode ver nas estatísticas sobre a densidade das impressoras: em 1644, Paris tinha 75 gráficas, com um total de 180 impressoras; em 1701, tinha 51 oficinas, com 195 impressoras. Esta tendência tornava praticamente impossível aos empregados chegarem à categoria de mestres. Quase que o único caminho para um operário progredir na profissão era casar-se com a viúva de um mestre, porque a condição de mestre tornara-se um privilégio hereditário, transmitido de marido a esposa e de pai para filho.

Os oficiais assalariados também se sentiam ameaçados de baixo, porque os mestres tendiam, cada vez mais, a contratar *alloués*, ou tipógrafos sem qualificações, que não haviam passado pelo aprendizado capaz de possibilitar ao assalariado, em princípio, alcançar a condição de mestre. Os *alloués* eram, simplesmente, uma fonte de trabalho barato, estando excluídos dos escalões superiores da profissão e fixados ao seu *status* inferior por um edito de 1723. A degradação já estava expressa em sua designação: eram *à louer* (para alugar), e não *compagnons* (oficiais ou assalariados) do mestre. Personificavam a tendência do trabalho para se tornar uma mercadoria, em vez de uma parceria. Assim, Contat fez seu aprendizado e escreveu suas memórias em tempos difíceis para os tipógrafos assalariados, quando os homens da oficina da rua Saint-Séverin estavam ameaçados de serem eliminados do nível superior do negócio e tragados pelas camadas inferiores.

A maneira como essa tendência geral se tornou manifesta em uma oficina concreta pode ser vista através dos papéis da Société Typographique de Neuchâtel (STN). Na verdade, a STN era suíça, e só começou a operar sete anos depois que Contat escreveu suas memórias (1762). Mas as práticas de impressão eram parecidas em toda parte, no século XVIII. Os arquivos da STN correspondem, em dezenas de detalhes, à descrição que Contat faz de sua experiência. (Até mencionam o mesmo capataz da oficina, Colas, que supervisionou Jerome, por algum tempo, na Imprimerie Royale, e ficou encarregado da oficina STN por um curto espaço de tempo, em 1779.) E eles oferecem o único registro que restou da maneira como os mestres contratavam, utilizavam e despediam os tipógrafos, no início da era moderna.

O livro de pagamentos da STN mostra que os operários ficavam na oficina, em geral, por apenas alguns meses.[6] Iam embora porque discutiam com o mestre, entravam em brigas, queriam tentar a fortuna em oficinas mais distantes, ou fugiam do trabalho. Os compositores eram contratados por tarefa, *labeur* ou *ouvrage*, no jargão do tipógrafo. Quando terminavam um serviço, frequentemente eram demitidos e alguns poucos impressores tinham de ser demitidos também, para manter o equilíbrio entre as duas metades da tipografia, a *casse*, ou setor de composição, e a *presse*, ou sala de impressão (dois compositores, em geral, encaixam tipos suficientes para ocupar uma equipe de dois impressores). Quando o capataz aceitava novos trabalhos para fazer, contratava mais mão de obra. As contratações e demissões eram em marcha tão acelerada que a força de trabalho raramente continuava a mesma de uma semana para outra. Os companheiros de trabalho de Jerome, na rua Saint-Séverin, parecem ter sido igualmente voláteis. Também eram contratados para *labeurs* específicos e, algumas vezes, iam embora do trabalho depois de discussões com os burgueses — uma prática bastante comum, a ponto de ter sua própria designação no glossário do jargão deles, que Contat colocou como apêndice de sua narrativa: *emporter son Saint-Jean* (levar embora suas ferramentas, ou ir embora). O empregado era conhecido como um *ancien*, se permanecia na loja por apenas um ano. Outros termos de gíria sugerem a atmosfera na qual o trabalho era feito: *une chèvre capitale* (um acesso de raiva), *se donner la gratte* (entrar numa briga), *prendre la barbe* (embriagar-se), *faire la déroute* (fazer a ronda das tavernas), *promener sa chape* (interromper o trabalho), *faire des loups* (acumular dívidas).[7]

A violência, a bebedeira e o absenteísmo aparecem nas estatísticas de rendimentos e produção que se podem compilar com base no livro de pagamento da STN. Os tipógrafos trabalhavam em surtos erráticos — duas vezes mais numa semana que em outra, com as semanas de trabalho variando de quatro a seis dias e os dias começando desde as quatro da manhã até quase o meio-dia. Para manter a irregularidade dentro de certos limites, os mestres procuravam homens com duas características supremas: assiduidade e sobriedade. Se eram também qualificados, tanto melhor. Um agente arregimentador de Genebra recomendou um tipógrafo que queria ir para Neuchâtel em termos típicos: "É um bom trabalhador, capaz de fazer qualquer serviço que pegar, não é absolutamente dado à bebida e mostra assiduidade em seu trabalho."[8]

A STN utilizava recrutadores, porque não tinha um grupo de trabalho adequado em Neuchâtel e os fluxos de tipógrafos, em seus *tours de France* tipográficos, às vezes cessavam. Os recrutadores e patrões trocavam cartas que revelam um conjunto comum de crenças referentes aos artesãos do século XVIII: eram preguiçosos, inconstantes, dissolutos e não confiáveis. Não eram dignos de confiança, por isso os arregimentadores não lhes emprestavam dinheiro para despesas de viagem, e o patrão às vezes guardava os pertences deles, como uma espécie de depósito de garantia, para o caso de escapulirem, depois de receberem seu pagamento. Consequentemente, podiam ser dispensados sem compaixão, trabalhassem ou não com diligência, ou tivessem famílias para sustentar, ou adoecessem. A STN encomendava "sortimentos" deles, exatamente como encomendava papel e tipos. Queixou-se de que um arregimentador de Lyon "mandou-nos uma dupla em tão mau estado que fomos obrigados a despachá-los",[9] e repreendeu-o por não ter examinado as *mercadorias*: "Dois desses que mandou para nós chegaram, realmente, mas tão doentes que poderiam contaminar o resto; então, não pudemos contratá-los. Ninguém na cidade queria hospedá-los. Portanto, partiram de novo e tomaram a estrada para Besançon, a fim de se internarem no *hôpital*."[10] Um livreiro de Lyon aconselhou-os a demitir a maioria de seus operários, durante um período de pouco trabalho em sua gráfica, a fim de inundar o leste da França de mão de obra e "nos dar mais poder sobre uma raça selvagem e indisciplinável, que não podemos controlar".[11] Os assalariados e os patrões podem ter vivido juntos, como membros de uma família feliz, em algum período, em alguma parte da Europa, mas não nas gráficas da França e da Suíça, no século XVIII.

O próprio Contat acreditava que esse estado de coisas existira, antigamente. Começou sua descrição da aprendizagem de

Jerome invocando uma idade de ouro em que a impressão acabara de ser inventada e os tipógrafos viviam como membros livres e iguais de uma "república" governada por suas próprias leis e tradições, num espírito de "união e amizade fraternas".[12] Ele alegava que a república ainda sobrevivia sob a forma da *chapelle*, a associação de operários em cada oficina. Mas o governo desfizera as associações gerais; os membros foram dispersados pelos *alloués*; os assalariados foram excluídos da possibilidade de atingir a condição de mestres; e os mestres retiraram-se para um mundo separado de *haute cuisine* e *grasses matinées*. O patrão da rua Saint-Séverin comia uma comida diferente, tinha um horário diferente e falava uma linguagem diferente. Sua mulher e as filhas flertavam com *abbés* (abades) mundanos. Tinham bichinhos de estimação. Obviamente, o burguês pertencia a uma subcultura diferente — o que significava, acima de tudo, que não trabalhava. Ao apresentar seu relato sobre o massacre de gatos, Contat deixou claro o contraste entre os universos do trabalhador e do patrão, que se faz sentir em toda a narrativa: "Operários, aprendizes, todos trabalham. Só os patrões e as patroas gozam a doçura do sono. Isto deixa Jerome e Léveillé ressentidos. Decidem não ser os únicos infelizes. Querem ver seu patrão e a patroa como companheiros (*associés*)".[13] Ou seja, os rapazes queriam restaurar um passado mítico, o tempo em que mestres e dependentes trabalhavam em amigável associação. Também podem ter pensado na mais recente extinção das gráficas menores. Então, mataram os gatos.

Mas por que gatos? E por que a matança foi tão engraçada? Essas perguntas nos levam para além das considerações referentes às relações de trabalho no início da era moderna, conduzindo-nos ao obscuro tema dos rituais e do simbolismo popular.

Os folcloristas familiarizaram os historiadores com os ciclos rituais que marcavam o calendário do homem do início da era moderna.[14] O mais importante desses ciclos era o do Carnaval e da Quaresma, um período de folia seguido por outro de abstinência. Durante o Carnaval, as pessoas comuns suspendiam as regras normais de comportamento e, de uma maneira ritual, em tumultuados desfiles, invertiam a ordem social, ou a viravam de cabeça para baixo. O Carnaval era um período de crítica, para os grupos jovens, particularmente os aprendizes, que se organizavam em "abadias", dirigidas por um pretenso abade, ou um rei, e faziam *charivaris* ou passeatas burlescas, com música grosseira, cujo objetivo era humilhar maridos enganados, maridos espancados pelas mulheres, mulheres casadas com homens mais jovens ou qualquer um que personificasse uma infração das normas tradicionais. Carnaval era a temporada da hilaridade, da sexualidade, e os jovens se esbaldavam — um período em que a juventude testava as fronteiras sociais, através de irrupções limitadas de desordem, antes de ser outra vez assimilada pelo universo de ordem, submissão e seriedade da Quaresma. Tudo terminava na Terça-feira Gorda de Carnaval, ou Mardi Gras, quando um boneco de palha, o Rei do Carnaval, ou Caramantran, era julgado e executado, num ritual. Os gatos desempenhavam um papel importante em alguns *charivaris*. Na Borgonha, a multidão incorporava a tortura dos gatos à sua música grosseira. Enquanto zombavam de um marido enganado, ou de alguma outra vítima, os jovens passavam um gato de mão em mão, arrancando seu pelo para fazê-lo uivar. *Faire le chat*, era como chamavam a isso. Os alemães chamavam os *charivaris* de *Katzenmusik*, termo que pode ter se originado nos uivos dos gatos torturados.[15]

Os gatos também figuram no ciclo de são João Batista, que ocorria em 24 de junho, na ocasião do solstício de verão. Multidões faziam fogueiras, pulavam sobre elas, dançavam em torno e atiravam dentro objetos com poder mágico, na esperança de evitar desastres e conseguir boa sorte durante o resto do ano.

Um objeto favorito eram os gatos — gatos amarrados dentro de sacos, gatos suspensos em cordas ou gatos queimados em postes. Os parisienses gostavam de incinerar sacos cheios de gatos, enquanto os Courimauds (*cour à miaud*, ou caçadores de gatos) de Saint-Chamond preferiam correr atrás de um gato em chamas, pelas ruas. Em partes da Borgonha e da Lorena, eles dançavam em torno de uma espécie de mastro em chamas ao qual estava amarrado um gato. Na região de Metz, queimavam uma dúzia de gatos de uma só vez, numa cesta em cima de uma fogueira. A cerimônia realizava-se com grande pompa na própria Metz, até ser abolida, em 1765. Os dignitários da cidade chegavam em procissão à Place du Grand-Saulcy, acendiam a pira, e um círculo de carabineiros da guarnição disparava uma saraivada de balas, enquanto os gatos desapareciam uivando nas chamas. Embora a prática variasse de um lugar para outro, os ingredientes, em toda parte, eram os mesmos: um *feu de joie* (fogueira), gatos e uma aura de hilariante caça às bruxas.[16]

O mundo virado de cabeça para baixo num desfile carnavalesco. A foto é cortesia da Bibliothèque Nationale, Paris.

Além dessas cerimônias gerais, que envolviam comunidades inteiras, os artesãos celebravam cerimônias peculiares à sua profissão. Os tipógrafos faziam procissões e festejos em honra de seu patrono, são João Evangelista, no dia do santo, 27 de dezembro, e no aniversário de seu martírio, 6 de maio, quando se realizava o festival de Saint-Jean Porte Latine. Por volta do século XVIII, os mestres haviam excluído os oficiais assalariados da confraria devotada ao santo, mas os trabalhadores continuavam a realizar cerimônias em suas capelas.[17] No dia de são Martinho, 11 de novembro, eles faziam um ritual de julgamento, seguido de uma festividade. Contat explicou que a capela era uma pequena "república" que governava a si mesma de acordo com seu código de conduta próprio. Quando um operário violava o código, o capataz, que era o chefe da capela e não parte da administração, anotava uma multa, num fichário: deixar uma vela acesa, cinco *sous*; meter-se em brigas, três *livres*;* ultrajar o bom nome da capela, três libras; e assim por diante. No dia de são Martinho, o capataz lia alto as multas e as cobrava. Os trabalhadores, algumas vezes, apelavam a um tribunal burlesco, integrado pelos "antigos" da capela, mas, no fim, tinham de dar o dinheiro, em meio a mais balidos, batidas de instrumentos e risadas selvagens. As multas serviam para pagar comida e bebida na taverna favorita da capela, na qual a baderna continuava, até tarde da noite.[18]

A cobrança de impostos e a comensalidade caracterizavam todas as outras cerimônias da capela. Tributos especiais e festividades assinalavam a entrada de um homem na oficina (*bienvenue*), sua saída (*conduite*) e até mesmo seu casamento (*droit de chevet*). Acima de tudo, essas comemorações acompanhavam o progresso de um jovem da condição de aprendiz para a de oficial assalariado. Contat descreveu quatro desses rituais, sendo

---

* *Sous, livres* (libras). Antigas moedas francesas. [N.T.]

os mais importantes o primeiro, chamado "o uso do avental", e o último, a iniciação de Jerome como *compagnon* habilitado.

O uso do avental (*la prise de tablier*) ocorreu logo depois que Jerome ingressou na oficina. Ele teve de pagar seis libras (cerca de três dias de salário, para um assalariado comum), num *bolo*, que os outros assalariados suplementavam com pequenos pagamentos seus (*faire la reconnaissance*). Depois, a capela encaminhou-se para sua taverna favorita, Le Panier Fleury, na rua de la Huchette. Emissários foram despachados para adquirir provisões e voltaram carregados de pão e de carne, após pregações aos donos dos açougues das vizinhanças quanto aos cortes dignos de tipógrafos e os que deviam ser deixados para os sapateiros. Silenciosos, com o copo na mão, os assalariados se reuniram em torno de Jerome, numa sala especial do segundo andar da taverna. O subcapataz aproximou-se, segurando o avental, seguido por dois "antigos", cada um de um dos diferentes "estados" da oficina, a *casse* e a *presse*. O avental de linho bem tecido, novo, foi entregue a Jerome pelo capataz, que o pegou pela mão e o levou para o centro da sala, e ali se enfileiraram atrás dele o subcapataz e os "antigos". O capataz fez um curto discurso, colocou o avental sobre a cabeça de Jerome e amarrou os cordões às suas costas, enquanto todos bebiam à saúde do iniciado. Jerome, em seguida, sentou-se junto aos dignitários da capela, à cabeceira da mesa. O restante dos homens apressou-se em pegar os melhores lugares que puderam encontrar e se atiraram à comida. Comeram sofregamente, beberam aos borbotões e pediram mais. Depois de várias rodadas gargantuescas, começaram a falar da oficina — e Contat nos deixa escutar o seguinte:

"Não é verdade", diz um deles, "que os tipógrafos sabem *emborcar*? Tenho a certeza de que, se alguém nos apresentasse um carneiro assado, do tamanho que quiserem, nada deixaríamos, a não ser os ossos [...]" Eles não falam de teologia nem de filosofia, e muito menos de política. Cada qual fala de seu serviço: alguém falará da *casse*, outro da *presse*, este do tímpano, o outro das bolas de couro para a tinta. Todos falam ao mesmo tempo, sem se importar se são ouvidos ou não.

Finalmente, de manhã cedo, depois de horas de bebedeira e gritaria, os operários separaram-se — borrachos, mas cerimoniosos até o fim: *"Bonsoir, Monsieur notre prote* (capataz)"; *"Bonsoir, Messieurs les compositeurs"*; *"Bonsoir, Messieurs les imprimeurs"*; *"Bonsoir, Jerome"*. O texto explica que Jerome será chamado pelo seu primeiro nome até ser recebido como oficial assalariado.[19]

Diversões do povo na taverna Ramponeau, nas imediações de Paris. A foto é cortesia da Bibliothèque Nationale, Paris.

Esse momento ocorreu quatro anos mais tarde, depois de duas cerimônias intermediárias (a *admission à l'ouvrage* e a *admission à la banque*) e uma grande quantidade de trotes. Não apenas os homens atormentavam Jerome, zombando de sua ignorância, mandando-o realizar tarefas impossíveis, tornando-o alvo de piadas pesadas e esmagando-o com tarefas desagradáveis; também se recusavam a lhe ensinar o que quer que fosse. Não queriam outro assalariado em seu grupo de trabalho já superlotado, e, assim, Jerome tinha de ir procurando entender por si mesmo os truques da profissão. O trabalho, a comida, os alojamentos, a falta de sono, tudo isso era o bastante para deixar um rapaz louco ou, pelo menos, fazê-lo ir embora da oficina. Na verdade, entretanto, era um tratamento padrão, e não deveria ser levado demasiado a sério. Contat contou a série de problemas que Jerome enfrentava de maneira amena, sugerindo um gênero cômico padronizado, a *misère des apprentis*.[20] As *misères* eram tema de relatos em tom de farsa, de versos de pé quebrado ou *de enfiada*, tudo sobre uma etapa da vida que era familiar e todos que trabalhavam no artesanato achavam engraçada. Era uma etapa de transição, que assinalava a passagem da infância para a vida adulta. O rapaz tinha de passar por ela com esforço, para já ter pago seus tributos — os tipógrafos exigiam pagamentos reais, chamados *bienvenues* ou *quatre heures*, além de troçar dos aprendizes — ao alcançar a participação integral no grupo profissional. Até chegar a esse ponto, vivia num estado fluido ou liminar, testando as convenções adultas através de algumas desordens próprias. Os mais velhos toleravam essas travessuras, chamadas de *copies* ou *joberies* no setor das gráficas, porque as encaravam como desvarios da mocidade, que precisavam ser vividos antes de o rapaz poder estabilizar-se. Uma vez estabilizado, ele já teria *internalizado* as convenções de sua arte e adquirido uma nova identidade, muitas vezes simbolizada por uma mudança em seu nome.[21]

Jerome tornou-se um assalariado passando através do rito final, *compagnonnage*. Tomou a mesma forma que as outras cerimônias, uma celebração com comida e bebida, depois que o candidato pagou uma taxa de iniciação e os assalariados também entraram com a *reconnaissance*. Mas, dessa vez, Contat deu um resumo do discurso do capataz:[22]

> O novato é doutrinado. Dizem-lhe para jamais trair seus colegas e manter o índice salarial. Se o operário não aceita um preço (por um serviço) e sai da oficina, ninguém da casa deve fazer aquele serviço por um preço menor. Essas são as leis, entre os operários. A fidelidade e a probidade lhe são recomendadas. Qualquer trabalhador que trai os outros, quando alguma coisa proibida, chamada *marron* (castanha), está sendo impressa, deve ser ignominiosamente expulso da oficina. Os operários o põem na lista negra, através de cartas circulares enviadas para todas as oficinas de Paris e das províncias [...]. À parte isso, qualquer coisa é permitida: a bebida em excesso é considerada boa qualidade, a galantaria e o deboche, feitos juvenis, as dívidas, um sinal de inteligência, a irreligião, sinceridade. Trata-se de território livre e republicano, onde tudo é permitido. Viva como quiser, mas seja um *honnête homme*, nada de hipocrisia.

A hipocrisia, como se constata no resto da narrativa, era a principal característica do burguês, um fanático religioso, cheio de superstições. Ele ocupava um mundo separado, de moralidade burguesa farisaica. Os operários posicionavam sua "república" contra esse mundo, e também contra outros grupos de oficiais assalariados — os sapateiros, que comem cortes inferiores de carne, e os pedreiros ou carpinteiros, que eram sempre bons para uma briga, quando os tipógrafos, divididos por "habilitações" (a *casse* e a *presse*), visitavam as tavernas no campo, aos domingos. Entrando num desses "setores", Jerome assimilou um *ethos*. Identificou-se com uma arte; e, como compositor assalariado, em sua plena condição, recebeu um novo nome. Tendo cumprido, na plenitude, um rito de passagem, no sentido antropológico da expressão, ele se tornou um *Monsieur*.[23]

Chega de ritos. E os gatos? Deveríamos dizer, de saída, que existe um indefinível *je ne sais quoi* nos gatos, um misterioso quê cujo fascínio a humanidade já sentia nos tempos dos antigos egípcios. Sentimos uma inteligência quase humana por trás dos olhos de um gato. E, às vezes, confundimos o uivo de um gato, à noite, com um grito humano, arrancado de alguma parte profunda, visceral, da natureza animal do homem. Os gatos atraíram poetas como Baudelaire e pintores como Manet, que desejavam expressar a humanidade existente nos animais, juntamente com a animalidade do homem — e, especialmente, das mulheres.[24]

Essa ambígua posição ontológica, uma mistura de categorias conceituais, dá a certos animais — porcos, cães e emas, além dos gatos —, em determinadas culturas, um poder oculto, associado com o tabu. Por isso, os judeus não comem porco, de acordo com Mary Douglas; e por isso os ingleses se xingam dizendo "filho de uma cadela",* em vez de "filho de uma vaca", segundo Edmund Leach.[25] Alguns animais se prestam aos xingamentos, da mesma maneira como são "bons para pensar", na famosa fórmula de Lévi-Strauss. Gostaria de acrescentar que outros — os gatos, em particular — são bons para a realização de cerimônias. Têm um valor ritual. Não se pode fazer uma pândega com uma vaca. Faz-se com gatos: decide-se *faire le chat*, fazer *Katzenmusik*.

---

* *"Son of a bitch"*, cuja tradução literal é "filho de uma cadela", e corresponde, em português, a "filho da puta". [N.T.]

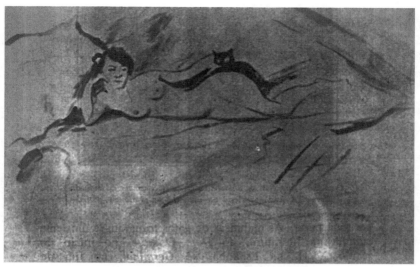

Nu com um gato, de um estudo para a *Olympia* de Edouard Manet. A foto é cortesia de M. Knoedler & Co., Inc.

A tortura de animais, especialmente os gatos, era um divertimento popular em toda a Europa, no início da era moderna. Basta examinar os *Estágios da crueldade*, de Hogarth, para verificar sua importância, e, quando se começa a procurar, encontram-se pessoas torturando animais em toda parte. As matanças de gatos tornaram-se um tema comum na literatura, do *Dom Quixote*, no início do século XVII, na Espanha, ao *Germinal*, no fim do século XIX, na França.[26] Longe de ser uma fantasia sádica da parte de alguns poucos autores meio loucos, as versões literárias da crueldade para com os animais expressavam uma corrente profunda da cultura popular, como mostrou Mikhail Bakhtin, em seu estudo sobre Rabelais.[27] Todos os tipos de relatórios etnográficos confirmam esse ponto de vista. No *dimanche des brandons*, em Semur, por exemplo, as crianças costumavam amarrar gatos a varas e assá-los em fogueiras. No *jeu du chat*, no *Corpus Christi* em Aix-en-Provence, jogavam os animais para cima, bem alto, e eles se espatifavam no chão. Eram usadas expressões como "paciente como um gato cujas garras estão sendo arrancadas" ou "paciente como um gato cujas patas estão sendo grelhadas". Os ingleses eram igualmente cruéis. Durante a Reforma, em Londres, uma multidão protestante raspou os pelos de um gato de modo a fazê-lo parecer-se com um padre, vestiu-o com uma batina em miniatura e enforcou-o no patíbulo, em Cheapside.[28] Seria possível enumerar muitos outros exemplos, mas a questão é clara: nada havia de incomum na matança ritual de gatos. Pelo contrário, quando Jerome e seus companheiros operários julgaram e enforcaram todos os gatos que puderam encontrar na rua Saint-Séverin, agiam dentro de uma tendência comum em sua cultura. Mas qual o significado que aquela cultura atribuía aos gatos?

Crueldade para com os animais como cena cotidiana da vida doméstica. A foto é cortesia da Bibliothèque Nationale, Paris.

Para entender bem esse assunto, devemos examinar as coletâneas de contos populares, superstições, provérbios e a medicina popular. O material é rico, variado e vasto, mas extremamente difícil de lidar. Embora grande parte dele remonte à Idade Média, pouca coisa pode ser datada. Foi recolhido na maior parte por folcloristas, no fim do século xix e início do século xx, quando vigorosos produtos do folclore ainda resistiam à palavra escrita. Mas as coletâneas não possibilitam uma afirmação de que esta ou aquela prática existiu nas gráficas de Paris, em meados do século xviii. Podemos apenas declarar que os tipógrafos viviam e respiravam numa atmosfera de costumes e crenças tradicionais, que envolvia tudo. Não era a mesma em toda parte — a França permaneceu uma colcha de retalhos de *pays*, em vez de uma nação unificada, até o fim do século xix —, mas em toda parte eram encontrados alguns temas comuns. Os mais comuns relacionavam-se com os gatos. Os franceses, no início da era moderna, provavelmente usaram mais os gatos, em nível simbólico, do que qualquer outro animal, e usavam-no de maneiras diferentes, mas que podem ser reunidas para exame, apesar das peculiaridades regionais.

Antes de mais nada, os gatos sugeriam feitiçaria. Cruzar com um deles, à noite, praticamente em qualquer parte da França, significava arriscar-se a se deparar com o demônio, com um de seus agentes ou com uma feiticeira indo cumprir alguma malévola missão. Os gatos brancos podiam ser tão satânicos quanto os pretos, de dia ou de noite. Num encontro típico, uma camponesa de Bigorre encontrou um bonito gato branco, doméstico, que se perdera nos campos. Carregou-o de volta para a aldeia em seu avental, e assim que chegaram à casa de uma mulher suspeita de feitiçaria o gato pulou para fora, dizendo *"Merci, Jeanne"*.[29] As feiticeiras se transformavam em gatos para enfeitiçar suas vítimas. Algumas vezes,

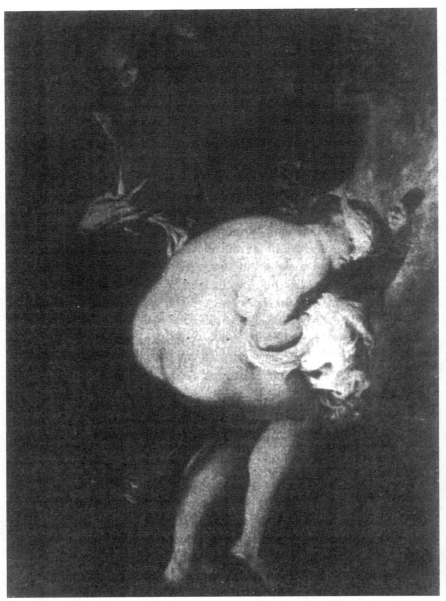

Jovem feiticeira preparando-se para um sabá, de Antoine Wiertz. A foto é cortesia da Bibliothèque Nationale, Paris.

especialmente na Terça-feira Gorda de Carnaval, reuniam-se para horrendos sabás à noite. Uivavam, brigavam e copulavam de maneira terrível, sob a direção do próprio demônio, na forma de um imenso gato. Para se proteger da feitiçaria do gato só havia um remédio, clássico: aleijá-lo. Cortando-lhe a cauda, aparando suas orelhas, quebrando-lhe uma perna, arrancando ou queimando seu pelo, a pessoa quebrava seu poder malévolo. Um gato aleijado não compareceria a um sabá nem andaria à solta enfeitiçando ninguém. Os camponeses, frequentemente, esbordoavam gatos que cruzavam seu caminho, à noite, e descobriam, no dia seguinte, que as machucaduras haviam aparecido em mulheres que se acreditava serem bruxas — ou era isso que se dizia, na tradição de suas aldeias. Os aldeões também contavam histórias de fazendeiros que descobriam gatos estranhos em estrebarias e quebravam suas patas para salvar o gado. Invariavelmente, uma perna quebrada aparecia numa mulher suspeita, na manhã seguinte.

Os gatos tinham poder oculto, independentemente de sua associação com a feitiçaria e a arte diabólica. Podiam impedir o pão de crescer se entrassem nas padarias, em Anjou. Podiam estragar a pescaria se cruzassem o caminho dos pescadores, na Bretanha. Quando enterrados vivos, no Béarn, podiam limpar as urtigas de um campo. Figuravam como ingredientes básicos em todos os tipos de medicina popular, além de constarem nas infusões das feiticeiras. Para se recuperar de uma queda forte, a pessoa devia sugar todo o sangue da cauda amputada de um gato macho. Para se curar de pneumonia, bebia-se o sangue da orelha de um gato, misturado com vinho tinto. Para fazer a cólica passar, misturava-se o vinho com excremento de gato. Alguém poderia até tornar-se invisível, pelo menos na Bretanha, comendo o cérebro de um gato que acabara de ser morto, desde que ainda estivesse quente.

Havia um campo específico para o exercício do poder do gato: a casa e, particularmente, a pessoa do dono ou da dona da casa. Contos populares como "O Gato de Botas" enfatizavam a identificação do dono e do gato, e superstições como a prática de amarrar uma fita negra em torno do pescoço de um gato cuja dona tivesse morrido. Matar um gato era trazer infelicidade para seu dono ou para a casa. Se um gato abandonasse uma casa, ou parasse de pular no leito do dono ou da dona doentes, provavelmente a pessoa morreria. Mas um gato deitado na cama de um agonizante poderia ser o demônio, esperando para levar sua alma para o inferno. Segundo um conto do século XVI, uma moça de Quintin vendeu sua alma ao demônio em troca de algumas roupas bonitas. Quando ela morreu, os carregadores do féretro não conseguiram levantar seu caixão; abriram a tampa e um gato preto pulou para fora. Os gatos podiam pôr uma casa em perigo. Muitas vezes, sufocavam bebês. Entendiam os mexericos e iam contar tudo lá fora. Mas seu poder podia ser contido ou transformado em vantagem, se a pessoa seguisse os procedimentos corretos, como passar manteiga nas patas do animal ou aleijá-lo, logo que aparecesse. Para proteger uma nova casa, os franceses encerravam gatos vivos dentro de suas paredes — um ritual muito antigo, a julgar pelos esqueletos de gatos exumados das paredes de prédios medievais.

Finalmente, o poder dos gatos concentrava-se no aspecto mais íntimo da vida doméstica: o sexo. *Le chat, la chatte, le minet* significam a mesma coisa, na gíria francesa, que *"pussy"* em inglês,* e vêm sendo usados como obscenidades há séculos.[30] O folclore francês atribui importância especial aos gatos como metáfora ou metonímia sexual. Já no século XV ter gatos como bichos de estimação era recomendado para se

---

* *Pussy* — expressão correspondente ao "órgão genital feminino". [N.T.]

ter sucesso na corte às mulheres. A sabedoria proverbial identificava as mulheres com os gatos: "Quem cuida bem dos gatos terá uma mulher bonita." Se um homem amava os gatos, amaria as mulheres; e vice-versa: "Como ele ama seu gato, ama sua mulher", dizia outro provérbio. Se não dava importância à mulher, seria possível dizer a seu respeito: "Tem outros gatos para chicotear." Uma mulher que queria conseguir um homem deveria evitar pisar na cauda de um gato. Isto poderia adiar o casamento por um ano — ou por sete anos, em Quimper, e por um número de anos correspondentes aos miados que o gato desse, em partes do Vale do Loire. Em toda parte os gatos sugeriam fertilidade e sexualidade feminina. Dizia-se, comumente, das moças, que estavam "amando como uma gata"; e, quando engravidavam, tinham "deixado o gato comer o queijo". Comer gatos, em si, poderia causar a gravidez. Moças que os comiam, davam à luz gatinhos, em muitos contos populares. No norte da Bretanha, os gatos podiam até fazer macieiras atacadas por pragas darem frutos, quando enterrados de maneira correta.

Era um pulo fácil, da sexualidade das mulheres para a traição aos homens. A gritaria dos gatos podia vir de uma orgia satânica, mas também poderiam ser gatos machos uivando, em desafio uns aos outros, quando suas companheiras estavam no cio. Mas não uivavam como gatos. Faziam desafios com os nomes de seus donos, juntamente com zombarias sexuais referentes às suas mulheres: *"Reno! François!" "Où allez-vous? — Voir la femme à vous. — Voir la femme à moi! Ha!"* (Aonde vai? — Ver sua mulher. — Ver minha mulher! Ha!) Então os gatos machos voavam uns sobre os outros, como os gatos de Kilkenny, e seu sabá terminava num massacre. O diálogo diferia de acordo com a imaginação dos ouvintes e o poder onomatopaico de seu dialeto, mas, em geral, enfatizava a sexualidade predatória.[31] "À noite, todos os gatos são pardos", dizia o provérbio e a interpretação de uma coletânea de provérbios do século XVIII explicitou a insinuação sexual: "Isso quer dizer que todas as mulheres são suficientemente bonitas à noite."[32] Suficientemente para quê? Sedução, estupro e assassinato ecoavam no ar, quando os gatos uivavam à noite, na França do início dos tempos modernos. Os gritos dos gatos convocavam *Katzenmusik*, porque as pândegas, muitas vezes, tomavam a forma de miados debaixo da janela de um marido enganado, na véspera da Terça-feira Gorda de Carnaval, ocasião favorita para sabás de gatos.

Feitiçaria, orgia, traição sexual, baderna e massacre, os homens do Antigo Regime podiam escutar muita coisa no gemido de um gato. O que os homens da rua Saint-Séverin realmente ouviram é impossível dizer. Só podemos afirmar que os gatos tinham enorme peso simbólico no folclore da França e que a tradição era rica, antiga e disseminada o bastante para penetrar na gráfica. Para determinar o que os tipógrafos realmente sugeriam, com o cerimonial e os temas simbólicos disponíveis, é necessário reexaminarmos o texto de Contat.

O texto deixou o tema da feitiçaria explícito desde o início. Jerome e Léveillé não podiam dormir porque "alguns gatos endemoniados faziam um sabá a noite inteira".[33] Depois que Léveillé somou seus gritos de gato à gritaria geral, "toda a vizinhança ficou alarmada. Decidiu-se que os gatos deveriam ser agentes de alguém que enfeitiçava". O patrão e a patroa pensaram em chamar o cura para exorcizar o lugar. Ao decidirem ordenar a caçada aos gatos, voltaram ao remédio clássico para a feitiçaria: mutilação. O burguês — um supersticioso tolo, cercado de padres — levou todo o negócio a sério. Para os aprendizes, era uma piada. Léveillé, em particular, funcionava como um brincalhão, um falso "feiticeiro", encenando um falso sabá, de acordo com as expressões escolhidas por

Contat. Não apenas os aprendizes exploraram a superstição do patrão, para fazer folia à sua custa, mas também dirigiram sua rebelião contra a patroa. Atacando a cacetadas sua familiar *la grise*, na verdade a acusaram de ser a feiticeira. A dupla piada não deixaria de ser entendida por qualquer pessoa que pudesse ler a tradicional linguagem gestual.

O tema do *charivari* dava uma nova dimensão ao divertimento. Embora jamais diga isto tão explicitamente, o texto indica que a patroa tinha um caso com seu padre, um "jovem lascivo", que decorara passagens obscenas de clássicos da pornografia — Aretino e *L'Académie des dames* — e as recitava para ela, enquanto o marido continuava com sua lenga-lenga sobre seus assuntos favoritos, dinheiro e religião. Durante um lauto jantar com a família, o padre defendeu a tese de que "é uma façanha da inteligência enganar o marido e o adultério não é um vício". Mais tarde, ele e a patroa passaram a noite juntos numa casa de campo. Enquadram-se perfeitamente no triângulo típico das gráficas: um trôpego velho mestre, uma patroa de meia-idade e seu jovem amante.[34] A intriga coloca o mestre no papel de uma figura cômica estereotipada: o corno. Então, a folia dos operários tomou a forma de um *charivari*. Os aprendizes o organizaram, operando dentro da área liminar em que os noviços tradicionalmente zombavam de seus superiores, e os assalariados responderam às suas momices da maneira tradicional, com música desafinada. Uma atmosfera de motim, de festival, está presente em todo o episódio, que Contat descreveu como uma *fête*: "Léveillé e seu camarada Jerome lideraram a *fête*", escreveu ele, como se fossem reis de um carnaval, e o divertimento com os gatos correspondeu à tortura dos gatos no Mardi Gras ou na *fête* de são João Batista.

Como em muitos Mardi Gras, o Carnaval terminou com um julgamento e uma execução simulada. O legalismo burlesco ocorreu naturalmente aos tipógrafos porque eles encenavam seus próprios julgamentos simulados todo ano, na *fête* de são Martinho, quando a capela saldava as contas com o patrão e conseguia, espetacularmente, irritá-lo. A capela não poderia condená-lo explicitamente sem partir para a aberta insubordinação e arriscar-se a demissões. (Todas as fontes, inclusive os papéis da STN, indicam que os patrões, muitas vezes, despediam os operários por insolência e mau comportamento. Na verdade, Léveillé, mais tarde, foi demitido por uma brincadeira que atacava mais abertamente o burguês.) Assim, os trabalhadores julgavam o burguês *in absentia*, usando um símbolo para deixar transparecer o que queriam dizer, sem serem suficientemente explícitos para justificarem a retaliação. Julgaram e enforcaram os gatos. Seria ir longe demais enforcar *la grise* sob o nariz do patrão, depois de terem recebido ordens para poupá-la; mas fizeram do bicho de estimação favorito da casa sua primeira vítima, e, agindo assim, sabiam que atacavam a própria casa, segundo as tradições do anedotário dos gatos. Quando a patroa os acusou de matarem *la grise*, responderam, com fingida deferência, que "ninguém seria capaz de uma afronta dessas e que tinham demasiado respeito por aquela casa". Executando os gatos com uma cerimônia tão elaborada, condenaram a casa e declararam os burgueses culpados — culpados de darem excesso de trabalho e alimentação deficiente aos seus aprendizes, culpados de viverem no luxo enquanto seus assalariados faziam todo o trabalho, culpados de se afastarem da oficina e a encherem de *alloués*, em vez de trabalharem e comerem com os homens, como se dizia que os mestres haviam feito, uma ou duas gerações antes, ou na primitiva "república" existente no início da indústria gráfica. A culpa se estendia do patrão para a casa e para todo o sistema. Talvez, ao julgarem, ouvirem confissões e enforcarem uma coleção de gatos semimortos, os operários quisessem ridicularizar toda a ordem legal e social.

Sem dúvida, sentiam-se aviltados e haviam acumulado ressentimento suficiente para explodir numa orgia de mortes. Meio século depois, os artesãos de Paris se amotinariam de maneira parecida, combinando a matança indiscriminada com tribunais populares improvisados.[35] Seria absurdo encarar o massacre de gatos como um ensaio final para os Massacres de Setembro da Revolução Francesa, mas a irrupção anterior de violência realmente sugeria uma rebelião popular, embora permanecesse restrita ao simbolismo.

Os gatos, como símbolos, evocavam o sexo, bem como a violência, uma combinação perfeitamente adequada para um ataque à patroa. A narrativa identificava-a com *la grise*, sua *chatte favorite*. Matando a gata, os rapazes a atingiam: "Era um assunto importante, um assassinato, que tinha de ser escondido." A patroa reagiu como se a tivessem atacado: "Eles lhe arrebataram um gato sem igual, um gato que ela amava à loucura." O texto a descrevia como lasciva e "apaixonada pelos gatos", como se ela fosse uma gata no cio, durante um selvagem sabá de gatos, com miados, matança e estupro. Uma referência explícita ao estupro violaria as convenções que, em geral, eram observadas na escrita do século XVIII. Na verdade, o simbolismo só funcionaria se permanecesse velado — suficientemente ambivalente para lograr o patrão, e aguçado o bastante para atingir vitalmente a patroa. Mas Contat usou uma linguagem forte. Logo que a patroa viu a execução de gatos, soltou um grito. Depois, o grito foi sufocado, quando percebeu que perdera sua *grise*. Os operários garantiram-lhe, com fingida sinceridade, o seu respeito, e o patrão chegou. "'Ah! patifes', diz ele. 'Ao invés de trabalhar, estão matando gatos.' *Madame* a *Monsieur*: 'Esses malvados não podem matar os patrões; mataram meu gato!'[...] Ela sente que todo o sangue dos trabalhadores não seria suficiente para redimir o insulto."

Era um insulto metonímico, o equivalente, no século XVIII, a uma zombaria de colegial moderno: "Ah, as calcinhas de sua mãe!" Mas era mais forte, e mais obsceno. Atacando seu bicho de estimação, os operários estupravam simbolicamente a patroa. Ao mesmo tempo, faziam o supremo insulto ao seu patrão. Sua esposa era, para ele, a posse mais preciosa, exatamente como a sua *chatte* era a dela. Matando a gata, os homens violavam o tesouro mais íntimo da casa burguesa e escapavam ilesos. Isto é que era maravilhoso, naquilo tudo. O simbolismo disfarçava o insulto suficientemente bem para não sofrerem consequências. Enquanto o burguês se irritava com a perda de trabalho, sua esposa, menos obtusa, praticamente lhe dizia que os operários a haviam atacado sexualmente, e gostariam de matá-lo. Depois, ambos saem de cena, humilhados e derrotados. "*Monsieur e Madame* retiram-se deixando os operários em liberdade. Os tipógrafos, que amam a desordem, estão em estado de imensa alegria. Aqui está um grande assunto para suas risadas, uma bela *copie*, que os deixará entretidos por um longo tempo."

Era risada rabelaisiana. O texto insiste em sua importância: "Os tipógrafos sabem rir, é sua única ocupação." Mikhail Bakhtin mostrou como a risada de Rabelais expressava uma tendência da cultura popular, em que a hilaridade tumultuada podia transformar-se em motim, uma cultura carnavalesca de sexualidade e insubordinação na qual o elemento revolucionário podia estar contido em símbolos e metáforas, ou explodir num levante geral, como em 1789. Mas ainda não há resposta para a pergunta — o que, precisamente, era tão engraçado, no massacre de gatos? Não há melhor maneira de estragar uma piada do que analisá-la ou sobrecarregá-la de comentários sociais. Mas esta piada exige comentários — não porque se pode usá-la para provar que os artesãos detestavam seus patrões (um truísmo aplicável a todos os períodos da história do trabalho, embora não fosse adequadamente apreciado pelos historiadores do século XVIII), mas porque pode ajudar a ver como os operários tornaram sua experiência significativa, jogando com temas de sua cultura.

A única versão do massacre de gatos de que dispomos foi escrita por Nicolas Contat muito tempo depois do episódio. Contat selecionou detalhes, ordenou os acontecimentos e estruturou a história de maneira a destacar o que era significativo para ele. Mas tirou suas noções de significado de sua cultura, tão naturalmente como inspirava o ar da atmosfera em torno. E registrou o que ajudou a encenar, com seus companheiros. O caráter subjetivo do relato não vicia sua estrutura referencial coletiva, embora a narrativa, por escrito, possa ser pobre, em comparação com a ação descrita. O modo de expressão dos operários era uma espécie de teatro popular. Envolvia pantomima, música barulhenta e um dramático "teatro da violência" improvisado no local de trabalho, na rua e nos telhados. Incluía uma peça dentro de outra peça, porque Léveillé reencenou toda a farsa várias vezes, como *copies*, na oficina. De fato, o massacre original envolvia uma caricatura de outras cerimônias, como julgamentos e pândegas. Então, Contat escreveu sobre a caricatura e, lendo seu texto, deve-se levar em conta a refração das formas culturais, através dos gêneros e do tempo.

Dados esses descontos, parece claro que os operários acharam o massacre engraçado, porque lhes proporcionou uma maneira de virar a mesa contra o burguês. Espicaçando-o com gritos de gatos, provocaram-no para que autorizasse o massacre de gatos, depois usaram o massacre para colocá-lo simbolicamente em julgamento, por administração injusta da oficina. Também usaram o massacre como uma caça às bruxas, o que forneceu uma desculpa para matar o bicho de estimação de sua esposa e insinuar que ela própria era a feiticeira. Finalmente, transformaram tudo num *charivari*, que serviu como meio para insultá-la sexualmente, ao mesmo tempo zombando dele, como um corno. O burguês serviu como excelente alvo para a piada. Não apenas se tornou vítima de um procedimento que ele próprio deflagrou, mas também deixou de entender a força do insulto a si mesmo. Os homens haviam sujeitado sua esposa a uma agressão simbólica do tipo mais íntimo, mas ele não entendeu. Era excessivamente burro, um corno clássico. Os tipógrafos o ridicularizaram, em esplêndido estilo boccacciano, e saíram impunes.

A piada funcionou muito bem porque os operários jogaram, muito habilmente, com um repertório de cerimônias e símbolos. Os gatos adequavam-se perfeitamente a seus objetivos. Quebrando a espinha de *la grise*, chamavam a mulher do patrão de feiticeira e de prostituta e, ao mesmo tempo, transformavam o patrão em corno e tolo. Era um insulto metonímico, feito através de ações, não de palavras, e atingiu seu objetivo porque os gatos ocupavam um lugar privilegiado no estilo de vida burguês. Ter bichos de estimação era tão estranho aos operários como, para os burgueses, torturar animais. Aprisionados entre sensibilidades incompatíveis, os gatos receberam o pior de ambos os universos.

Os operários também tiraram duplos sentidos das cerimônias. Transformaram uma caçada aos gatos em caça às bruxas, festival, *charivari*, julgamento simulado e piada de mau gosto. Depois, refizeram tudo em pantomima. Sempre que se cansavam de trabalhar, transformavam a oficina num teatro e produziam *copies* — à sua maneira, não dos autores. O teatro na oficina e os trocadilhos rituais adequavam-se às tradições de sua arte. Embora os tipógrafos fizessem livros, não usavam a palavra escrita para transmitir o que queriam dizer. Usavam gestos, tirando elementos da cultura de sua arte para inscrever declarações no ar.

Por mais inconsistente que pareça hoje, esse tipo de brincadeira era um negócio arriscado no século XVIII. O risco fazia parte da piada, como em muitas formas de humor que jogam com a violência e espicaçam paixões reprimidas. Os operários levaram seu gracejo à beira da reificação, do ponto em que a matança de gatos se transformaria numa rebelião aberta. Jogaram com ambiguidades, usando símbolos que esconderiam seu pleno significado, mas, ao mesmo tempo, deixando entrevê-lo o suficiente para fazer de tolo o burguês, sem lhe dar um pretexto para demiti-los. Torciam-lhe o nariz e impediam-no de protestar. Realizar uma façanha dessas exigiu grande destreza. Mostrou que os operários podiam manipular os símbolos, em sua linguagem própria, com a mesma eficácia que os poetas, estes em letra impressa.

As fronteiras dentro das quais essa brincadeira tinha de ser contida sugerem os limites da militância da classe operária, nos tempos do Antigo Regime. Os tipógrafos identificavam-se com sua arte, mais do que com sua classe. Embora se organizassem em capelas, realizassem greves e, algumas vezes, forçassem aumentos de salário, permaneciam subordinados ao burguês. O mestre contratava e demitia pessoal tão casualmente quanto encomendava papel, e punha todos na rua, quando farejava insubordinação. Então, até o início da proletarização, no final do século XIX, em geral mantinham seus protestos em nível simbólico. Uma *copie*, como o Carnaval, ajudava a soltar o vapor; mas também provocava risadas, ingrediente vital no início da cultura artesanal e que se perdeu na história do trabalho. Observando a maneira como, há dois séculos, funcionou uma piada, dentro dos gracejos pesados de uma gráfica, podemos recapturar o elemento perdido — a risada, a simples risada, do tipo rabelaisiano, de rebentar as costelas, em vez do afetado sorriso voltairiano, com o qual estamos familiarizados.

APÊNDICE: A NARRATIVA DO MASSACRE DE GATOS FEITA POR CONTAT

A narrativa a seguir foi feita por Nicolas Contat, em *Anecdotes typographiques où l'on voit la description des coutumes, moeurs et usages singuliers des compagnons imprimeurs*, organizado por Giles Barber (Oxford, 1980), pp. 51-3. Depois de um dia de trabalho exaustivo e comida nauseante, os dois aprendizes recolhem-se ao seu quarto, um úmido e ventoso alpendre, a um canto do pátio. O episódio é narrado na terceira pessoa, do ponto de vista de Jerome:

Ele está tão cansado, e precisa tão desesperadamente descansar que a cabana parece-lhe um palácio. Finalmente, a perseguição e miséria que sofreu durante o dia inteiro terminaram, e pode relaxar. Mas não, alguns gatos endemoniados celebram um sabá das bruxas a noite inteira, fazendo tanto barulho que lhe roubam o breve período de repouso conferido aos aprendizes, antes que cheguem os assalariados para o trabalho, bem cedo, na manhã seguinte, e peçam admissão, tocando constantemente uma campainha infernal. Então, os rapazes têm de se levantar e atravessar o pátio, tremendo sob suas camisolas de dormir, para abrir a porta. Esses assalariados jamais se mostram amáveis. Por mais que se faça, sempre acham que estão perdendo tempo e sempre tratam a pessoa como um inútil preguiçoso. Chamam Léveillé. Acenda o fogo debaixo do caldeirão! Pegue a água para as tinas! É verdade que esses serviços deveriam ser feitos pelos aprendizes iniciantes, que moram em casa, mas só chegam depois das seis ou das sete. Assim, todos logo estão trabalhando — aprendizes, assalariados, todos — menos o patrão e a patroa: apenas eles gozam a doçura do sono. O que dá inveja a Jerome e Léveillé. Decidem que não serão os únicos a sofrer; querem ver na mesma situação seu patrão e a patroa. Mas como produzir o efeito desejado? Léveillé tem um talento extraordinário para imitar as vozes e os menores gestos de todos em torno dele. É um perfeito ator; esta é a verdadeira profissão que escolheu na oficina. Também pode produzir imitações perfeitas dos uivos de cães e gatos. Decide ir trepando de um telhado para outro, até chegar a uma calha próxima ao quarto do burguês e da burguesa. Dali, pode emboscá-los, com uma saraivada de miaus. Tarefa fácil para ele: é filho de um telhador e sabe engatinhar pelos telhados como um gato.

Nosso atirador de tocaia obtém tanto sucesso que toda vizinhança fica alarmada. Corre o boato de que há feitiçaria em ação e os gatos podem ser os agentes de alguém que está enfeitiçando. É um caso para o pároco íntimo amigo da casa e confessor de *Madame*. Ninguém mais consegue dormir.

Léveillé encena um sabá, na noite seguinte e na próxima. Se a pessoa não o conhecesse, ficaria convencida de que ele era um feiticeiro. Finalmente, o patrão e a patroa não podem mais suportar aquilo. "É melhor dizermos aos rapazes para se livrarem desses animais malévolos", declaram. *Madame* lhes dá a ordem, recomendando-lhes que evitem assustar *la grise*. É o nome de sua gatinha de estimação.

Esta senhora é apaixonada pelos gatos. Muitos donos de gráficas o são. Um deles tem 25. Mandou pintar seus retratos e os alimenta com aves assadas.

A caçada é logo organizada. Os aprendizes resolvem fazer uma limpeza completa e os assalariados aderem ao grupo. Um dos homens se arma com a barra de uma impressora, outro com um bastão da sala de secagem, e ainda outros com cabos de vassoura. Penduram sacos nas janelas do sótão e dos depósitos, para pegar os gatos que tentarem escapar pulando para fora. Os batedores são designados, tudo é organizado. Léveillé e seu camarada, Jerome, presidem a festa, cada qual armado com uma barra de ferro da loja. A primeira coisa que saem procurando é *la grise*, a gatinha de *Madame*. Léveillé a atordoa com um rápido golpe nos rins e Jerome a liquida. Depois, Léveillé enfia o corpo numa sarjeta, pois não querem ser apanhados: é um assunto importante, um assassinato, e deve ser mantido em segredo. Os homens provocam terror nos telhados. Tomados de pânico, os gatos se atiram nos sacos. Alguns são mortos na hora. Outros são condenados à forca, para o divertimento de toda a gráfica.

Os tipógrafos sabem rir; é sua única ocupação.

A execução está prestes a começar. Designam um carrasco, uma tropa de guardas, até mesmo um confessor. Depois, proclamam a sentença.

Em meio a tudo isso, chega a patroa. Como se surpreende, ao ver a execução! Solta um grito; depois, sua voz se embarga, porque pensa ver *la grise* e tem certeza de que aquele destino foi reservado para sua gatinha favorita. Os operários garantem-lhe que ninguém seria capaz de semelhante crime: têm demasiado respeito pela casa.

Chega o burguês. "Ah, patifes!", diz. "Em vez de trabalhar, estão matando gatos." *Madame* a *Monsieur*: "Estes malvados não podem matar os patrões, então mataram minha gatinha. Ela não pode ser encontrada. Chamei *la grise* por toda parte. Com certeza a enforcaram." Parece-lhe que todo o sangue dos trabalhadores não seria suficiente para reparar o insulto. Pobre *grise*, a gatinha sem-par!

Monsieur e *Madame* retiram-se, deixando os operários em liberdade. Os tipógrafos deliciam-se na desordem; estão fora de si, de alegria.

Que tema esplêndido para suas risadas, para uma *belle copie*! Vão divertir-se com isso por um longo tempo. Léveillé assumirá o papel principal e encenará a peça pelo menos vinte vezes. Fará mímicas com o patrão, a patroa, a casa inteira, cobrindo a todos de ridículo. Nada poupará, em sua sátira. Entre os tipógrafos, os que sobressaem nesse divertimento chamam-se *jobeurs*: fornecem *joberie*.

Léveillé recebe muitas séries de aplausos.

Devemos assinalar que todos os operários estão unidos contra os patrões. Basta falar mal deles (os patrões) para ser estimado por toda a assembleia de tipógrafos. Léveillé é um desses. Em reconhecimento a seu mérito, será perdoado por algumas sátiras anteriores contra os operários.

Cortejo em honra da infanta espanhola em Paris, 1722. A foto é cortesia da Bibliothèque Nationale, Paris.

3

UM BURGUÊS ORGANIZA SEU MUNDO: A CIDADE COMO TEXTO

SE O SOMBRIO FOLCLORE DOS CAMPONESES e os violentos rituais dos artesãos pertencem a um mundo que hoje nos parece inconcebível, seria lógico que fôssemos capazes de nos imaginar na pele de um burguês do século XVIII. E surge esta oportunidade graças a outro documento tão extraordinário, à sua maneira, quanto o relato que Contat fez do massacre de gatos: é a descrição de Montpellier, escrita em 1768 por um cidadão anônimo, mas sólido membro da burguesia da cidade. Na verdade, os escritos não ficcionais do século XVIII estavam cheios de "descrições", guias, almanaques e relatos feitos por amadores sobre monumentos e celebridades locais. O que separava nosso burguês dos outros que cultivaram o gênero era sua obsessão pela exaustividade. Ele desejava capturar toda a sua cidade, cada pedacinho dela, e então escreveu longamente — 426 páginas manuscritas, falando de cada capela, cada fabricante de perucas, cada cão perdido, dentro daquilo que, para ele, era o centro do universo.[1]

Não se pode determinar o motivo que o levou a empreender um projeto tão vasto e fatigante. Pode ter pretendido publicar uma espécie de guia, porque explicou, numa introdução ao seu *État et description de la ville de Montpellier fait en 1768* (ao qual nos referiremos, de agora em diante, como *Description*), que queria descrever Montpellier de uma maneira útil aos visitantes e "dando a verdadeira ideia de uma cidade que, embora seu tamanho não seja particularmente grande, ocupa, apesar disso, um lugar destacado no reino".[2] Parece orgulhoso de sua cidade e ansioso para nos falar dela, como se fôssemos forasteiros um tanto confusos, numa esquina desconhecida, e ele nos oferecesse indicações. Não é uma situação incomum, talvez, mas dá lugar a uma pergunta que vale a pena considerar: O que é descrever um mundo? Como poderíamos reduzir nosso próprio meio ambiente à escrita, se sentíssemos necessidade disso e tivéssemos energia suficiente? Começaríamos com uma visão *à vol d'oiseau* e, depois, estreitaríamos o enfoque, à medida que descêssemos para um cruzamento importante, a versão local de Main e Vine?* Ou entraríamos na cidade como um forasteiro, passando do campo aos subúrbios, até chegar a algum conjunto imponente de prédios, no coração do espaço urbano — uma prefeitura, igreja ou grande loja? Talvez organizássemos nossa descrição em termos sociológicos, a partir da elite municipal do poder, ou trabalhando ascensionalmente, a partir dos operários. Poderíamos até adotar um tom espiritual, começando com um discurso de Quatro de Julho (data da Independência dos Estados Unidos) ou um sermão. As possibilidades parecem infinitas ou, pelo menos, suficientemente numerosas para terem um efeito paralisante. Pois, como pode alguém colocar no papel "a verdadeira ideia de uma cidade", especialmente quando alguém gosta da cidade e o suprimento de papel é interminável?

Consideremos um exemplo famoso, que fornecerá alguma perspectiva do quadro de Montpellier no século XVIII:

Londres. Os meses de inverno recentemente encerrados e o presidente da Câmara dos Pares sentado no salão de Lincoln's Inn. Implacável clima de novembro. Tanta lama nas ruas que pare-

---

* Referência ao cruzamento das ruas centrais dos lugarejos norte-americanos.

ce que as águas mal acabaram de se retirar da face da Terra, e não seria maravilhoso encontrar um megalossauro, com cerca de 15 metros de comprimento, bamboleando-se como um lagarto imenso, Holborn Hill acima. Fumaça descendo dos canos de chaminé, a formar uma garoa de um negro macio, com flocos de fuligem tão grandes quanto os da neve grossa — de luto, poderíamos imaginar, pela morte do sol. Cães, indistinguíveis no atoleiro. Cavalos, em situação não muito melhor — salpicados até os próprios antolhos. Transeuntes, com os guarda-chuvas a esbarrarem uns nos outros, numa contaminação geral de mau humor, e perdendo o equilíbrio nas esquinas, onde dezenas de milhares de outros transeuntes andaram escorregando e deslizando desde que o dia amanheceu (se é que chegou a amanhecer), adicionando novos depósitos às sucessivas crostas de lama, que aderem tenazmente à calçada, naqueles pontos, e multiplicando-se com juros.[3]

Há muita coisa para dizer das descrições que Dickens faz de Londres. Mas essas primeiras frases de *Bleak House* bastam para mostrar como uma visão urbana pode estar carregada de emoções, valores e visão de mundo. A lama, a barafunda, o disseminado senso de podridão moral ligado a instituições decrépitas dão à descrição a marca inconfundível da Londres dickensiana. Nosso montpellierene habitava um mundo diferente. Mas era, em grau correspondente, um mundo que ele construiu em sua mente, enquadrou numa estrutura mental e coloriu de emoção, mesmo sem ter o talento literário de Dickens para transmitir o que sentia. Literário ou não, o senso do lugar é fundamental para nossa orientação geral na vida. Encontrá-lo traduzido em palavras, em toda uma torrente de palavras, partindo de um burguês aparentemente comum do Antigo Regime, representa alcançar um elemento básico nas visões de mundo do século XVIII. Mas como entender isso?

O GRANDE MASSACRE DE GATOS | 145

Um desfile de dignitários em Toulouse. Foto de Jean Dieuzaide.

É tão problemático para nós ler a descrição do nosso autor como foi para ele escrevê-la. Cada frase expressa uma consciência estranha tentando ordenar um mundo que não existe mais. Para penetrar nessa consciência, precisamos concentrar-nos mais nos modos de descrever do que nos objetos descritos. Nosso autor utilizou esquemas padronizados para ordenar a topografia urbana? Onde traçou ele linhas para separar este fenômeno daquele? E que categorias escolheu para distinguir as sensações, quando põe sua caneta no papel? Nossa tarefa não é descobrir qual o verdadeiro aspecto de Montpellier em 1768, mas entender como nosso observador a observou.

Primeiro, uma palavra a respeito da tendenciosa expressão "burguês". É ofensiva, irritante, inexata e inevitável. Os historiadores discutiram a respeito dela por gerações, e ainda discutem. Na França tem, em geral, conotações marxistas. O burguês é o detentor dos meios de produção, uma certa espécie de Homem

Econômico, com seu estilo de vida próprio e uma ideologia peculiar. Ele era a figura-chave do século XVIII, período de enorme expansão, se não de completa industrialização: *"le take-off"*, segundo a visão fraturadamente francesa da economia "anglo-saxônica". Diante da contradição entre seu poder econômico e sua impotência política — agravada durante o período do renascimento da aristocracia, nas vésperas de 1789 — o burguês adquiriu consciência de classe e se revoltou, liderando uma frente popular de camponeses e artesãos, na Revolução Francesa. A ideologia era essencial para a fusão dessa força impressionante, porque a burguesia conseguiu saturar as pessoas comuns com suas próprias ideias de liberdade (especialmente livre comércio) e igualdade (especialmente a destruição do privilégio aristocrático). Por volta de 1789, o Iluminismo já cumprira sua tarefa, como garantiram a uma geração de leitores os mais influentes compêndios franceses, dos mais prestigiosos historiadores da França: "O século XVIII pensava com a burguesia."[4]

Esta versão do eterno tema da ascensão da classe média baseia-se numa visão da história como um processo que opera em três níveis, o econômico, o social e o cultural. Quanto mais profundo o nível, mais poderosa a força. Assim, as transformações econômicas produzem transformações na estrutura social e, em última instância, nos valores e ideias. Na verdade, alguns historiadores desenvolveram pontos de vista muito diferentes. Roland Mousnier e seus alunos elaboraram um quadro idealista do Antigo Regime como uma sociedade de estamentos, fundamentada nas normas jurídicas e no *status* social. Entre os marxistas, uma tendência gramsciana atribuiu alguma autonomia às forças ideológicas na formação de "blocos" sociopolíticos hegemônicos. Apesar disso, a tendência dominante nos ensaios históricos franceses a partir dos anos 1950, e até os anos 1970, era a tentativa de criar uma história "total", baseada num modelo de causalidade com três níveis.[5]

Esta visão colocava categoricamente o burguês no centro do palco. Como detentor dos meios de produção, elemento ascendente na estrutura social e defensor de uma ideologia moderna, ele estava destinado a varrer com tudo que se interpusesse em seu caminho — e assim fez na Revolução Francesa. Mas ninguém o conhecia muito bem. Aparecia nos livros de história como uma categoria, sem um rosto. Então, em 1955, Ernest Labrousse, o porta-voz supremo da história total, em três camadas, lançou uma campanha para descobrir o burguês em seus esconderijos, nos arquivos. Vastos levantamentos estatísticos, compilados de acordo com uma estratificação socioprofissional, pretendiam situar a burguesia dentro de estruturas sociais, em toda parte, no Ocidente, a começar com a Paris do século XVIII. Paris, no entanto, não respondeu à expectativa. Pesquisas realizadas em 2.597 contratos matrimoniais por François Furet e Adeline Daumard revelaram uma sociedade urbana composta de artesãos, lojistas, profissionais, autoridades reais e nobres, mas nenhum industrial e apenas um punhado de grandes comerciantes. Um estudo comparativo de Paris e Chartres feito por Daniel Roche e Michel Vovelle produziu resultados similares. Cada cidade tinha burgueses, sim, mas eram *"bourgeois d'Ancien Régime"* — fundamentalmente *rentiers*, que viviam de rendas anuais e arrendamento de terras, e não trabalhavam; o contrário absoluto da burguesia industrial da historiografia marxista. É verdade que donos de manufaturas podem ser encontrados em centros têxteis como Amiens e Lyon, mas em geral dirigiam empresas "domésticas", de um tipo que já existia há séculos e não tinha a menor semelhança com a produção industrial mecanizada que começava a transformar a paisagem na Inglaterra. Na medida em que a França tinha empresários, tendiam a vir da nobreza. Os nobres investiam em todo tipo de indústrias e no comércio, e não apenas nos setores tradicionais da mineração e da metalurgia, enquanto os comerciantes, com frequência, deixavam o comércio logo que acumulavam capital suficiente para viverem como cavalheiros, da terra e das *rentes.*[6]

À medida que as monografias continuavam a jorrar, cobrindo uma cidade após outra, e uma província após outra, a França do Antigo Regime ia parecendo cada vez mais arcaica. Os melhores estudos, como os de Maurice Garden sobre Lyon e de Jean-Claude Perrot sobre Caen, apresentaram alguns autênticos donos de manufaturas e comerciantes; mas esta burguesia inegavelmente capitalista parecia trivial, em comparação com a vasta população de artesãos e lojistas que proliferava em todas as cidades da França no início dos tempos modernos. Em parte alguma, com exceção talvez de Lille e de um ou dois setores de outras cidades, os historiadores sociais realmente encontraram a classe industrializante dinâmica e autoconsciente imaginada pelo marxismo. Michael Morineau chegou a ponto de argumentar que a economia permaneceu estagnada durante todo o século XVIII e que o quadro padrão de expansão econômica sintetizado pelas ondas ascendentes dos preços

O GRANDE MASSACRE DE GATOS | 149

dos cereais, nos gráficos produzidos por Labrousse, nos anos 1930 e 1940 era, na verdade, uma ilusão — produto, da pressão malthusiana, mais que de um aumento de produtividade. A economia pode não ter sido assim tão fraca, mas claramente não atravessou uma revolução industrial, ou sequer agrícola. Visto do lado francês do Canal, *"le take-off"* começou a parecer particularmente "anglo-saxão".[7]

Esta tendência destruiu a maior parte da modernidade no nível inferior do modelo em três camadas do Antigo Regime, e desgastou a maior parte da população das forças progressistas, localizadas no segundo nível. Onde fica a noção de um século que "pensava com a burguesia"? Uma vasta análise sociológica dos principais centros de pensamento, as academias provincianas, mostrou que os pensadores pertenciam a uma elite tradicional de nobres, padres, autoridades estatais, médicos e advogados. O público para os livros do Iluminismo parecia muito próximo disso, enquanto as plateias de teatro — mesmo quando seus integrantes choravam com o novo gênero dos *drames bourgeois* — talvez fossem ainda mais aristocráticos. E, como veremos no capítulo seguinte, os próprios escritores vinham de todos os segmentos da sociedade, exceto o industrial. Claro que a literatura do Iluminismo poderia ainda ser interpretada como "burguesa", porque sempre se pode aplicar essa expressão a um conjunto de valores e, depois, encontrar esses valores expressos em letra de forma. Mas este procedimento de certa forma gira em torno de redundâncias — a literatura burguesa é uma literatura que expressa a visão da burguesia — sem estabelecer contato com a história social. Assim, em todos os níveis de pesquisa, os estudiosos atenderam ao chamado — *cherchez le bourgeois* —, mas não conseguiram encontrá-lo.[8]

Diante de tal experiência, pode parecer extravagante apresentar nosso montpellierense como um espécime dessa espécie rara — e ainda mais ao não podermos identificá-lo com exatidão. Mas ele pode ser localizado, de maneira geral, pela voz que assume em seu texto. Desassocia-se da nobreza, por um lado, e do povo comum, por outro; e suas simpatias, proclamadas em cada página com uma maravilhosa clareza de opiniões, colocam-no em alguma parte no âmbito médio da sociedade urbana, entre os médicos, advogados, administradores e *rentiers* que compunham a *intelligentsia* na maioria das cidades provincianas. Estes homens pertenciam à "burguesia do Antigo Regime". Eram burgueses no sentido que o século XVIII atribuía ao termo, definido pelos dicionários da época simplesmente como "cidadão de uma cidade", embora os dicionários também assinalassem usos especiais para o adjetivo, como "uma casa burguesa", "uma sopa burguesa", "um vinho burguês" e seus exemplos de empregos do advérbio evocavam um certo estilo de vida: "Ele vive, ele fala, ele raciocina *bourgeoisement*. Ao meio-dia, almoça *bourgeoisement*, com sua família, mas bem, e com bom apetite."[9]

Começando com esta modesta noção que aquele período tinha do burguês, devemos capacitar-nos a entrar na *Description* com um estado de espírito simpático; e, depois, trabalhando lá de dentro, talvez sejamos capazes de perambular pelo mundo que nosso autor construiu com seu texto.

Antes de dar o mergulho, no entanto, devemos examinar, brevemente, a Montpellier reconstituída pelos historiadores, ao menos para encontrar alguns pontos de comparação que nos sirvam de orientação.[10]

A Montpellier do século XVIII era essencialmente um centro administrativo e um mercado, a terceira cidade em tamanho, depois de Toulouse e Nimes, na vasta província do Languedoc. Sua população cresceu rapidamente, de cerca de 20 mil pessoas, em 1710, para aproximadamente 31 mil, em 1789 — não apenas por causa da imigração do campo, como em muitas outras cidades, mas por causa de um declínio da mortalidade e, em última instância, de um aumento da riqueza. Os historiadores da economia agora reduziram o "século da expansão", como era conhecida a fase final do Antigo Regime, para três décadas, de 1740 a 1770; mas, em Montpellier, esses anos foram suficientes para tornar a vida mais fácil para quase todos, mesmo sem terem transformado a economia. As colheitas foram boas, os preços, salutares, e os lucros derramaram-se do interior agrícola da cidade para suas feiras, espalhando-se, em seguida, pelas oficinas e lojas.

Montpellier, no entanto, não era nenhuma Manchester. Produzia os mesmos artigos desde o final da Idade Média, e na mesma escala reduzida. A fabricação de azinhavre, por exemplo, ocupava cerca de oitocentas famílias e resultava em até 800 mil libras por ano. Era feito nos porões de casas comuns, em que pratos de cobre eram empilhados em potes de barro cheios de vinho destilado. As mulheres da casa raspavam o *verdet* (acetato de cobre) dos pratos uma vez por semana. Agentes o recolhiam, indo de casa em casa; e grandes firmas de comércio, como François Durand e filho, negociavam-no por toda parte, na Europa. Os montpellierenses também produziam outras especialidades locais: baralhos, perfumes e luvas. Até 2 mil pessoas, na população, teciam e davam o acabamento em cobertores de lã conhecidos como *flassadas*, trabalhando em seus quartos, segundo o sistema de manufatura em domicílio (*putting-out system*). As lãs, em geral, haviam entrado em declínio, mas Montpellier servia como um *entrepôt* (armazém) para o tecido que era feito no restante da província. E, na década de 1760, a indústria do algodão começou a se desenvolver e algumas de suas fábricas (*fabriques*), que cresceram nas imediações da cidade, empregavam centenas de operários. Muitas produziam morim e lenços, dos quais havia grande procura, graças à moda crescente de cheirar rapé. Mas o rapé e o azinhavre não eram a matéria-prima com a qual poderia ser feita uma revolução industrial e as fábricas não passavam de uma pequena excrescência, num grande conjunto de oficinas, onde assalariados e mestres — os equivalentes locais de Jerome e seu "burguês" — tocavam seu negócio de maneira bem parecida à de dois séculos antes. Apesar da expansão ocorrida em meados do século, a economia permanecia subdesenvolvida — uma economia de latoeiros batendo em panelas às portas, de alfaiates sentados, de pernas cruzadas, nas vitrinas das lojas, e de comerciantes pesando moedas em casas de contagem.

A moeda acumulou-se de tal maneira que Montpellier desenvolveu uma espécie de oligarquia comercial. Como em outras cidades francesas, os comerciantes tendiam a mudar seu capital do comércio para a terra e os ofícios. E, quando compravam posições nos escalões mais elevados do Judiciário e da burocracia real, ganhavam foros de nobreza. As famílias mais ricas — os Lajard, Durand, Périé e Bazille — dominavam a vida social e cultural de Montpellier, ainda mais facilmente porque a cidade não tinha, praticamente, qualquer antiga nobreza feudal. Suas fileiras eram acrescidas por muitos funcionários estatais, já que Montpellier era o mais importante centro administrativo da província, a sede da Intendência, dos Estados provinciais, do gabinete do governador e de várias cortes reais, embora não do *parlement* (corte judicial soberana) provincial. Mas era impossível a crosta superior ser muito espessa, numa cidade que tinha apenas 25 mil habitantes, aproximadamente, em 1768. Quase todos, na elite, conheciam o restante de seus iguais. Encontravam-se em concertos na Académie de Musique, em peças na Salle de Spectacles, em palestras na Académie Royale des Sciences e em cerimônias numa dúzia de lojas maçônicas. Cruzavam o caminho uns dos outros todos os dias, na Promenade du Peyrou, e almoçavam juntos toda semana, especialmente aos domingos, quando se sentavam à mesa para comer refeições reforçadas, depois de assistirem à missa na

Cathédrale de Saint-Pierre. Muitos também se reuniam na loja de Rigaud e Pons e no *cabinet littéraire* (clube de leitura) de Abraham Fontanel, onde liam os mesmos livros, incluindo grande número de obras de Voltaire, Diderot e Rousseau.

Foi essa cidade — uma cidade de segundo escalão, razoavelmente próspera e progressista — que nosso autor empreendeu descrever em 1768. Mas sua descrição não deve ser contraposta a uma outra, nossa, numa tentativa de comparar os fatos apresentados de um lado (a Montpellier do historiador), com sua interpretação, apresentada do outro (a Montpellier da *Description*). Porque não podemos jamais separar os fatos de sua interpretação. Nem podemos abrir caminho através do texto até chegar a alguma realidade exata, existente para além dele. Na verdade, os três parágrafos anteriores descrevem a cidade exatamente dentro das categorias que critiquei. Começam com a demografia e a economia e partem para a estrutura social e a cultura. Essa maneira de descrever teria sido impensável para o montpellierense de 1768. Ele começou com o bispo e o clero, depois se deteve nas autoridades civis e terminou com um levantamento dos diferentes "estados" sociais e seus costumes. Cada segmento do texto acompanha o que o precede, como se tudo fosse um desfile. E, realmente, a primeira metade da *Description* está escrita como a narrativa de uma procissão — o que é compreensível, porque as procissões eram acontecimentos importantes em toda parte, na Europa do início dos tempos modernos. Elas apresentavam as *dignités*, *qualités*, *corps* e *états* dos quais se acreditava que fosse composta a ordem social. Assim, quando descreveu sua cidade, nosso autor ordenou seus pensamentos da mesma maneira como seus conterrâneos ordenavam suas procissões. Com desvios de pouca importância aqui e acolá, ele traduziu no papel o que era encenado nas ruas, porque a procissão servia como linguagem tradicional para a sociedade urbana.

O que era, então, Montpellier em desfile? Tal como é reconstituída na primeira metade da *Description*, uma típica *procession générale*, em íntima adequação com o que hoje seria chamado de superestrutura da cidade. Começava com uma explosão de cor e som da guarda cerimonial que escoltava as autoridades municipais em todas as ocasiões importantes: dois comandantes inteiramente vestidos de vermelho, com cordões prateados nas mangas; seis maceiros, usando túnicas metade azul, metade vermelha, carregando maças e placas prateadas com as armas da cidade; oito alabardeiros, a segurarem suas alabardas; e um trombeteiro, num traje vermelho, com galões, abrindo caminho para os dignitários atrás dele, com sua forte música de sopro.

O Primeiro Estado (clero) vinha em primeiro lugar, a partir de uma sucessão de confrarias religiosas: os *Pénitents Blancs*, que carregavam velas e caminhavam com longas vestes brancas, as cabeças escondidas em capuzes; depois, as ordens de menor importância, com diferentes tons de aninhagem — La Vraie-Croix, Tous les Saints e Saint-Paul. Depois que desfilavam, talvez num total de cem pessoas, aparecia uma fileira de órfãos, vestidos com os ordinários uniformes azuis e cinzentos do Hôpital Général (asilo de indigentes). Os meninos e meninas desfilavam separadamente, seguidos por seis intendentes, doze reitores e seis síndicos do Hôpital — uma declaração do compromisso da cidade em cuidar de seus pobres e, ao mesmo tempo, um apelo à graça divina, porque os pobres eram considerados especialmente próximos de Deus e eficazes para a obtenção de sua misericórdia. Por tal razão, muitas vezes, eles marchavam em funerais, segurando velas e dádivas cerimoniais de tecido.

Em seguida, vinha o clero regular, cada ordem vestida com seus trajes tradicionais e todas colocadas de acordo com a antiguidade de sua fundação em Montpellier: em primeiro lugar, oito dominicanos, depois doze franciscanos, três agostinianos, três carmelitas, doze carmelitas descalços, três mercedários, trinta capuchinhos, vinte recoletos e um oratoriano. Vinha, em seguida, o clero secular: três curas e onze vigários, representando a "cúria" (cuidado pastoral) das almas nas três paróquias da cidade.

A esta altura, uma cruz magnífica, elaboradamente trabalhada em ouro e prata, assinalava a chegada do bispo. Ele desfilava imediatamente antes da Hóstia, cercado pelos cônegos da catedral; e seu largo manto cor-de-rosa expressava sua eminência especial, porque ele era também conde de Mauguio e Montferrand, marquês de la Marquerose, barão de Sauve e senhor de la Vérune, com domínios no valor de 60 mil libras de renda anual. É verdade que outras sedes episcopais da província eram mais antigas: Narbonne, Toulouse e Albi tinham arcebispos. Mas, quando os prelados participavam das procissões dos Estados Provinciais, em Montpellier, apenas o bispo da cidade desfilava de cor-de-rosa. Os outros 23 usavam negro, menos o arcebispo de Narbonne, cuja preeminência também lhe dava o direito de usar rosa. E, nas procissões municipais, o manto rosa do bispo de Montpellier se destacava contra os mantos negros e os capuzes de pele cinzentos dos cônegos, que desfilavam de acordo com sua categoria: quatro dignitários, quatro *personnats* e quinze *simples chanoines*. Depois, vinha o segmento mais solene da procissão, a Hóstia, exibida num ostensório montado sobre um esmerado altar processional, sob um dossel carregado pelos seis cônsules da cidade.

Os cônsules, que ocupavam os mais elevados cargos municipais da cidade, assinalavam o ponto da procissão em que se uniam as autoridades religiosas e civis. Todos desfilavam com mantos cerimoniais escarlates, tendo capuzes de cetim roxo, e cada qual representava um grupo corporativo. Os três primeiros eram designados pelo governador da província, que os escolhia entre os "cavalheiros", "burgueses que viviam com foros de nobreza", e advogados ou tabeliães, respectivamente.[11] Os três outros eram selecionados pelo principal organismo municipal, o Conseil de Ville Renforcé, e vinham dos seguintes grupos de entidades corporativas: em primeiro lugar, comerciantes, cirurgiões, farmacêuticos ou escreventes; em segundo, ourives, fabricantes de perucas, destiladores, fabricantes de tapeçarias ou membros de qualquer outro "negócio respeitável" (*métier honnête*); e, em terceiro, um mestre artesão de um dos negócios estabelecidos (*corps de métiers*).[12] Os cônsules também representavam o Terceiro Estado (plebeus) de Montpellier, em reuniões dos Estados Provinciais. Na verdade, pareciam insignificantes em comparação com o bispo, em tais ocasiões, porque usavam apenas mantos curtos e não podiam fazer discursos. Mas recolhiam uma dádiva cerimonial de quatro relógios, no valor de seiscentas libras, e, nas procissões municipais, faziam uma bela figura, desfilando com seus trajes de gala, ao lado do Santíssimo Sacramento. Em algumas procissões, eram acompanhados por uma dúzia de membros — de manto — da Archiconfrérie du Saint-Sacrément, que marchavam ao lado da Hóstia, segurando velas. Um destacamento de guardas em uniforme de cerimônia sempre escoltava este setor, que era o núcleo de todo o desfile.

As outras autoridades importantes da cidade continuavam a marcha em fileiras, de acordo com seu escalão e posição. Uma companhia de guardas da Prévôté Générale, em traje cerimonial e a cavalo, abria o caminho para os magistrados da Cour des Aides, o mais elevado tribunal da área. A Cour, na realidade, compreendia três câmaras, que lidavam com diferentes questões legais e administrativas, mas seus membros desfilavam de acordo com *places d'honneur*.[13] Em primeiro lugar, vinha o governador da província, em geral um nobre de sangue real, que presidia a corte em ocasiões de cerimônia, como seu *Premier Président* honorífico. Ele era, em geral, ladeado por seus *Commandants* e *Lieutenants-Généraux*, todos apropriadamente usando seus mantos. Depois, vinham os magistrados propriamente ditos: treze *Présidents* de sotainas de seda negra sob mantos escarlates com capuzes de arminho; 66 *Conseillers-Maîtres* com o mesmo traje, mas um passo atrás; dezoito *Conseillers-Correcteurs* com mantos de damasco negro; 26 *Conseillers-Auditeurs* de tafetá negro; três *Gens du Roi* (advogados estatais), um *Greffier* (escrevente) com mantos como os dos *Conseillers-Maîtres*, bastando que tivessem um diploma de direito; um *Premier Huissier* (meirinho) com sotaina de seda e manto escarlate, mas um capuz sem pele; e oito *Huissiers* com mantos cor-de-rosa. Os *Trésoriers de France* vinham em seguida, num total de 31, incluindo quatro *Gens du Roi* e três *Greffiers*, todos vestidos de cetim negro. Eram ricos e importantes, porque tinham a autoridade legal suprema sobre a maior parte do recolhimento de impostos.

A procissão se encerrava com uma longa fileira de autoridades da corte *Présidial*, ou inferior: dois *Présidents*, um *Juge--Mage*, um *Juge-Criminel*, um *Lieutenant Principal*, um *Lieutenant Particulier*, dois *Conseillers d'Honneur*, doze *Conseillers*, um *Procureur*, um *Avocat du Roi*, um *Greffier en Chef* e uma variedade de *Procureurs* e *Huissiers*. Os *Présidents* desfilavam com mantos escarlates, mas sem capuzes, ou enfeites de pele. As outras autoridades, de acordo com um privilégio especial, usavam cetim negro.

A procissão terminava aqui, num nível bastante elevado da hierarquia das autoridades locais. Poderia estender-se às outras entidades corporativas que nosso autor prosseguiu descrevendo, nas partes seguintes de seu ensaio: a Prévôté Générale, o Hôtel des Monnaies; os Juges Royaux; os tribunais eclesiástico, feudal e comercial; o Conseil Renforcé e Conseil des Vingt-Quatre; e o enxame de *commisaires, inspecteurs, receveurs, trésoriers* e *payeurs*, que engrossavam as sedes locais das entidades burocráticas reais. Estes funcionários apareciam nas procissões com trajes apropriados, em ocasiões apropriadas, mas não participavam das *processions générales*, que eram eventos solenes, reservados para as mais elevadas *dignités* da cidade e os mais importantes feriados do ano, tanto religiosos (*Corpus Christi*) como civis (le Voeu du Roi). Uma *procession générale* proporcionava uma impressionante exibição de som, cor e textura. As trombetas ressoavam; os cascos dos cavalos batiam sobre as pedras do calçamento; uma multidão de dignitários passava caminhando, alguns de botas, outros de sandálias, alguns sob plumas, outros vestidos de aniagem. Tons diferentes de vermelho e azul destacavam-se contra a renda e a pele dos enfeites dos magistrados e contrastavam com os sombrios negros e marrons dos monges. Grandes extensões de cetim, seda e damasco enchiam as ruas — uma vasta torrente de mantos e uniformes que serpeavam pela cidade, com cruzes e maças agitando-se aqui e acolá e as luzes das velas a dançarem durante todo o percurso.

Um norte-americano moderno poderia ser tentado a comparar esse espetáculo com um *Rose Bowl*, ou uma parada do Dia de Ação de Graças da Macy's, mas não poderia existir maior equívoco. Uma *procession générale* em Montpellier não estimulava fãs nem incentivava o comércio; expressava a ordem corporativa da sociedade urbana. Era uma declaração desfraldada nas ruas, através da qual a cidade representava-se para si mesma — e, algumas vezes, para Deus, porque isso também ocorria quando Montpellier era ameaçada pela seca ou pela fome. Mas como se pode interpretá-la dois séculos após a poeira assentar e os mantos serem definitivamente empacotados?

Felizmente, nosso informante nativo esforçou-se muito para explicar detalhes. Comentou, por exemplo, que alguns membros da Cour des Aides não usavam vermelho, uma cor reservada para magistrados que haviam estudado direito. A corte tinha uma desagradável proporção de jovens que compravam seus cargos, sem passar pela universidade. Eram identificados pelo olho educado, os *Présidents* a desfilarem em veludo negro enfeitado de arminho e os *Conseillers* em cetim negro *erminé*. Nosso homem também sabia tudo sobre o *status* e a renda que correspondiam à cor e ao tecido dos mantos. Os *Présidents* tinham nobreza plena e transmissível; eram tratados de *Messire*; tinham o direito de *commitmus* (julgamento por seus pares numa corte soberana); gozavam de certas isenções fiscais (dispensa de *franc-fief* e de *lods et ventes*); e recebiam 6 mil libras, mais várias taxas de seus cargos, que lhes haviam custado 110 mil libras cada. Os *Conseillers* tinham os mesmos privilégios e as mesmas funções judiciais; mas sua nobreza não era plenamente transmissível até a terceira geração; eram tratados de *Monsieur*; e sua renda anual elevava-se a apenas 4 mil libras, de cargos que haviam custado 60 mil.

A mesma série de correspondências valia para os. clérigos que integravam a procissão. Nosso autor enumerou todos os títulos, privilégios, rendas e funções inscritos implicitamente na ordem da marcha. Os dominicanos, que desfilavam em primeiro lugar, tinham a mais antiga fundação e recebiam 6 mil libras por ano. Os agostinianos ocupavam um escalão intermediário e recebiam 4 mil, enquanto os *arrivistes* mercedários, que recebiam apenas 2 mil e não tinham mosteiro próprio, encerravam a fila. Nosso autor viu uma grande quantidade de gordura sob os mantos. Notou que muitos mosteiros com vastos prédios e grandes dotações abrigavam apenas três ou quatro padres improdutivos. Os monges tinham pouca *dignité*, segundo sua maneira de ver.

Os professores tinham muita. Ele observou, com aprovação, que os *Professeurs Royaux* da Universidade de Montpellier usavam cetim rubro com capuzes de arminho. Na faculdade de direito, eram conhecidos como *Chevaliers ès-Lois*, título que lhes dava nobreza não transmissível e o direito de serem enterrados em caixão aberto, usando seus mantos e botas com esporas de ouro. Na verdade, recebiam apenas 1.800 libras por ano (e os

Docteurs-Agrégés, de nível mais baixo, que usavam apenas vestes negras, ganhavam só duzentas libras), renda que nosso autor achava incompatível com a "nobreza" de seu "estado".[14] Mas "posição" ou "qualidade" (para usar seus termos favoritos) não derivavam da riqueza. Os professores eram cavaleiros de lei por causa do caráter nobre de seu conhecimento, e era mais importante ir para o túmulo com esporas de ouro que deixar uma fortuna atrás de si.

Assim a riqueza, o *status* e o poder não andavam de braços dados num único código social. Havia complexidades e contradições na comédia humana que desfilava na *Description*. Os carmelitas (*Grands Carmes*) eram mais veneráveis, porém menos ricos que os carmelitas descalços (*Carmes Déchaussés*). Os *Trésoriers de France* possuíam escritórios que valiam muito mais que os dos *Conseillers* da Cour des Aides, mas gozavam de menor estima e tinham um lugar de menos prestígio nas procissões. O governador real, que desfilava à cabeça da Cour e recebia 200 mil libras por ano, tinha pouco poder, em comparação com o *intendant*, que recebia apenas 70 mil libras e não participava absolutamente da procissão.

Os não participantes complicavam consideravelmente o quadro porque, embora não aparecessem nas fileiras do desfile, incidiam nas percepções dos espectadores ou, pelo menos, nas do autor da *Description*. Ele notou que os *Trinitaires*, que se situavam pouco abaixo do meio do caminho, na hierarquia das casas religiosas, haviam entrado num período difícil e pararam de figurar nas procissões. Os jesuítas, outrora ricos e poderosos, não mais desfilavam atrás dos recoletos porque haviam sido expulsos do reino. Os *Pénitents Bleus*, uma confraria nova, mas muito popular, desejara desfilar adiante dos *Pénitents Blancs*; e, perdendo a disputa, tiveram de sair completamente das procissões. As três outras confrarias nas fileiras do desfile não caíram nessa de desafiar os *Blancs*; e, aceitando um lugar subordinado, impuseram-se contra oito outras confrarias, que também tiveram de ficar nas laterais. Nosso autor, cuidadosamente, enumerou as oito, comentando que não eram "publicamente conhecidas" por causa de sua exclusão das procissões.[15] Da mesma maneira, ele aborda as entidades municipais que não participavam da procissão — a Prévôté Générale, o Hôtel des Monnaies, e assim por diante. Cada uma delas, em outras ocasiões, podia caminhar pelas ruas com plumas e mantos; mas, numa *procession générale*, uma linha era traçada atrás do último *Huissier* do Siège Présidial — além desse ponto, nenhuma entidade tinha suficiente posição para desfilar nas cerimônias cívicas de maior importância. Os excluídos destacavam-se na mente dos observadores por sua ausência conspícua das fileiras dos desfilantes. Pertenciam a categorias negativas, decisivas para o significado do conjunto, porque não se poderia interpretar uma procissão adequadamente sem notar os lugares vazios, bem como as unidades que sobressaíam pela pompa e pelas formalidades.

Qual era, então, o significado do conjunto? Uma procissão não poderia ser tomada literalmente como um modelo da sociedade, porque exagerava certos elementos e negligenciava outros. O clero dominava as procissões, mas tinha muito pouco prestígio aos olhos de observadores como o autor, que comentou que os monges não eram mais convidados para jantar na sociedade educada, por mais imponentes que parecessem nas fileiras do desfile de *Corpus Christi*. Também enfatizou que Montpellier era uma cidade comercial, onde os cidadãos mostravam um saudável respeito pela riqueza. No entanto, as procissões davam um lugar significativo para os pobres, embora abrissem pouco espaço para os comerciantes e nenhum para os donos de manufaturas. Também omitiam quase todos os artesãos, operários diaristas e criados que formavam o grosso da população; e excluíam todos os protestantes — um cidadão em cada seis.

Mas as procissões não funcionavam como réplicas em miniatura da estrutura social; expressavam a essência da sociedade, suas mais importantes *qualités* e *dignités*. Na *Description*, a "qualidade" de uma pessoa era determinada pelo escalão ou ofício corporativo, mais do que pelas características individuais, como bravura ou inteligência. O texto também pressupõe que a sociedade era composta de unidades corporativas, não indivíduos de livre trânsito, e que as entidades pertenciam a uma hierarquia, corporificada nas procissões. A hierarquia não desfilava, no entanto, numa ordem direta, linear. Como demonstrou a briga entre os *Pénitents Blancs* e os *Pénitents Bleus*, a precedência era um princípio vital, mas tomava formas complexas. Os cônegos seguiam os curas, que ocupavam um escalão inferior dentro da hierarquia eclesiástica; no entanto, dentro do conjunto dos cônegos, os escalões mais elevados desfilavam primeiro. Diferentes segmentos da procissão seguiam diferentes linhas de divisão — não apenas clérigos *versus* leigos, mas clero regular *versus* clero secular; não apenas os tribunais superiores *versus* os inferiores, mas os magistrados *versus* as *Gens du Roi* (advogados estatais) dentro de cada tribunal.

Não obstante, uma morfologia geral se fazia notar. Os escalões se elevavam à medida que passava a procissão, progredindo das confrarias para o clero regular, o clero secular e os bispos, com os cônegos da catedral, acompanhando a Hóstia — ou seja, a presença viva de Cristo. A esta altura, o mais sagrado na procissão, a ordem eclesiástica, transformava-se na sociedade civil, porque o dossel sobre a Hóstia era carregado pelos seis cônsules ou autoridades principais do governo municipal. Eles, por sua vez, eram divididos, os três primeiros vindos do patriciado de nobres e *rentiers*, e os segundos dos escalões mais elevados de mestres de corporações. Desta maneira, os três "estados" tradicionais do reino — clero, nobreza e plebeus — uniam-se no núcleo da procissão. E, depois, a procissão desenrolava-se, em decréscimo, para uma sequência de entidades municipais, que passavam em ordem descendente de importância. A respeitabilidade dos desfilantes provinha de distinções estabelecidas dentro das fileiras de marcha, ainda mais que do contraste entre eles e o populacho do público geral, nas laterais. Em Montpellier, como na Índia, o *Homo hierarchicus* vicejava através da segmentação da sociedade, mais do que em consequência de sua polarização.[16] Em vez de se dividir em classes, a ordem social passava ondulando pelo espectador, em níveis graduados de *dignités*.

O espectador, como é representado pela *Description*, não apenas via as ostensivas divisões dos escalões. Também notava demarcações invisíveis, porque sabia quem fora excluído das procissões, como também quem fora incluído. A exclusão e a inclusão pertenciam ao mesmo processo de estabelecimento de fronteiras, um processo que ocorria na mente dos homens, tanto quanto nas ruas. Mas as fronteiras adquiriam sua força ao serem encenadas. Uma *procession générale* ordenava a realidade. Não visava apenas a algum objetivo utilitário — o fim de uma seca ou a promoção da nobreza togada. Existia da mesma maneira que muitas declarações ou obras de arte existem — simples expressão, uma ordem social representando-se para si mesma.

Mas a linguagem da procissão era arcaica. Não poderia expressar os alinhamentos mutáveis que ocorriam dentro da ordem social e resultavam da expansão econômica do meado do século. Nosso autor sabia que seu mundo estava mudando, mas não podia definir as mudanças nem encontrar palavras para expressá-las. Começou a procurar, tateando, uma terminologia adequada, ao se aproximar da segunda metade de sua *Description*, na qual se refere à vida social e econômica de Montpellier, e não mais às suas instituições oficiais. Quando chegou ao meio do caminho, num capítulo intitulado "Nobreza, classes de habitantes", parou de repente e mudou de metáforas. A cidade deixou de aparecer como uma parada de *dignités*. Tornou-se uma estrutura de "estados" (*états*), em três níveis.

Esta maneira de falar surgia naturalmente, numa província e num reino onde os homens, como ficava entendido, ainda se enquadravam nas três categorias tradicionais — os que rezavam (o clero, ou Primeiro Estado), os que combatiam (a nobreza, ou Segundo Estado) e os que trabalhavam (a massa restante da população, ou Terceiro Estado). Mas nosso autor reordenou as categorias de maneira tão completa que destruiu seu significado tradicional. Eliminou completamente o clero, sob a alegação de que "não é muito estimado nesta cidade. Não tem qualquer influência sobre os assuntos diários".[17] Assim, numa ousada pincelada, excluiu o grupo que figurava com maior proeminência na versão padronizada dos três estados e na primeira metade de sua *Description*. Depois, elevou a nobreza ao escalão de "Primeiro Estado" (a expressão deve ser posta entre aspas, para distingui-la do uso convencional). Montpellier não tinha qualquer grande família feudal, ele explicou. Seu "Primeiro Estado" simplesmente incluía nobres togados — ou seja, magistrados que haviam adquirido a nobreza através de cargos importantes, ao contrário dos nobres feudais, mais antigos, nobres de espada. Embora esses burgueses que haviam adquirido recentemente foros de nobreza pudessem ser classificados, do ponto de vista jurídico, como uma segunda divisão dentro do "Primeiro Estado", eles não diferiam dos outros cidadãos ricos, pela maneira como levavam suas vidas cotidianas: "Essas nobrezas (togadas) não conferem qualquer distinção, autoridade ou privilégio particular nesta cidade onde, em geral, as posses e a riqueza contam para tudo."[18]

Em seguida, o autor colocou a burguesia onde a nobreza tradicionalmente se situava, no "Segundo Estado". Aí também era onde ele colocava sua fidelidade, como fica claro por sua escolha de palavras:

> Estado Burguês, ou Segundo Estado. A designação *Segundo Estado* abrange magistrados que não adquiriram foros de nobreza, advogados, médicos, procuradores, tabeliães, financistas, negociantes, gente do comércio e aqueles que vivem de suas rendas sem ter qualquer profissão particular. Esta classe é sempre a mais útil, a mais importante e a mais rica, em todos os tipos de países. Sustenta o primeiro (estado) e manipula o último, de acordo com sua vontade.[19]

O autor apresentou o "Terceiro Estado" como um antiquado *artisanat*, em vez de uma classe operária. Descreveu seus membros como "os artesãos" e "as pessoas comuns" e dividiu-o em três "ramos": artesãos que trabalhavam com a mente e com as mãos (*artistes*); artesãos que trabalhavam em negócios mecânicos (*métiers mécaniques*); e trabalhadores diaristas e lavradores; pois, como a maioria das cidades, no início da era moderna, Montpellier incluía uma grande quantidade de campo — hortas e campinas, cultivadas por uma apreciável força de trabalho.[20] Finalmente, havia os criados domésticos e os pobres desempregados. O autor enumerou-os depois dos trabalhadores, mas excluiu-os de seu esquema de classificação, porque não tinham qualquer existência corporativa, exceto no caso de uns poucos mendigos com licença oficial e os indigentes do Hôpital Général. Eles viviam fora da sociedade urbana e não constituíam um estado, embora pudessem ser vistos em toda parte pelas ruas.

Era uma maneira estranha de descrever uma estrutura social — e a segunda metade da *Description* manifestava um aspecto estrutural, evocando, de certa maneira, uma das sólidas casas da municipalidade de Montpellier, em contraste com a procissão que circulara antes. A burguesia ocupava o andar principal do edifício, tendo empurrado a nobreza do *piano nobile* para o topo da superestrutura, enquanto as pessoas comuns permaneciam no andar de baixo. Mas a linguagem dos estados não era mais moderna que a dos títulos honoríficos. Nosso autor usou um antiquado conjunto de categorias, esvaziou-as de seus antigos significados e reordenou-as de maneira a transmitir a forma de uma ordem social como aquela que emergiria abertamente no século xix: uma sociedade de "notáveis", dominada por uma mistura da antiga elite com os *nouveaux riches*; uma sociedade balzaquiana, na qual a força básica era a riqueza, mas a riqueza originava-se em fontes tradicionais — terra, cargos, *rentes* e comércio — em vez de uma revolução industrial.

O quê, então, era a burguesia? Nosso autor usou a palavra sem pejo. Mas, em vez de defini-la, citou exemplos, na maioria de profissionais — médicos, advogados, tabeliães —, juntamente com uns poucos comerciantes e, finalmente, o tipo social que deu à categoria o seu nome, o "burguês" puro e simples: ou seja, um homem que vivia de rendas de terras e anuidades, sem exercer qualquer profissão. Quando o termo apareceu na *Description*, tinha uma aura arcaica: "o burguês vivendo nobremente", "o burguês que vive apenas de *rentes*".[21] Este tipo contribuiu muito pouco para a industrialização. É verdade que incluía alguns financistas e comerciantes, mas operavam dentro de um sistema de capitalismo comercial que existira desde a Idade Média. O empresário, em contraste com o *rentier*, era conspícuo por sua ausência na *Description* — ainda mais porque já existia, em pequena quantidade, em Montpellier. Os *sieurs* Farei e Parlier empregavam 1.200 operários em suas *fabriques* têxteis, mas nosso autor não os mencionou nem a suas fábricas. Em vez disso, apresentou um complicado catálogo de todos os negócios na cidade. Como um botânico enumerando a flora e a fauna, identificou todas as possíveis variedades de artesãos, enfatizando as especialidades locais — fabricantes de luvas, perfumistas, ne-

gociantes de azinhavre — e descrevendo os tipos que proliferavam por toda parte nas cidades do início dos tempos modernos:
sapateiros, fabricantes de utensílios de estanho, alfaiates, selei-
ros, serralheiros, ourives, vidraceiros, latoeiros, fabricantes de perucas, fabricantes de cordas. A lista se estendia a centenas de
oficinas e se perdia em negócios intraduzíveis — os *mangonniers,
romainiers, passementiers, palemardiers, plumassiers* e *pangustiers*
— que já estão extintos. Transmitia um senso de economia de
ofícios manuais, recortada em pequenas unidades e demarcada
por corporações, um pequeno universo de artesãos e lojistas que
parecia a séculos de distância de uma revolução industrial.

Nosso autor, claramente, sentia-se à vontade nesse mundo.
Duvidava do valor da indústria:

> É uma questão em aberto, se uma grande quantidade de fábri-
> cas, numa cidade, não será mais um mal que um bem. Cer-
> tamente, elas proporcionam trabalho para grande quantidade
> de pessoas de todas as idades e ambos os sexos e os mantêm
> vivos, com suas famílias. Mas essas pessoas não seriam mais
> úteis se trabalhassem cultivando a terra? Embora desdenhada
> pela gente da cidade e deixada a cargo dos camponeses, a pro-
> dução de mercadorias agrícolas, certamente, é mais preciosa e
> necessária que a de têxteis e de licores finos. Afinal, podemos
> passar sem estes últimos, que são puramente supérfluos e,
> muitas vezes, prejudiciais à saúde, no máximo proporcionando
> a manutenção de um estilo de vida luxuoso.[22]

Um toque de teoria fisiocrática e uma certa desaprovação do
luxo, o que estava na moda, coloriam essas observações, mas o
autor não tinha simpatia alguma pelos riscos, pela expansão da
produção, ampliação das margens de lucro ou qualquer outra
atividade sugerindo um moderno espírito de empresa. Alegra-se
porque a atividade manufatureira, em Montpellier, "representa

muito pouco", e depois explica: "O fato de não ser importante é que mantém a cidade saudável. Nossos fabricantes só produzem a quantidade que estão certos de vender, não arriscam a riqueza alheia e têm a certeza de que se manterão no negócio. Este tipo de comportamento é muito prudente. Um lucro pequeno, mas seguro, que pode ser obtido com regularidade, sem dúvida vale mais que especulações arriscadas, com relação às quais não se tem jamais segurança."[23] Falava aí um "burguês do *Ancien Régime*" e não um capitão da indústria ou um apologista do capitalismo. Mas se suas noções de economia parecem completamente retrógradas, o que será que coloria sua visão geral das coisas de uma maneira, segundo parece, irredutível e inescapavelmente burguesa?

A julgar por seu texto, nosso homem se sentia burguês até a medula dos ossos; mas esta sensação, na medida em que se pode entendê-la pela *Description*, tinha pouco a ver com suas percepções e seus equívocos referentes à ordem econômica. Originava-se na maneira como ele interpretava a sociedade. Ele situava o "Estado Burguês" em oposição aos dois outros principais "estados" de Montpellier, a nobreza e a plebe. Cada um deles parecia ameaçador, à sua maneira. Então, ele mantinha uma vigilância cerrada em suas fronteiras e, assim, definia a posição da burguesia negativamente, tomando como pontos de referência seus vizinhos hostis.

Apesar de sua sensibilidade para a importância da *dignité* associada às posições sociais, nosso autor rejeitava a noção aristocrática de honra. Em vez disso, mostrava um saudável respeito pelo dinheiro. Era a riqueza e não a honraria que contava, nos escalões superiores de Montpellier — ele enfatizou —, embora as coisas fossem diferentes em cidades aristocráticas, como Toulouse.

O pequeno número de pessoas, nesta cidade, que pertencem a ordens cavalheirescas confirma o que eu disse no capítulo anterior, a saber, que existe uma falta de casas antigas e uma acentuada indiferença quanto à obtenção de distinções honoríficas. Também poderia atribuir o fato à decidida tendência que existe aqui para as coisas lucrativas, coisas que trazem uma sólida renda e são preferíveis às honrarias, pois estas, afinal, não produzem nem conforto nem distinção, numa cidade onde todos são conhecidos, exclusivamente, pelas dimensões de sua riqueza.[24]

A distinção entre nobres e plebeus poderia, em última instância, ser reduzida a uma questão de riqueza, riqueza antiquada, calculada em dotes: no "Primeiro Estado", as noivas levavam entre 30 e 60 mil libras para seu casamento; no "Segundo Estado", elas levavam de 10 a 20 mil. Nosso autor não via nada de inconveniente em usar um padrão tão grosseiro para avaliar a nobreza, pois enfatizou que, praticamente, todos os nobres de Montpellier vinham da burguesia e haviam adquirido sua "qualidade" comprando-a, sob a forma de cargos enobrecedores. Quando entravam no escalão mais elevado da sociedade, no entanto, não poderiam degradar-se empenhando-se na maioria dos tipos de trabalho; para muitos deles, viver "nobremente" significava não fazer coisa alguma, em absoluto. Mas, para nosso autor, a ociosidade — *fainéantise*, nobre ou não — era o auge do pecado. Um cidadão devia, acima de tudo, ser útil. A inutilidade, acrescida do esnobismo quanto à perda de posição, tornava os cavalheiros inteiramente desprezíveis, não importando quanto se pavoneassem e se azafamassem nas procissões. O autor sentia consideração por magistrados da Cour des Aides e por *Trésoriers de France*, mas lamentava a mentalidade subjacente ao seu estado:

É especialmente perigoso que pessoas do Primeiro Estado considerem-se desonradas quando seus filhos mais novos adotam uma profissão útil, que lhes possibilitaria ganhar a vida honrosamente, através de algum trabalho real. É um preconceito errôneo para um *Président*, um *Conseiller*, um *Correcteur*, um

Auditeur, um *Trésorier de France*, até mesmo um magistrado da Cour Présidial, considerar seus filhos mais novos desonrados, quando assumem a profissão de advogado, médico, procurador, tabelião, comerciante ou similar. Estão cheios de desdém por essas profissões, mas, na maioria, provêm delas. Esta fatuidade, ultrajante numa cidade onde as pessoas aceitam a autoridade da razão, significa que bandos de jovens estão condenados à ociosidade e à pobreza, em vez de se acharem empregados, e sendo úteis, para seu próprio bem e para o bem da sociedade.[25]

Esse tom traía uma suscetibilidade ao exclusivismo aristocrático, implícita na insistência do autor quanto à relativa desimportância do "Primeiro Estado". Ele jamais deixou passar uma oportunidade de criticar as isenções de impostos dos nobres, por mais reduzidas que fossem, numa província onde a principal taxa (*la taille*) recaía sobre a terra, sem levar em conta o *status* do proprietário; ou de apontar privilégios aristocráticos, igualmente triviais (o direito de *commitmus*, isenções de prestar serviço na guarda municipal e do pagamento do *franc-fief*); ou de zombar da falta de profissionalismo entre os magistrados nobres e do absurdo de práticas como o duelo por questões de honra. Seu ponto de vista, de maneira geral, tinha muitas afinidades com as exigências que o Terceiro Estado, no sentido usual da palavra — todos os que não pertenciam ao clero ou à nobreza —, faria em 1789.

Mas seu tom não era o de um militante. Pelo contrário, ele elogiava o caráter benévolo e justo do governo, e seus comentários políticos poderiam ter partido de um dos escritórios do intendente, em que a política era encarada, essencialmente, como uma questão de recolher impostos e melhorar estradas. Nosso homem não podia imaginar uma entidade política composta de indivíduos autônomos que elegessem representantes, ou participassem diretamente das questões de Estado. Pensava em termos de grupos corporativos. Assim, parecia-lhe perfeitamente natural que, quando a província enviou delegações para Versalhes, falasse ao rei em termos de Estado — primeiro, por meio de um bispo, que permanecia de pé; depois, por intermédio de um nobre, que falava com uma curvatura; e, finalmente, por meio de um membro do Terceiro Estado (no significado convencional do termo), que se dirigia ao trono ajoelhado, apoiando-se num só joelho. Noções semelhantes coloriam sua descrição do governo municipal. Considerou Montpellier afortunada porque seus cônsules não se tornavam nobres através de suas funções, ao contrário de seus colegas de Toulouse e Bordeaux. Porém, por mais que desaprovasse tal enobrecimento, não questionou as crenças de que os cônsules deviam representar estamentos em vez de indivíduos: "É uma boa coisa que esse privilégio (enobrecimento através de funções municipais) não fosse concedido, porque só teria produzido uma multidão de nobres, que teriam mergulhado na ociosidade e na pobreza. Além disso, a designação por escalões é mais útil porque, dessa maneira, cada ordem e subordem, na divisão e subdivisão de cidadãos, tem o direito de aspirar ao governo municipal."[26] Nosso burguês não via utilidade na nobreza como estado, mas aceitava uma hierarquia de estados como a organização natural da sociedade.

Também parecia aceitar de boa vontade um certo grau de enobrecimento da burguesia. Era o *embourgeoisement* da plebe que realmente o alarmava, porque o maior perigo para o "Segundo Estado" ficava em sua fronteira com o "Terceiro". Rousseau pode ter sido capaz de detectar virtude entre as pessoas comuns, mas nosso autor não caía nessa: "Os plebeus são naturalmente ruins, silenciosos e inclinados aos motins e à pilhagem."[27] Sintetizou a maldade deles em quatro declarações: 1) logravam e trapaceavam seus patrões à menor oportunidade; 2) jamais faziam seu serviço direito; 3) abandonavam o trabalho sempre que viam surgir uma ocasião para a libertinagem; 4) somavam dívidas, que jamais pagavam.[28] Essa acusação soa como uma versão negativa da ética do não trabalho proposta a Jerome pelos tipógrafos assalariados e, na verdade, nosso montpellierense parecia estar observando o mesmo tipo de cultura artesanal, embora do ponto de vista oposto. Admitia que os artesãos, ao contrário dos nobres, faziam alguma coisa útil: trabalhavam, mesmo que mal. Mas eram dados à "brutalidade".[29] Sabia, vagamente, que os iguais a Jerome, em sua cidade, formavam associações com estranhos ritos de iniciação e refeições intermináveis, e não sentia senão desdém por sua misteriosa tradição, "tão deplorável quanto absurda".[30] Geralmente, resultava em violência, porque nada agradava mais a um operário, depois de beber à grande com seus companheiros, do que sovar um transeunte inocente ou entrar em altercação com uma associação de assalariados rivais e igualmente embriagados. A única cura para esse comportamento era a forca ou, no mínimo, a deportação. Mas as autoridades eram demasiado indulgentes. Elas exigiam prova antes de determinar o castigo e nunca puniam com severidade suficiente, quando a única maneira de conviver com o "Terceiro Estado" seria mantê-lo em seu lugar.

Esses comentários traíam uma mistura de medo e incompreensão diante de uma maneira alheia de viver. Nosso autor acreditava que Montpellier sofria uma onda de crimes. Bandos de jovens "da ralé dos plebeus" vagueavam pelas ruas, arrancando bolsas e cortando gargantas.[31] Cabarés, salas de bilhar, antros de jogo e casas de má reputação brotavam por toda parte. Um cidadão respeitável não podia nem mesmo passear no Jardin du Roi, à noite, sem deparar com perigosas hordas de lacaios e gente de baixa classe. Lendo a *Description*, fica-se com a impressão de que esse senso de perigo decorria de um hiato cultural que se abria entre as pessoas do povo e a sociedade educada — ou seja, uma elite mista de nobres e burgueses ricos, aos quais o autor se referia como *les honnêtes gens*.[32] Os estados não habitavam mundos completamente separados; na verdade, nosso autor lamentava que o "Terceiro Estado" não fosse suficientemente separado. Mas sempre que o descrevia, notava diferenças que o afastavam dos primeiros dois estados — diferenças de linguagem, roupa, hábitos alimentares e divertimentos. Dedicou tanta atenção a este tema, na última parte da *Description*, que a obra, no final, transforma-se num tratado sobre os costumes e a cultura, e a sociedade que ele retratou não mais parecia dividida em três estados, mas sim em dois campos hostis: patrícios e plebeus.

Todos, em Montpellier, falavam a variação local da *langue d'oc*, mas, nas atividades oficiais, empregava-se o francês; então, os primeiros dois estados tendiam a ser bilíngues, enquanto o "Terceiro Estado" se limitava ao seu próprio dialeto. A roupa servia como código social em Montpellier, como em todas as outras partes da Europa, no início dos tempos modernos. Os cavalheiros usavam calções; os trabalhadores, calças. As damas se vestiam de veludo e seda, a depender da estação; as plebeias usavam lã e algodão e não harmonizavam estritamente suas roupas com a estação. Todo tipo de adereços, das fivelas dos sapatos às perucas, distinguiam os primeiros dois estados do "Terceiro", sem traçar uma linha entre o "Primeiro Estado" e o "Segundo".

Diferenciações parecidas assinalavam o quê, quando e como comer. Os artesãos e trabalhadores comiam a toda hora, no trabalho e fora dele, porque misturavam trabalho e diversão em quantidades irregulares, o dia inteiro. Os pedreiros, tradicionalmente, paravam o trabalho oito vezes por dia, para refeições, durante a jornada de trabalho, e os assalariados de outras profissões, em geral, conseguiam fazer pelo menos quatro pausas, para a comida. Mas os burgueses e os nobres togados sentavam-se à mesma hora, para as mesmas três refeições: desjejum, almoço e ceia. Nas raras ocasiões em que compravam uma refeição, iam a uma estalagem adequada, administrada por um *hôte majeur*, e pagavam pelo almoço inteiro, de uma só vez, enquanto o artesão ia a um cabaré, administrado por um *hôte mineur*, e pagava por prato. O cabaré se tornara um território estranho para os primeiros dois estados, embora meio século antes todos o frequentassem e se embriagassem juntos — ou, pelo menos, assim acreditava o nosso autor. Ele comentou, com aprovação, que o burguês e os nobres modernos não bebiam até o descontrole e se restringiam aos vinhos finos, em geral importados de outras províncias. Artesãos e operários preferiam o *gros rouge* local, que engoliam aos tragos, em imensas quantidades, gargarejando para tornar a coisa divertida.

Montpellier também se dividia de acordo com os jogos a que se dedicava, e nosso autor catalogou-os cuidadosamente, assinalando que tipo de divertimento era apropriado para os dois primeiros estados. Não o *ballon*, não o *jeu de mail*, que envolviam violentas *mêlées*, adequados apenas para camponeses e trabalhadores; não o bilhar, que conduzia a pessoa para más companhias; mas o antigo jogo do *perroquet*, "o mais belo, o mais nobre e o mais capaz de divertir *honnêtes gens*."[33] Envolvia duas companhias de "cavalheiros" do "Segundo Estado", comandadas por oficiais do "Primeiro Estado", trajadas em seda vermelha e azul com enfeites dourados e chapéus de plumas. Por vários dias, eles desfilavam pela cidade, atrás de uma banda em marcha e de um grande papagaio de madeira, sobre uma vara. Depois, o papagaio era preso no alto de um mastro de navio, num fosso gramado do lado de fora das muralhas da cidade, e ali se realizava uma competição de arqueiros. O cavalheiro que derrubasse o papagaio era proclamado rei. Um arco do triunfo era erguido em frente a sua casa, e os cavaleiros dançavam lá, com suas damas, durante toda a noite, e depois iam para um banquete oferecido pelo rei, enquanto o *gros rouge* era distribuído à população. Os burgueses, contudo, não brincavam de cavaleiros e damas com muita frequência. Na verdade, o *"Divertissement du Perroquet"* ocorrera pela última vez duas

O GRANDE MASSACRE DE GATOS | 175

gerações atrás, no nascimento do Delfim, em 1730. Então, não proporcionava muito divertimento, em comparação com as alegres sovas administradas pelos operários a si mesmos, toda semana, nas primitivas versões de futebol que jogavam no fosso. A julgar pelos relatos de jogos e festividades da *Description*, o "Terceiro Estado" era o único a se divertir. O "Primeiro" e "Segundo" Estados podiam desfilar solenemente, nas *processions générales*, mas os artesãos e operários faziam algazarras em torno de *Le Chevalet*, um cavalo de brinquedo montado por um "rei" popular, em torno do qual dançava toda a vizinhança, numa espécie de paródia da vida da corte, uma Ópera dos Mendigos, que remontava ao século XVI. Dançar era uma paixão para o "povinho" (*petites gens*) e, muitas vezes, dava-lhe uma oportunidade de zombar dos grandes (*les grands*), especialmente durante a época de Carnaval, das comemorações da Festa da Primavera e nos *charivaris*. Nosso autor, zelosamente, registrou todos esses divertimentos, mas desaprovando-os, e notou, com satisfação, que os burgueses os haviam deixado para as classes inferiores. "Tais divertimentos entraram em completo desfavor nesta cidade, dando lugar a uma preocupação com os ganhos de dinheiro. Assim, não há mais *fêtes* públicas, não há mais competições de arqueiros no *Perroquet* nem diversões generalizadas. Quando algo no gênero chega a ocorrer, de vez em quando, é apenas entre a plebe. *Les honnêtes gens* não participam."[34]

A baderna desaparecera até dos banquetes de casamento, exceto no "Terceiro Estado". Nos estados superiores, convidavam-se apenas os parentes próximos e não o bairro inteiro. Não havia mais bebedeira, não mais altercações à mesa, nada de móveis espatifados e cacholas quebradas, nada de invasões de bandos de arruaceiros (*trouble-fête*) ou obscenidades explodindo, de um *charivari* ou de um cabaré. "Tudo que costumava criar uma desordem tão terrível que, se alguém tentasse revivê-la hoje, seria punido por perturbar a paz. A mudança geral teve um efeito extremamente salutar. A ordem e a decência agora imperam durante as refeições. São exigidas nas festividades públicas; e, a menos que mude o caráter das nações, há todos os motivos para acreditar que durarão para sempre."[35]

É verdade que algumas perturbadoras tendências ao rabelaisianismo ainda existiam entre os artesãos, e nosso autor as teria identificado na história do aprendizado de Jerome. Mas ele acentuou a observação de que a feitiçaria, os conjuros e os sabás demoníacos não mais despertavam paixões em Montpellier. Se alguma superstição permanecia, restringia-se à gente do povo, como no caso dos jogos violentos e dos festejos turbulentos. As classes superiores se haviam afastado das atividades que há várias gerações envolviam toda a população e se fechavam em suas próprias formas culturais. "Predominam, agora, os divertimentos decentes. O estabelecimento da Academia de Música (uma sociedade de concertos) é um deles, que levou os outros (divertimentos populares) ao esquecimento. A leitura de bons livros, o espírito filosófico que a cada dia ganha terreno, nos fizeram esquecer todas as futilidades de nossos predecessores."[36] Se alguma futilidade sobrevivia, na forma da cultura popular, as *honnêtes gens* pareciam ter tudo sob controle.

Mas seria um equívoco sugerir que a sociedade urbana segregara-se em esferas culturais separadas, ou que a consciência do nosso autor, embora burguesa, permanecesse imperturbável. Ele se preocupava, e especialmente com o problema da ultrapassagem de fronteiras.

Os efeitos democratizantes da prosperidade estenderam-se até abaixo da burguesia, como ocorria também acima. Na verdade, a maioria dos artífices assalariados e outros trabalhadores não podia nunca juntar capital suficiente para comprar qualquer coisa mais cara que um relógio, mas um mestre artesão — um fabricante de relógios, por exemplo, ou um equivalente do "burguês" de Jerome

— poderia viver como um membro do "Segundo Estado". Muitos artesãos ricos tinham baixelas de prata e comiam tão bem quanto os burgueses. Suas esposas e filhas tomavam café no meio da manhã, exatamente como as damas da nobreza. Mulheres de todas as classes agora usavam meias de seda e se podia confundir algumas balconistas de lojas com senhoras de qualidade — a não ser que se prestasse atenção a detalhes de seu penteado, a suas saias ligeiramente mais curtas e à estudada e provocativa elegância de seus sapatos. Pior ainda, os camareiros, algumas vezes, usavam roupas tão boas quanto as de seus patrões e se pavoneavam, com espadas à cinta, na melhor companhia, nos passeios públicos. As diferenciações apagaram-se principalmente nos três ramos do "Terceiro Estado". "O mais vil artesão comporta-se de maneira igual ao mais eminente *artiste*, ou a qualquer pessoa que pratique um negócio superior ao seu. Não se distinguem pelos gastos, pelas roupas nem pelas casas. Apenas o trabalhador agrícola não deixa seu estado."[37]

Mas as passagens do "Terceiro" para o "Segundo Estado" eram extremamente perturbadoras. Os cirurgiões, por exemplo, faziam com que se apagassem as noções de qualidade. Tradicionalmente, pertenciam aos escalões superiores do "Terceiro Estado", porque eram *artistes*, membros da guilda dos barbeiros. Mas dez deles davam cursos de *Professeurs-Démonstrateurs Royaux* a grandes multidões de estudantes, na escola superior de cirurgia de Montpellier, a Saint-Côme des Chirurgiens. Usavam simples mantos negros e recebiam um salário de apenas quinhentas libras; mas, como outros professores, podiam reivindicar uma espécie de nobreza. Então, por decreto especial, gozavam um *status* híbrido de "habitante notável", que fixava "a honra de seu estado", desde que não abrissem uma loja e barbeassem os clientes.[38] Os cirurgiões que barbeavam continuavam a ser classificados como *artistes*, um estado e meio abaixo.

A educação, como o dinheiro, tinha um efeito perturbador nas categorias sociais. Embora nosso autor a respeitasse, deixava-o pouco à vontade; e ele, positivamente, condenava sua existência no "Terceiro Estado". Para horror seu, os *Frères de la Charité* mantinham duas grandes escolas, onde ensinavam, gratuitamente, a leitura e a escrita a crianças das classes inferiores. Ele queria fechar as escolas e abolir as aulas de leitura para crianças indigentes, também no Hôpital Général. Os artesãos deveriam ser proibidos de mandarem seus filhos para a escola secundária (*collège*). E, no topo do sistema educacional, a universidade deveria cumprir sua norma contrária à admissão, nas faculdades de direito e de medicina, de qualquer pessoa que tivesse exercido um "negócio mecânico".[39] Apenas mantendo a cultura erudita fechada ao "Terceiro Estado" poderia a sociedade salvar-se de ter de sustentar uma população de intelectuais desempregados, que deveriam estar caminhando atrás de arados ou trabalhando ao lado dos pais, em oficinas.

Este argumento era um lugar-comum nos debates sobre educação do século XVIII. Voltaire, frequentemente, insistira nele. Mas o que realmente perturbava nosso autor não era tanto que a gente do povo, se educada, se tornasse uma carga para a economia, mas sim o fato de que interferiria na divisão dos estados. "É repugnante para as regras de propriedade que um carregador de cadeirinha, ou um carregador de rua, um homem vil e abjeto, tenha o direito de mandar seu filho para uma escola secundária [...] e que os filhos da plebe, que não têm educação nem sentimentos, misturem-se com filhos de boa família, dando maus exemplos e constituindo uma fonte contagiosa de mau comportamento."[40] Se a gente do povo já era bastante ruim em si mesma, passava a representar uma ameaça para toda a ordem social, quando saía de seu estado. As linhas de fratura da sociedade acompanhavam as costuras que uniam estados, ordens, corporações, classes e grupos de todos os tipos. Nosso autor, portanto, recomendava que se reforçassem as fronteiras em todos os pontos possíveis. Os estudantes, um bando turbulento, dado à rebelião, deveriam usar uniformes especiais, um para cada faculdade, a fim de não poderem misturar-se com os cidadãos normais. Parques e passeios públicos deveriam ser reservados para certos grupos, em certas horas. Os artesãos de determinados negócios deveriam ser obrigados a morar em certos bairros. E, acima de tudo, os criados deveriam ser forçados a usar insígnias de identificação em suas roupas:

> Porque nada é mais impertinente do que ver um cozinheiro ou um camareiro envergar um traje enfeitado com galões ou renda, pôr a espada à cinta e se insinuar entre as melhores companhias nos passeios públicos; ou ver uma camareira vestida tão artificiosamente quanto sua patroa; ou encontrar criados domésticos de qualquer tipo ataviados como as pessoas da nobreza. Tudo isso é revoltante. O estado dos criados é de servidão, de obediência às ordens de seus patrões. Não estão destinados a serem livres, a fazerem parte do organismo social com os cidadãos. Portanto, deveriam ser proibidos de se misturarem com os cidadãos; e se tal mistura precisar ocorrer, deve ser possível identificá-los por um distintivo indicando seu estado, para impossibilitar que sejam confundidos com qualquer outra pessoa.[41]

Mas nosso autor simpatizava com uma tendência contraposta, a fusão cultural, apagando-se a linha divisória entre o "Primeiro" e o "Segundo" estados; porque o aumento da riqueza, que parecia tão perigoso nas camadas inferiores da sociedade, sendo no topo era encarado como coisa promissora. "Desde que as pessoas começaram a enriquecer rapidamente, com as finanças e os negócios, o 'Segundo Estado' conquistou um novo respeito. Seus gastos e seu luxo tornaram-no alvo de inveja do 'Primeiro'. Inevitavelmente, os dois se fundiram e hoje não há mais diferenças na maneira como administram suas casas, dão jantares e se vestem."[42] Uma nova elite urbana se formava, em oposição à gente do povo. Não se tratava do fato de que um número maior de burgueses estivesse comprando seu ingresso para a nobreza, mas de usarem sua riqueza para desenvolver um novo estilo cultural que os nobres também achavam atraente.

Consideremos mais uma vez a questão do jantar, assunto importante na França. Nosso autor observou que a suntuosidade caíra de moda e as melhores casas praticavam uma "contenção decente" e uma "boa economia" à mesa.[43] Mas queria dizer que a sociedade educada havia abandonado o modo de jantar orgiástico predominante no reinado de Luís XIV, quando os banquetes eram maratonas de vinte ou mais pratos, em favor do que começava a surgir como *la cuisine bourgeoise*. Os pratos se tornaram menos numerosos, porém eram preparados com mais cuidado. Acompanhados por vinhos e molhos apropriados, eram servidos segundo uma coreografia padronizada: *potages, hors d'oeuvre, relevés de potage, entrées, rôti, entremets, dessert, café* e *pousse-café*. Isto pode parecer um tanto intimidante para o comedor moderno de classe média, mas era a própria simplicidade, no século XVIII. E, quando não tinha convidados para a ceia, a família aristocrática limitava-se a uma *entrée, rôti, salade* e *dessert*.[44]

O novo gosto pela simplicidade não implicava qualquer desaprovação do luxo. Pelo contrário, a elite urbana gastava vastas somas em roupas e móveis. Enquanto fazia sua toalete matinal, uma dama do "Primeiro" ou do "Segundo Estado" tomava seu café num serviço especial, *le déjeuné*, que consistia numa travessa, um bule de café, um bule para chocolate quente, uma tigela para água quente, uma tigela para leite quente e um conjunto de facas, garfos e colheres — tudo de prata, depois um bule de chá, um açucareiro e xícaras —, tudo de porcelana; e, finalmente, um escrínio para licores, abastecido com uma variedade de cordiais em belas garrafas de cristal. Mas tudo isso era para seu deleite particular. Em vez de ser usado para ostentação pública, o luxo foi, cada vez mais, encerrado na esfera doméstica da vida. Tomou a forma de *boudoirs, fauteils,* caixas de rapé, todo um mundo de objetos requintados, trabalhados com uma beleza pompadouriana. As famílias aristocráticas reduziam o número de criados e eliminavam a libré. Não desejavam mais jantar com pompa, cercados de serviçais, mas gozar uma refeição em família. Quando construíam novas casas, faziam os quartos menores e acrescentavam corredores, de maneira a poderem dormir, vestir-se e conversar com um novo grau de intimidade. A família retirava-se da esfera pública e se voltava cada vez mais para si mesma. Quando assistia às peças de Sedaine e Diderot, lia os romances de Le Sage e Marivaux, contemplava as pinturas de Chardin e Greuze, admirava sua própria imagem.

Claro que não se pode reduzir a arte de Luís xv, ou mesmo o *drame bourgeois*, à ascensão da burguesia. A questão que precisa ser enfatizada — porque foi esquecida na história social da arte — é que a nobreza estava descendo. Não declinou em riqueza nem abandonou suas reivindicações de nascimento superior; pelo contrário. Mas levava uma vida menos exaltada. Relaxou as poses severas que assumira no século xvii e gozou a intimidade de um novo estilo urbano, o que significava que tinha muito em comum com o da alta burguesia.

A elaboração de um estilo cultural comum envolveu um certo compromisso com a cultura "elevada" da era do Iluminismo. Embora nosso autor não encontrasse nenhum pintor ou poeta local digno de nota, seu orgulho cívico se inflou ao descrever a Académie de Musique, uma sociedade promotora de concertos, "composta de quase todas as melhores famílias da primeira e da segunda classes de habitantes".[45] Os membros pagavam sessenta libras por ano para assistir a óperas, música de câmara e sinfonias, numa bela sala de concertos construída pela cidade. Montpellier também tinha um teatro bem-aparelhado e várias lojas maçônicas, nas quais se misturavam pessoas de ambos os estados. Os mais sérios investiam grandes somas em gabinetes de história natural, onde colecionavam todos os tipos de insetos, plantas e fósseis. As bibliotecas particulares também floresciam, estimulando um *boom* no comércio livreiro, embora não na indústria gráfica local. A elite educada, tanto de nobres como de burgueses, mostrava grande interesse na ciência e na tecnologia. Orgulhava-se de sua universidade, com sua famosa faculdade de medicina e de sua Société Royale des Sciences, que reivindicava ser um equivalente da Académie des Sciences de Paris. A academia de Montpellier era uma entidade ilustre, que publicava suas sessões e se encontrava todas as quintas-feiras para discutir eclipses, fósseis, flogisto e as últimas descobertas em tudo, desde a geografia até a anatomia. Incluía membros honorários — o bispo, o intendente, os primeiros presidentes da Cour des Aides, e outros dignitários, principalmente da nobreza — e membros regulares, que tendiam a vir das classes profissionais. Como outras academias provincianas, sintetizava a moderada cultura do Iluminismo, que se enraizou numa elite mista, urbana, de pessoas insignes.[46]

Nosso autor, ele próprio, claramente simpatizava com o Iluminismo. Não via a utilidade dos monges, um bando de parasitas que em nada contribuía para a sociedade e absorvia fundos necessários para o comércio. A expulsão dos jesuítas o encantou. Era a favor da tolerância para com os protestantes e judeus e sentia apenas desdém pelas disputas doutrinárias entre molinistas e jansenistas. A teologia parecia-lhe apenas uma vã especulação: melhor continuar a tratar de melhorar a vida na terra do que se preocupar com questões além do alcance da razão. Sua orientação secular não significava que ele tivesse rompido com a Igreja Católica, porque manifestava simpatia para com os sobrecarregados e mal pagos padres paroquianos, e respeito pela "verdadeira religiosidade".[47] Mas seu coração, claramente, estava com os *philosophes*. "Não há mais disputas referentes ao calvinismo, molinismo e jansenismo", escreveu, com evidente satisfação. "Em lugar de tudo isso, a leitura de livros filosóficos passou a atrair tanto a maioria das pessoas, especialmente os jovens, que nunca se viram tantos deístas como existem hoje. Deve-se dizer que são espíritos pacíficos, com a maior boa vontade em apoiar todos os tipos de práticas religiosas, mas sem aderir a nenhuma delas, e que acreditam que o exercício da virtude moral é suficiente para tornar a pessoa um *honnête homme*."[48]

O ideal do *honnête homme*, o cidadão decente, bem-educado ("*un honnête homme, qui a un nom et un état*"),[49] reaparece em vários pontos da *Description*. Tem raízes na noção de fidalguia característica do século XVII, mas em 1768 já adquirira um colorido burguês. Sugeria boas maneiras, tolerância, moderação, contenção, pensamento claro, espírito de justiça e um saudável autorrespeito. Nem código de honra aristocrático nem ética burguesa do trabalho, essa noção expressava uma nova urbanidade e assinalava o surgimento de um novo tipo ideal: o cavalheiro. Na maioria dos casos, em Montpellier, ou talvez em toda parte na França, o cavalheiro urbano pertencia à burguesia. Os dois termos não mais pareciam uma risível contradição, como acontecia na era de Molière. Por mais que lhe causasse mal-estar, o fato de se achar rodeado, de um lado, por nobres, e, do outro, por artesãos, o cavalheiro burguês havia desenvolvido seu próprio estilo de vida. Rico, bem alimentado, corretamente vestido, cercado por objetos de bom gosto, certo de sua utilidade e firme em sua filosofia, ele se regalava com a nova vida urbana. "Felizes são os que moram nas grandes cidades",[50] concluiu nosso autor. A conclusão não levou em conta as filas do pão, os *hôpitaux*, os hospícios e os patíbulos. Mas convinha aos que haviam assumido a liderança na procura da felicidade, as *honnêtes gens* do "Segundo Estado".

Essa consideração nos faz voltar à nossa pergunta inicial: como alguém posicionado em algum setor da classe média interpretava uma cidade, nos tempos do Antigo Regime? A *Description*, na verdade, proporcionou três leituras. Apresentou Montpellier como uma procissão de dignitários, depois como um conjunto de estados e, finalmente, como o palco de um estilo de vida. Cada uma das três versões continha contradições e contradizia as outras — daí o fascínio do documento, o fato de nos fazer sentir, através de suas inconsistências, uma nova visão de mundo lutando para emergir. O autor prosseguiu por centenas de páginas, acumulando descrição sobre descrição, porque era impulsionado por uma necessidade de entender seu mundo e não podia encontrar uma estrutura adequada para a tarefa. As *processions générales* forneceram-lhe um idioma tradicional através do qual a cidade representava sua hierarquia, mas este exagerava grosseiramente a importância de alguns grupos e esquecia-se inteiramente de outros. A divisão em estados utilizava outra linguagem tradicional, que fazia justiça ao caráter corporativo da sociedade, mas apenas através de considerável artifício de prestidigitação com as categorias. E a descrição da cultura urbana revelou muito sobre a maneira de viver das pessoas, mas, a um exame mais detido, trata-se, na verdade, de uma apologia tendenciosa do estilo de vida burguês. A essa altura, nosso autor havia feito explodir a terminologia arcaica e chegara perto de uma concepção cultural de classe, na qual a *cuisine bourgeoise* contava mais que a fábrica, na identificação dos novos donos da cidade. Essa noção pode parecer extravagante, mas deve ser levada a sério..Porque, como percepção da realidade, modelou a própria realidade e imporia sua forma aos cem anos seguintes da história francesa, o século não apenas de Marx, mas também de Balzac.

APÊNDICE: UMA MISTURA DE ESTADOS
NA SOCIEDADE PROVINCIANA

O texto seguinte compreende o capítulo 15, "Nobreza, classes de habitantes", em *État et description de la ville de Montpellier fait en 1768*, pp. 67-9.

1. *Casas antigas.* Não se deveria esperar encontrar uma antiga nobreza militar numerosa, nesta cidade. Nos tempos dos *Seigneurs* de Montpellier, havia algumas grandes casas antigas. Não há nenhuma, atualmente, ou porque se extinguiram, ou pelo fato de seus sobreviventes terem se mudado ou perdido seus nomes de família e genealogias.

Os cavalheiros das antigas casas de Montpellier são os Baschi du Caila, de Roquefeuil, de Montcalm, de Saint-Véran, de la Croix de Candilhargues (um ramo da casa de Castries), Brignac de Montarnaud, Lavergne de Montbasin, Saint-Julien. Não existem outras cuja antiga nobreza tenha sido firmemente provada.

2. *Nobreza togada.* Esta é muito extensa. Há muitas famílias antigas no Judiciário, como os Grasset, Bocaud, Trémolet, Duché, Belleval, Joubert, Bon, Massannes, Daigrefeuille, Deydé etc. A *Histoire de Montpellier* (de Charles d'Aigrefeuille) dá a sequência cronológica dessas casas e das autoridades que forneceram. Porém, as mais antigas não remontam a mais de 250 anos.

3. *Estado Burguês ou Segundo Estado.* A designação *Segundo Estado* abrange magistrados que não se tornaram nobres, advogados, médicos, procuradores, tabeliães, financistas, negociantes, gente do comércio e aqueles que vivem de suas rendas, sem ter qualquer profissão em particular. Esta classe é sempre a mais útil, a mais importante e a mais rica em todos os tipos de países. Sustenta o primeiro (estado) e manipula o último de acordo com a sua vontade. Faz os negócios básicos da cidade, porque o comércio e as finanças estão em suas mãos e porque as necessidades da vida são produzidas através de sua atividade e inteligência.

4. *Artesãos.* Os artesãos são muito numerosos. (Dedicarei um capítulo às corporações de ofícios.) Podemos dividir sua classe em vários ramos: primeiro, os *artistes*; segundo, os negócios mecânicos; terceiro, os trabalhadores agrícolas e operários

contratados por dia. Estes cidadãos são extremamente úteis. Os dois outros estados não poderiam passar sem eles. É importante apoiá-los e dar-lhes trabalho. Mas, ao mesmo tempo, é necessário submetê-los a padrões de probidade e legalidade. Porque a plebe é, por natureza, ruim, licenciosa e inclinada para os motins e a pilhagem. Só mantendo-os submetidos, por meio da execução rigorosa de bons regulamentos, é possível conseguir que cumpram seus deveres.

5. *Criados domésticos.* A prática ridícula de encher a casa com criados de libré já foi abandonada há muito tempo. Agora, as pessoas admitem o mínimo necessário e fazem o que podem para mantê-los ocupados e úteis. Mas há ainda um número excessivo de criados, o que é ruim para o estado e para eles próprios. Eles preferem uma vida amena e preguiçosa, com um patrão, a trabalhar numa fazenda ou numa oficina. Recusam-se a entender que, entrando num negócio, seriam capazes de abrir uma loja para si mesmos e se tornarem seus próprios patrões, que poderiam ter famílias e, assim, servir à pátria, enquanto, se permanecerem em serviço, só podem esperar morrer no asilo de indigentes, após envelhecerem. Em resumo, o serviço doméstico é um sacrifício para os recursos de Montpellier, sob a forma de salários, presentes e comida — e o pior de tudo é que não existe qualquer outra cidade no mundo onde se seja tão mal servido.

Observações. O que acabei de dizer sobre a falta de uma antiga nobreza em Montpellier explica o fato de que não se pode encontrar nesta cidade nem um só cavalheiro da Ordem do Saint-Esprit nem um cônego de Lyon, muito embora existam em numerosas cidades pequenas. Temos apenas três famílias das quais saíram cavalheiros de Malta: os Bocaud, Montcalm e Bon.

Quanto aos serviços armados, as casas de le Caila, la Chaize e Montcalm deram quatro *lieutenants généraux des armées du roi.* Outras deram alguns brigadeiros, muitos capitães, tenentes-coronéis e cavaleiros de Saint-Louis, mas não coronéis. As pessoas daqui são acusadas de se cansarem do serviço no Exército, de não se empenharem nele e de deixá-lo em idade precoce. Precisamos admitir que, em geral, quando alguém é condecorado com a cruz (de Saint-Louis) começa a suspirar pela reforma. Há exemplos demais desta tendência para que se ouse negá-la.

Desde que as pessoas começaram a enriquecer rapidamente, com as finanças e o comércio, o Segundo Estado conquistou um novo respeito. Seus gastos e seu luxo tornaram-no alvo da inveja do Primeiro. Inevitavelmente, os dois se fundiram, e hoje não há mais diferenças na maneira como administram suas casas, dão jantares e se vestem.

Também não é mais possível enxergar diferenças entre os ramos do Terceiro (Estado). O mais ordinário artesão comporta-se como igual do mais eminente *artiste*, ou de qualquer pessoa que pratique um negócio superior ao seu. Não se distinguem por seus gastos, suas roupas e suas casas. É apenas o trabalhador agrícola que não deixa seu estado ou porque suas ocupações não lhe permitem, ou pelo fato de permanecer subordinado aos outros habitantes, que possuem a terra e o contratam para trabalhar nela, ou ainda, finalmente, por ganhar apenas exatamente o suficiente para manter vivos a ele e a sua família.

Entretanto, quando há trabalhos públicos a serem executados, soldados para serem alojados ou trabalho forçado a ser feito, numa emergência, é sobre eles que recai toda a carga. Na verdade, esta é a sorte do seu estado. Mas seria uma boa coisa compensá-los por suas agruras, encorajá-los e, sem deixá-los perceber quanto precisamos deles, conceder-lhes alguns sinais especiais de favor, até mesmo isenções de impostos, com isto estimulando-os a cumprirem melhor seus deveres, já que sua sorte será mais amena.

A prática de se fazer carregar por outros homens é um grande abuso. Contradiz a natureza e nada parece mais ridículo do que ver um cônego, um bispo, um oficial do Exército, um magistrado ou qualquer almofadinha que quer fazer figura fechando-se numa caixa e se fazendo carregar nos ombros de outros homens, que têm de cambalear através de água, lama, gelo e neve, em constante perigo de serem esmagados, se derem um passo em falso. Este negócio impiedoso emprega uma quantidade prodigiosa de camponeses das montanhas, que são robustos por natureza e, certamente, poderiam dar a sua força um fim mais útil cultivando a terra, em vez de carregar outros homens perfeitamente capazes de caminhar. Entregam-se à bebida, tornam-se paralíticos, depois de um certo tempo, e acabam morrendo no asilo de indigentes. Se os pregadores protestassem contra esse abuso, em vez de declamar sobre pontos metafísicos da doutrina; se os sacerdotes excomungassem os carregadores e carregados, em vez de excomungarem feiticeiras que não existem, e lagartas às quais a excomunhão não causa a menor mossa, então essa prática ridícula cessaria e a sociedade seria muito melhor assim.

Finalmente, deveria existir um regulamento exigindo que todo criado, do sexo masculino ou feminino, usasse um distintivo bem visível, na roupa. Porque nada é mais impertinente do que ver um cozinheiro ou um camareiro que enverga um traje enfeitado com galões ou renda, põe a espada à cinta e se insinua em meio à melhor companhia, nos passeios públicos; ou ver uma camareira vestida tão elaboradamente quanto sua patroa; ou encontrar criados domésticos de qualquer tipo enfeitados como se fossem nobres. Tudo isso é revoltante. O estado dos criados é de servidão, de obediência às ordens de seus patrões. Não estão destinados à liberdade, a integrar o corpo social juntamente com os cidadãos. Portanto, deveriam ser proibidos de se misturarem com estes; e, quando esta mistura tiver de ocorrer, devemos ter condições para identificá-los por um distintivo que indique seu estado e impossibilite uma confusão entre eles e todo o restante das pessoas.

Propos *político* num *café parisiense*. A foto é cortesia da Bibliothèque Nationale, Paris.

4

Um inspetor de polícia organiza seus arquivos: a anatomia da República das Letras

Enquanto o burguês de Montpellier tentava classificar seus concidadãos, um oficial de polícia, em Paris, selecionava e arquivava informações sobre outra espécie de animal urbano: o intelectual. Embora a palavra para designá-los ainda não existisse, os intelectuais já se multiplicavam em águas-furtadas e cafés; e a polícia os mantinha sob vigilância. Nosso policial, Joseph d'Hémery, era inspetor do comércio livreiro; então, também inspecionava os indivíduos que escreviam os livros. Na verdade, fez investigações em torno de tantos deles que seus arquivos constituem um censo virtual da população literária de Paris, dos mais famosos *philosophes* até os mais obscuros escrevinhadores. Os arquivos possibilitam que se esboce um perfil do intelectual no apogeu do Iluminismo, exatamente quando ele começava a emergir como um tipo social. E revelam a maneira como uma autoridade bastante esclarecida do Antigo Regime tentou entender esse novo fenômeno — uma questão de impor uma estrutura ao mundo, tal como aparecia numa peculiar ronda policial.[1]

Na verdade, d'Hémery não apresentou sua pesquisa como uma sociologia da cultura e não questionou sua base epistemológica. Simplesmente, foi cumprindo sua tarefa de inspecionar. Durante cinco anos, de 1748 a 1753, escreveu quinhentos relatórios sobre escritores, que agora estão guardados na Bibliothèque Nationale, sem terem sido jamais publicados. É difícil dizer qual foi, precisamente, o exato motivo que o levou a empreender essa tarefa. Os relatórios aparecem em três grandes livros de registros, sob o título "Historique des auteurs", sem qualquer introdução, explicação ou indicação textual sobre a maneira como foram usados. D'Hémery, que ocupou seu posto em junho de 1748, pode simplesmente ter desejado organizar seu arquivo para fazer um serviço eficaz, ao policiar seu novo território administrativo. Mas teve alguns livros extraordinários para policiar, durante aqueles primeiros cinco anos: *L'Esprit des lois*, a *Encyclopédie*, o *Discours sur les sciences et les arts*, de Rousseau, a *Lettre sur les aveugles*, de Diderot, a *Histoire naturelle*, de Buffon, *Les Moeurs*, de Toussaint, e a tese escandalosa do abade de Prades. Todo o Iluminismo parecia explodir de uma só vez em letra de forma. E, ao mesmo tempo, as reformas nos impostos, de Machault d'Arnouville, a controvérsia dos jansenistas com os jesuítas, a agitação em torno dos *billets de confession*, a luta entre a coroa e os *parlements*, e o espírito *frondeur*, depois da humilhação da França na Paz de Aix-la--Chapelle, produziram um aquecimento geral da atmosfera ideológica. Por mais absoluta que a monarquia pretendesse ser, tinha de levar em conta a opinião pública e a dos homens que a orientavam, com seus escritos.

O novo inspetor do negócio livreiro claramente tinha seu trabalho talhado sob medida para ele e realizou-o de maneira sistemática. Organizou dossiês de todos os tipos de fontes — jornais, espiões, *concièrges*, mexericos de café e interrogatórios na Bastilha. Depois, selecionou informações tiradas de dossiês e transcreveu-as em formas padronizadas, com cabeçalhos impressos, que arquivou em ordem alfabética e atualizava quando surgia ocasião. O procedimento era mais completo do que qualquer outro adotado anteriormente, mas parece primitivo à luz da história subsequente do trabalho da polícia ideológica. Em vez de adaptar dados a um programa computadorizado, d'Hémery contava anedotas. No relatório sobre o filho de Crébillon, por exemplo, anotou: "Seu pai disse: 'Há apenas duas coisas que lamento ter feito, *Semiramis* e meu filho.' 'Ah, não se preocupe', replicou o filho. 'Ninguém atribui qualquer das duas coisas ao senhor.'" Não apenas d'Hémery se esforçou para recolher as informações com um senso de humor nada científico, mas também exerceu julgamento literário. "La Barre escreveu prosa passável, mas não conseguia dominar o verso", observou ele. E Robbé de Beauveset pecou no sentido oposto: "Há uma certa genialidade em sua poesia, mas ele escreve desgraciosamente e tem muito pouco gosto." D'Hémery não teria tido boa aceitação no Deuxième Bureau ou no FBI.

Seria um erro, portanto, tratar os relatórios de d'Hémery como dados exatos do tipo que se pode encontrar num censo moderno; mas seria um erro ainda maior minimizá-los por excessiva subjetividade. D'Hémery tinha um conhecimento mais íntimo do universo das letras, no século XVIII, que qualquer historiador pode esperar adquirir. Seus relatórios fornecem a primeira pesquisa conhecida dos escritores como grupo social, e o fazem num momento crítico da história literária. Além disso, podem ser aferidos num confronto com uma vasta série de fontes biográficas e bibliográficas. Quando se termina de trabalhar com todo esse material e de compilar as estatísticas, pode-se apreciar a primeira visão clara da república das letras na Europa do início da modernidade.

D'Hémery, na verdade, fez relatórios sobre 501 pessoas, mas 67 entre elas jamais publicaram nada, ou nada além de umas poucas linhas no *Mercure*. Então, os relatórios abrangem 434 escritores atuantes. Entre eles, a data de nascimento pode ser estabelecida em 359 casos, o local de nascimento em 312 e a posição sócio-ocupacional em 333. A base estatística para a pesquisa, portanto, parece suficientemente ampla para apoiar algumas conclusões sólidas.

Mas, antes de mais nada, com que amplitude d'Hémery lançou sua rede? A única fonte com a qual é possível confrontar sua pesquisa é *La France littéraire*, um almanaque literário que pretendeu fazer uma lista de todos os autores franceses vivos, em 1756. Como a lista se elevou a 1.187 nomes, parece provável que d'Hémery tenha coberto cerca de um terço da população total de escritores franceses. Mas que terço? Esta questão levanta o problema da definição de um escritor. D'Hémery empregou o termo *"auteur"*, sem explicá-lo, e *La France littéraire* pretendia incluir todos que tivessem, um dia, publicado um livro. Mas os "livros" que enumerou eram principalmente obras efêmeras — sermões de curas de aldeia, discursos de dignitários de província, panfletos médicos de doutores de cidadezinhas —, na verdade, tudo que alguém queria ver mencionado, pois os autores do almanaque ofereceram-se para incluir em suas listas os nomes de quaisquer livros e autores que o público, em geral, pudesse fornecer. Como resultado, *La France littéraire* favorecia os literatos provincianos e menores. D'Hémery lidava com uma ampla gama de escritores, mas restringiu-se quase inteiramente a Paris. Parece razoável concluir que seus arquivos cobriam uma proporção maior da população literária ativa e da vida literária na capital do Iluminismo.[2]

A estrutura demográfica do grupo aparece no quadro 1. Em 1750, os escritores tinham idades que oscilavam dos 93 (Fontenelle) aos dezesseis (Rulhière), mas a maioria era relativamente jovem. Rousseau, aos 38, representava exatamente a média de idade. O núcleo central dos enciclopedistas era composto principalmente de homens na casa dos trinta, começando com Diderot, que tinha 37, e D'Alembert, com 33. Assim, a protuberância na linha do gráfico sugere algo semelhante a uma geração literária. Com exceções como Montesquieu e Voltaire, que tinham um pé na França de Luís XIV, os *philosophes* pertenciam a coortes que alcançaram sua plenitude em meados do século.[3]

As origens geográficas dos escritores, que estão mapeadas no quadro 2, têm um padrão familiar. O sul parece atrasado, com exceção de áreas urbanas espalhadas em torno do delta do Ródano e do Garona. Três quartos dos escritores nasceram acima da celebrada linha Saint-Malo-Genebra, no norte e no nordeste da França, onde a alfabetização e as escolas eram mais densas. Paris forneceu um terço (113) dos escritores. Então, o mapa não sustenta outro clichê da história cultural — ou seja, de que Paris sempre dominou o país, absorvendo o talento das províncias. Havia mais autores originários da cidade do que se poderia esperar da Paris de 1750.[4]

Qualquer tentativa de analisar a composição social de um grupo de franceses que viveram há dois séculos provavelmente se debaterá com dados falhos e esquemas classificatórios ambíguos. Mas três quartos dos escritores de d'Hémery podem ser identificados e classificados sem ambiguidades, de acordo com as categorias, no quadro 3. O quarto restante de escritores "não identificados" contém grande número de *gens sans état* — escrevinhadores que saíam de um emprego para outro, como Diderot e Rousseau fizeram durante muitos anos. Embora exista uma boa quantidade de informação a respeito de muitos deles, desafiam classificação e análise estatística. Mas, dando desconto pelo fato de terem integrado a insondável população flutuante do Antigo Regime, podemos considerar o quadro 3 como uma indicação confiável das dimensões sociais da república das letras em Paris.

Quadro 1
Idades dos autores em 1750

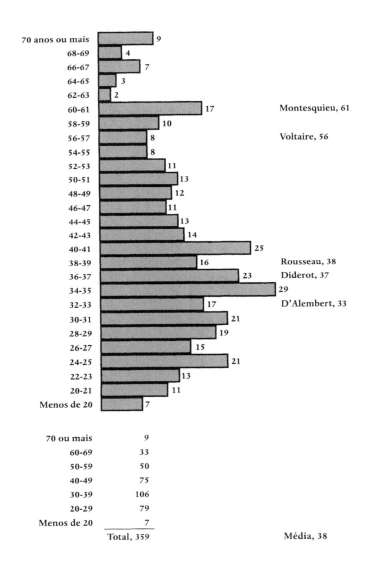

Quadro 2
Local de nascimento dos autores

Províncias: local de nascimento, dado por províncias, sem localização específica
Anjou (1)
Borgonha (1)
Bretanha (6)
Campanha (1)
Dauphine (1)
Gasconha (1)
Languedoc (3)
Lorena (1)
Normandia (2)
Saintonge (1)

Número de nativos, pelo tamanho dos círculos
· 1
• 2-5
● 6-11
○ 100+

As classes privilegiadas ocupavam um lugar muito mais importante nos arquivos de d'Hémery do que o faziam dentro da população em geral. Dezessete por cento dos autores identificados eram nobres. Embora existissem entre eles escritores sérios, como Montesquieu, tendiam a ser cavalheiros amadores e a escreverem versos incidentais ou comédias ligeiras. Como no caso do marquês de Paulmy, que publicou novelas com o nome de seu secretário, Nicolas Fromaget, eles não desejavam, com muita frequência, ser identificados com essas frivolidades. Tampouco escreviam para o mercado. D'Hémery comentou que o conde de Saint-Foix "trabalha como um escritor-cavalheiro e jamais recebe dinheiro algum por suas peças". Os escritores aristocráticos, em geral, aparecem nos relatórios como corretores do poder, canalizando patrocínio para *littérateurs* de condição inferior.

Escrever também tendia a ser uma atividade secundária para os clérigos que aparecem nos relatórios, e havia muitos deles: 12% dos autores que puderam ser identificados. Apenas quatro pertenciam aos escalões superiores do clero, em contraste com dúzias de abades, entre os quais Condillac, Mably, Raynal, e a trinca da *Encyclopédie*, Yvon, Pestré e de Prades. Alguns poucos padres, como J.-B.-C.-M. de Beauvais e Michel Desjardins, continuavam a produzir curtos sermões e panegíricos fúnebres, ao estilo de Bossuet. Mas, em geral, o cortesão-clérigo dera lugar ao onipresente abade do Iluminismo.

Embora 70% dos escritores viessem do Terceiro Estado, alguns poucos, dentre eles, podem ser considerados "burgueses", no sentido estreito do termo — ou seja, capitalistas vivendo do comércio e da indústria. Entre estes havia apenas um comerciante, J.H. Oursel, filho de um impressor, e nenhum fabricante. Havia um certo elemento de negócio — onze comerciantes — entre seus pais, 156 dos quais podem ser

Quadro 3
Posições sócio-ocupacionais dos autores

	Autores em 1750	Autores em data não especificada	Total de autores	Percentual	País de autores	Percentual do total
Clero de escalão superior, leigo	3		3	1		
Clero de escalão superior, regular	1		1			
Clero de escalão inferior, leigo	31		31	9		
Clero de escalão inferior, regular	4	1	5	2		
Nobreza de título, sem função	11		11	3	16	10
Funcionário, alta administração	4		4	1	1	1
Funcionário, militar	20	7	27	8	12	8
Funcionário das cortes reais	10	2	12	4	12	8
Funcionário das altas finanças	2		2	1	6	4
Funcionário das cortes inferiores	4	2	6	2	8	5
Administração de escalão inferior	20	10	30	9	22	14
Advogado procurador	26	2	28	8	19	12
Funcionário da Justiça	3		3	1	1	1
Médico	6		6	2	1	1
Farmacêutico		1	1		4	3
Professor	10		10	3		
Escalão inferior das finanças	2	1	3	1	2	1
Comerciante	1		1		11	7
Manufatureiro						
Rentier	10		10	3		
Jornalista	9	11	20	6		
Professor particular	27	8	35	11	4	3
Bibliotecário	6		6	2		
Secretário	15	10	25	8	1	1
Sinecura	10	1	11	3		
Ator	8	1	9	3	1	1
Músico	1		1		1	1
Estudante	3		3	1		
Empregado	5	1	6	2	8	5
Lojista	2		2	1	6	4
Artesão	6	1	7	2	14	9
Criado	1	1	2	1	1	1
Esposas, viúvas	9		9	3		
Outros	1	2	3	1	5	3
Total	271	62	333		156	

Número total de escritores

Autores identificados, 1750	271
Autores identificados, data não especificada	62
Excluídos (não escritores)	67
Não indentificados	101
	501 (434 "escritores")

Classificação alternativa

Nobreza provável	60
Clérigos tonsurados	69
Mulheres	16
Prisioneiros	45

identificados. Mas a literatura floresceu menos no comércio do que nas profissões e na administração real. Dez por cento dos escritores eram médicos ou advogados; 9% tinham cargos administrativos de escalão inferior; e 16% pertenciam ao aparelho estatal, se incluirmos na contagem magistrados dos parlámentos e tribunais inferiores. O grupo mais numeroso de próceres, 22, vinha de escalões inferiores da administração; em segundo lugar, com dezenove integrantes, estava o grupo dos advogados. Depois de examinar cuidadosamente as estatísticas e ler centenas de esboços biográficos, fica-se com a impressão de que, por trás de muitas carreiras literárias, estava um burocrata real ambicioso e inteligente. A literatura francesa tem um débito incalculável para com o *commis* e o funcionário da lei, bem como para com o abade. Prévost sintetizou esta espécie. Filho de um advogado transformado em oficial de justiça na comarca de Hesdin, foi abade repetidas vezes. "Ele foi membro de todas as ordens religiosas", observou d'Hémery.

Quando se tratava de ganhar a vida, no entanto, o maior grupo de escritores dependia do que poderia ser chamado de atividades intelectuais. Trinta e seis por cento trabalhavam como jornalistas, tutores, bibliotecários, secretários e atores, ou dependiam da renda de uma sinecura que lhes fora proporcionada por um protetor. Este era o elemento prosaico na república das letras; e como era fornecido por patrocínio, os escritores sabiam de que lado estavam. Segundo d'Hémery, François-Augustin Paradis de Moncrif certamente sabia:

> Ele era inspetor de impostos nas províncias, quando M. d'Argenson era intendente. As belas canções que compôs fizeram com que fosse notado por d'Argenson, que o levou a Paris e lhe deu uma colocação. Desse momento em diante,

ele (Moncrif) sempre permaneceu ligado ao outro [...]. Também é secretário-geral do serviço postal francês, colocação que lhe dá 6 mil libras por ano e que M. d'Argenson lhe deu de presente.

Num nível inferior, a população literária continha uma proporção surpreendente, 6%, de lojistas, artesãos e empregados de menos categoria. Incluíam tanto mestres artífices — um impressor, um gravador, um pintor-esmaltador — como trabalhadores relativamente humildes — um confeccionador de arneses, um encadernador, um guarda-portão e dois lacaios. D'Hémery notou que um dos lacaios, Viollet de Wagnon, publicou seu *L'Auteur laquais* com a ajuda de um camareiro e um merceeiro. Charles-Simon Favart, segundo se supõe, adquiriu sua facilidade para versejar escutando seu pai improvisar canções, enquanto amassava o pão na pastelaria da família.⁵ Assim, as classes inferiores desempenharam algum papel na vida literária do Antigo Regime — papel substancial, se considerarmos os pais dos escritores. Dezenove por cento pertenciam às *petites gens*; eram, na maioria, artesãos comuns — sapateiros, padeiros e alfaiates. Assim, as carreiras de seus filhos, que se tornaram advogados, professores e jornalistas, mostravam que possibilidades excepcionais de avanço social algumas vezes se abriam para os jovens que sabiam brandir uma pena. O mundo literário permanecia fechado, no entanto, para um grupo social: a classe camponesa. Claro que d'Hémery não procurou escritores no campo, mas ele não encontrou o mais leve elemento camponês no passado dos escritores que vieram a Paris, das províncias. Apesar de Restif de la Bretonne, a França literária parece ter sido fundamentalmente urbana.

Era, também, principalmente masculina. As mulheres lideravam os famosos salões, e assim ganharam alguns poucos lugares nos arquivos policiais. Mas apenas dezesseis delas chegaram, algum dia, a publicar alguma coisa. Como Mme de Graffigny, a mais famosa de todas, as escritoras muitas vezes voltavam-se para a literatura depois de enviuvarem ou se separarem dos maridos. A maioria tinha riqueza independente. Duas eram professoras. Uma, Charlotte Bourette, *la muse limonadière*, administrava uma loja de refrescos; e outra era uma cortesã. O relatório sobre a cortesã, Mlle de Saint-Phalier, parece o resumo de um romance. Depois de deixar seu pai, um negociante de cavalos em Paris, ela se tornou camareira na casa de um rico financista. O filho da casa a seduziu e raptou, mas foi capturado pelo pai, que depois o forçou a se casar com uma mulher mais adequada, deixando Mlle de Saint-Phalier nas ruas. Quando a polícia se deparou com ela, já se tornara uma mulher mantida, amiga de atrizes, e estava prestes a publicar seu primeiro livro, *Le Portefeuille rendu*, dedicado a Mme de Pompadour.

D'Hémery tinha histórias mais tristes para contar, quando preencheu as páginas com a rubrica *histoire*, porque muitas carreiras seguiam trajetórias que conduziam da água-furtada para a sarjeta, com paradas na Bastilha. L.-J.-C. Soulas d'Allainval ilustra este modelo. Incapaz de se sustentar com as farsas que escreveu para a Comédie Italienne, ele começou a fazer *libelles* políticos e jornalismo clandestino, o que o levou diretamente para a Bastilha. Depois de sua soltura, mergulhou mais profundamente nas dívidas. Finalmente, não conseguia nem obter papel de seu fornecedor, que interceptou o miserável salário que ele recebia da bilheteria da Comédie Italienne, a fim de cobrar uma conta não paga de sessenta libras. D'Allainval começou a dormir *à la belle étoile* (nas ruas). Sua saúde não resistiu. D'Hémery contou o resto:

> Ele teve um ataque de apoplexia, em setembro de 1752, como convidado de um jantar de M. Bertin, das *parties ca-*

suelles, que pôs dois luíses em seu bolso e o mandou embora. Como não havia meio algum de o tratar em casa, ele foi levado para o Hôtel-Dieu (hospital de indigentes), onde vegetou por um longo período. Finalmente, ele ficou paralisado e agora está reduzido a procurar um lugar na Bicêtre ou nos Incurables. Que triste fim para um homem de talento!

D'Hémery manifestou menos simpatia por François-Antoine Chevrier, "mau sujeito, audacioso mentiroso, mordaz, crítico e insuportavelmente pretensioso". Depois de falhar como advogado, soldado, dramaturgo e poeta, Chevrier voltou-se para a atividade panfletária, o jornalismo clandestino e a espionagem. A polícia o caçou, com uma *lettre de cachet*, através da Alemanha e dos Países Baixos; mas, exatamente quando estabelecia um cerco, ele sumiu em Roterdã. A polícia teve mais sorte no caso de Emmanuel-Jean de La Coste, monge deposto de 59 anos, que foi condenado a um chicoteamento e às galés pelo resto da vida. Ele fugira para Liège com uma jovem e se sustentara mascateando panfletos antifranceses, bilhetes de loteria falsificados e, pelo que parece, a própria moça. Esses personagens pertenciam ao *bas-fond*, um ingrediente importante na república das letras. Na verdade, a maioria dos escritores não caía tanto quanto d'Allainval, Chevrier e La Coste; mas muitos partilhavam uma experiência que marcou os homens do *bas-fond*: o *embastillement*. Quarenta e cinco escritores, 10% dos que figuram no levantamento, foram presos pelo menos uma vez num presídio de estado, em geral a Bastilha. Se a Bastilha estava quase vazia, em 14 de julho de 1789, continuava repleta de significado para os homens que a transformaram no símbolo principal da propaganda radical, antes da Revolução Francesa.[6]

Claro que ninguém podia prever 1789, em 1750. No meio do século, a população literária podia ser rebelde, mas não era revolucionária. A maioria de seus membros lutava para conseguir uma resenha no *Mercure*, uma *entrée* para a Comédie Française ou uma cadeira na Academia. Sustentavam-se de uma dúzia de maneiras, alguns com *rentes*, outros com cargos, ainda outros com profissões e muitos com os empregos abertos aos homens de letras: jornalismo, ensino, secretariados e, para os afortunados, sinecuras. Vinham de todos os setores da sociedade, exceto da classe camponesa, e de todos os cantos do reino, menos as áreas atrasadas do sul. Entre eles havia pequeno número de mulheres e grande número de jovens brilhantes, filhos de funcionários de escalões inferiores e artesãos, que ganhavam bolsas, publicavam poemas e terminavam como advogados e funcionários públicos — ou, em alguns poucos casos, como escritores de tempo integral, vivendo, como Diderot, *aux gages des libraires* (do que lhes pagavam os livreiros).

Seria satisfatório terminar com esta nota, tendo um modelo firmemente estabelecido e os *philosophes* encaixados nele. Infelizmente, no entanto, os teóricos da literatura ensinaram os historiadores a se acautelarem com os textos, que podem ser dissolvidos em "discurso" pela leitura crítica, por mais sólidos que possam parecer. Então, o historiador deve hesitar, antes de tratar relatórios policiais como pepitas brutas de realidade irredutível, que ele precisa apenas minerar nos arquivos, peneirar e juntar, para criar uma sólida reconstituição do passado. Os relatórios são elaborações próprias, construídos sobre crenças implícitas sobre a natureza dos escritores e da escrita, numa ocasião em que a literatura ainda não fora reconhecida como uma vocação.

Ao esboçar seus relatórios, d'Hémery agiu como uma espécie de escritor ele próprio. Também desempenhou um papel na república das letras, enquanto, ao mesmo tempo, permanecia subordinado ao *Lieutenant-Général de Police* e a outros funcionários do estado francês. Os relatórios mostram uma combinação

Um libelliste, Jean de La Coste, no pelourinho. A foto é cortesia da Bibliothèque Nationale, Paris.

de sensibilidade literária com regularidade burocrática que seria impensável na maioria das chefaturas de polícia atuais. Contêm tantas observações sobre a qualidade do estilo dos autores quanto sobre a natureza de suas opiniões religiosas e políticas. No relatório da marquesa de Créquy, por exemplo, d'Hémery incluiu um trecho de três páginas, de um diálogo que ela escrevera, não porque tivesse qualquer importância para as questões ideológicas em pauta, mas porque demonstrava seu perfeito domínio da prosa. Ele elogiava "gosto", "inteligência" e "talento" todas as vezes que os encontrava, mesmo em "sujeitos ruins" como Voltaire. *Esprit* (inteligência) era seu termo favorito. Parece que era a primeira coisa que ele procurava num escritor, e isto compensava, em grande parte, os desvios do caminho estreito da retidão. O abade Paul-François Velly era "um homem muito inteligente" e um mulherengo, mas assim eram "quase todos os monges, quando deixam o mosteiro". O mesmo valia para Jean-Pierre Bernard, um padre "inteligente", com talento especial para sermões em funerais: "Ele é um velho garoto jovial que aprecia o prazer e passa uma noite com as moças sempre que tem uma oportunidade."

D'Hémery entendia as coisas do mundo. Não se ofendia com um pouquinho de devassidão, ou de anticlericalismo, especialmente quando isso era apagado pelo "gênio", como no trabalho de Alexis Piron: "Sua inteligência mordaz e sua reputação de irreligião significam que ele não é membro da Académie Française. M. de Crébillon aconselhou-o a não pensar nunca em ser eleito. Mas *Les fils ingrats*, *Gustave* e *La métromanie* dão um testemunho suficiente de seu gênio. Ele pode ter sucesso em tudo que empreender." D'Hémery admirava os *philosophes*, pelo menos os moderados como Fontenelle, Duelos e d'Alembert. Mas se horrorizava com o ateísmo e parece ter acreditado sinceramente nas ortodoxias oficiais. Seus valores aparecem claramente em todos os relatórios, mas especialmente em observações casuais sobre escritores comuns, como Jean-Baptiste Mascrier:

Ele foi jesuíta por um longo tempo. Preparou a edição de *Télliamed* e várias outras publicações para os livreiros. Contribuiu para *Cérémonies religieuses* e reescreveu *Mémoires de M. de Maillet sur la description de l'Egypte*, que o honra muito, pelo estilo. Lavra belos poemas, como se verifica num prólogo para uma peça encenada há alguns anos.

Os beneditinos, com os quais trabalhou, concordam que é um homem de talento. Pena que não seja mais criativo. Publicou um excelente trabalho religioso, um livro útil para todo verdadeiro cristão, mas as pessoas que o conhecem mais intimamente acham que a necessidade de vender sua produção leva-o, aos poucos, a modificar seus sentimentos.

Em resumo, d'Hémery avaliou o mundo literário com simpatia, humor e apreciação da própria literatura. Partilhava alguns dos valores em que acreditavam as pessoas sob sua vigilância, mas não vacilava em sua lealdade à Igreja e ao Estado. Nada poderia ser mais anacrônico que retratá-lo como um policial moderno ou interpretar seu trabalho policial como uma caça às bruxas. Na realidade, sua atividade consiste em algo menos familiar e mais interessante: o recolhimento de informações na era do Absolutismo. Ninguém esperava descobrir conspirações revolucionárias em meados do século XVIII, quando a Revolução era impensável; mas muitos burocratas, na monarquia dos Bourbon, queriam saber o máximo possível sobre o reino — o número de seus habitantes, o volume de seu comércio e a produção de seus prelos. D'Hémery pertencia a uma linhagem de funcionários pensantes que se estendia de Colbert e Vauban a Turgot e Necker. Mas operava em nível modesto — um inspetor do comércio livreiro situava-se um ou dois degraus abaixo de um inspetor de manufaturas —, e ele organizou seus arquivos em escala mais reduzida que alguns dos levantamentos realizados por ministros e intendentes.[7]

O texto dos relatórios contém algumas indicações sobre a maneira como foram escritos. Muitas vezes, incluem observações como "Ver nas folhas anexas", ou "Ver seu dossiê", indicando que d'Hémery tinha um fichário sobre cada escritor. Embora os dossiês tenham desaparecido, as referências sobre eles que aparecem nos relatórios revelam o tipo de informação que continham. Incluíam recortes de jornais, folhetos de livreiros, anotações que d'Hémery fazia depois de suas rondas, registros de interrogatórios na Bastilha, cartas de autores que queriam insinuar-se nas simpatias ou prejudicar seus inimigos e relatórios de espiões sob contrato do *Lieutenant-Général de Police*. Alguns espiões tinham dossiês próprios. O relatório sobre Charles de Fieux, cavaleiro de Mouhy, mostra como trabalhavam: "Ele é espião para M. Berryer (o *Lieutenant-Général de Police*), a quem fornece um relatório diário sobre tudo que vê nos cafés, teatros e jardins públicos." Também é possível descobrir traços das atividades de Mouhy em outros relatórios, como é o caso do que foi feito sobre Mathieu-François Pidansat de Mairobert: "Ele acabou de ser preso e levado para a Bastilha, por ter distribuído alguns (versos) atacando os reis e *Mme la marquise* (de Pompadour) nos cafés. Alguns foram até encontrados em seus bolsos, na ocasião de sua detenção. Foi o cavaleiro de Mouhy quem o denunciou." Também chegavam denúncias de amantes enganados, filhos zangados e esposas separadas. Os livreiros e impressores proporcionavam um forte fluxo de informações sobre as fontes de seus textos — e, especialmente, dos textos publicados por seus concorrentes. Locadoras e párocos forneciam novos detalhes e, nas últimas páginas de muitos dossiês, d'Hémery podia encontrar migalhas recolhidas em mexericos de vizinhos, nem tudo simples perversidade. Como aconteceu no caso de Philippe de Prétot: "Quanto à sua conduta, é bastante boa. Ele é casado e tem filhos, o que o obriga a ser circunspecto. Fala-se bem a seu respeito, em sua vizinhança."

D'Hémery selecionava todo esse material, antes de compor um relatório. O peneiramento e escolha deve ter sido difícil, porque os dossiês continham uma mistura extremamente díspar de dados concretos e vagos mexericos. D'Hémery utilizava formulários-padrão — grandes folhas in-fólio, com seis cabeçalhos impressos em negrito: nome, idade, local de nascimento, descrição, endereço e *histoire* (história). Os cabeçalhos proporcionavam um sistema para classificação das informações, e os dados e anotações feitas a mão, abaixo, fornecem algumas pistas sobre a maneira como compunha d'Hémery. A maioria das anotações está escrita com uma caligrafia clara, de escriba, mas, em datas posteriores, d'Hémery acrescentou novas informações com suas próprias garatujas, que podem facilmente ser reconhecidas, através de cartas e memorandos feitos por ele e guardados na Bibliothèque Nationale. Cerca de metade dos relatórios está datada com o primeiro dia do mês, muitos com o primeiro do ano. Parece provável, portanto, que d'Hémery reservasse dias especiais para trabalhar em seus fichários, chamasse um dos secretários da administração de polícia e ditasse os relatórios, selecionando as informações que lhe parecessem mais importantes, dossiê por dossiê. Todo o processo sugere uma tentativa para ser sistemático, uma vontade de impor ordem, num mundo desregulado de escrevinhadores de águas-furtadas e celebridades dos salões. Corresponde ao mesmo impulso ordenador que inspira a *Description* de Montpellier, mas assumiu uma forma diferente: a propensão a padronizar, engavetar, arquivar e classificar que caracteriza a burocracia moderna.

D'Hémery representa uma fase inicial na evolução do burocrata; assim, sua própria voz pode ser ouvida bem claramente, através do formato padrão dos relatórios. Escreveu na primeira pessoa do singular e em estilo descontraído que contrasta, acentuadamente, com o tom formal e impessoal de sua correspondência oficial. Enquanto seus memorandos e cartas eram, muitas vezes, endereçados a *Monseigneur* — Nicolas-René Berryer, o *Lieutenant-Général de Police* —, seus relatórios parecem dirigidos a si próprio. Enquanto preenchia o local de nascimento de Le Blanc de Villeneuve, por exemplo, corrigiu-se de improviso: "De Lyon. Não, estou enganado; é Montélimar, filho de um capitão." No relatório sobre o cavaleiro de Cogolin, comentou:

> 1º de julho de 1752. Fui informado de que ele morreu louco, em casa de seu irmão, o capelão do rei da Polônia e duque da Lorena.
> 1º de dezembro. Não é verdade.

O relatório sobre um poeta chamado Le Dieux continha uma observação igualmente casual: "Julie me disse que ele escreveu muita poesia. É verdade." Ocasionalmente, d'Hémery empregava linguagem obscena e falava de personagens importantes num tom que não seria apreciado por seus superiores.[8] Quanto mais minuciosamente analisamos os relatórios, para ver se parecem endereçados a um leitor implícito, situado em alguma parte da hierarquia administrativa francesa, mais somos levados ao ponto de vista de que d'Hémery escreveu-os para si mesmo e os usou em suas atividades cotidianas, especialmente durante seu primeiro ano no posto, quando precisava de pontos de referência, para se orientar em meio à complexa subcultura das facções literárias e das intrigas editoriais.

Como todo mundo, d'Hémery necessitava divisar alguma ordem no mundo, mas também precisava desincumbir-se de seu encargo. Como um inspetor "inspecionava" a república das letras? De saída, tinha de ser capaz de reconhecer escritores; então, ele se demorou no preenchimento das anotações sob a rubrica *signalement* (descrição). Elas sugerem a maneira como encarava os autores sob sua vigilância. Assim, por exemplo, o *signalement* correspondente a Voltaire era: "Alto, seco, com o aspecto de um sátiro." As descrições envolviam algo mais que o impacto de uma imagem no globo ocular. Estavam carregadas de significado: "Desagradável, parecendo um sapo e morto de fome" (Binville); "gordo, desajeitado e com o aspecto de um camponês" (Caylus); "desagradável, moreno-escuro, baixinho, sujo e nauseante" (Jourdan). D'Hémery ia além das simples categorias, como bonito e feio ou alto e baixo, porque percebia mensagens nos rostos. Assim descreveu o cavaleiro de La Morlière: "Gordo, rosto redondo e um certo quê em seus olhos." Esta prática de ler os rostos, à procura do caráter, provavelmente decorria da fisiognomonia, uma pseudociência que surgiu durante o Renascimento e que se espalhou por toda parte, durante os séculos seguintes, através dos populares livrinhos de baladas que os vendedores ambulantes vendiam por toda parte.[9] As descrições feitas por d'Hémery continham muitas observações como "fisionomia rude e caráter também" (Le Ratz), "uma fisionomia muito honesta" (Foncemagne), "fisionomia detestável" (Coq), "fisionomia pérfida" (Vieuxmaison), "fisionomia horrenda" (Biliena) e "a fisionomia mais triste do mundo" (Boissy).

Da mesma maneira, os endereços emitem significados. Pidansat de Mairobert morava sozinho "nos aposentos de uma lavadeira, no terceiro andar, rua des Cordeliers". Era, obviamente, um tipo marginal, como um estudante-poeta chamado Le Brun, que morava na "rua de la Harpe, diante do Collège d'Harcourt, num quarto mobiliado que era de um fabricante de perucas, no segundo andar, de fundos", e um versejador igualmente obscuro, chamado Vauger, que morava "na rua Mazarine, num quarto mobiliado de propriedade do primeiro fabricante de perucas à esquerda, com entrada pelo Carrefour de Buci, no segundo andar, do lado da rua, com a porta diante da escada". Estes homens escapavam à vigilância. Não tinham qualquer *état* fixo, qualquer ligação à propriedade, família, ou relações de vizinhança. Apenas seus endereços serviam para situá-los.

A rubrica *histoire* dava maiores possibilidades para localizar os escritores e d'Hémery concedeu-lhe o espaço maior, em seus formulários impressos. Ao compor *histoires*, ele tinha de se dedicar com mais empenho à seleção e organização do material dos dossiês, porque suas composições eram narrativas tão complexas, à sua maneira, quanto os contos populares dos camponeses. Algumas até pareciam resumos de romances. É o caso da *histoire* do dramaturgo Charles-Simon Favart:

> Ele é filho de um pasteleiro, um rapaz muito inteligente, que compôs as mais belas óperas-cômicas do mundo. Quando a Opéra-Comique foi fechada, o *maréchal* de Saxe o fez líder de sua *troupe*. Favart ganhou uma porção de dinheiro com eles; mas, depois, apaixonou-se pela amante do *maréchal*, a pequena Chantilly, e casou-se com ela, embora concordasse em deixá-la continuar a viver com o *maréchal*. Esta feliz união durou até o fim da guerra. Mas, em novembro de 1749, Favart e sua mulher brigaram com o *maréchal*. Depois de ter usado a influência dele para conseguir um lugar na Comédie Italienne e sugado uma porção de dinheiro (do *maréchal*), Mme Favart queria deixá-lo. O *maréchal* conseguiu uma ordem do rei para prendê-la e exilar seu marido do reino. Eles fugiram, ele numa direção e ela em outra. A esposa foi capturada em Nancy e presa, primeiro em Les Andelys e, depois, com as *Pénitentes* de Angers. Esse caso desencadeou uma terrível tempestade entre os atores, que até mandaram uma delegação procurar o *duc* de Richelieu para pedir-lhe a volta de sua camarada. Ele os deixou esfriar a cabeça, em sua antecâmara. Finalmente, depois de se fazerem anunciar uma segunda vez, concordou em vê-los; mas deu-lhes uma acolhida muito fria e tratou mal especialmente Lélio (Antonine-François Riccoboni), que saiu da *troupe*, como resultado. Assim, La Favart não foi liberada até concordar em voltar para o *maréchal*, que a conservou até sua morte. Depois

disso, ela voltou para seu marido, que vagueara fora da França todo esse tempo. Logo depois, ela, outra vez, conseguiu um lugar na Comédie Italienne. Mais tarde, quando a Opéra-Comique foi reestruturada, ambos quiseram ingressar nela. Mas os italianos deram a ela uma participação integral em sua *troupe* e a ele uma pensão, em troca de um fornecimento regular de paródias; então, agora estão vinculados àquele teatro.[10]

D'Hémery escolheu frases simples e organizou sua narrativa em torno de uma linha cronológica direta, mas contou uma história complicada. Embora não a embelezasse com comentários editoriais, transmite a noção de dois jovens de origem humilde vivendo de sua inteligência num universo de cortesãos e *lettres de cachet*. D'Hémery não se entregou a sentimentalismos em torno dos infortúnios dos desprivilegiados. Pelo contrário, observou a prontidão de Favart em partilhar sua esposa com o *maréchal* e a habilidade dela em virar a situação, para vantagem própria. Mas a narrativa desenvolve uma poderosa contracorrente que afasta as simpatias do leitor dos ricos e poderosos. Favart sai em campo para fazer sua fortuna, como um herói dos contos de fadas. É pequeno, pobre e inteligente. (*"Signalement*: baixo, louro e com um rosto muito bonito.") Depois de todos os tipos de aventuras na terra dos gigantes — e o *maréchal* de Saxe era, provavelmente, o homem mais poderoso da França, com exceção do rei, nos anos 1740 —, conquista a moça e os dois vivem felizes para sempre na Comédie Italienne. A estrutura da história correspondia à de muitos contos populares. Sua moral poderia ter saído de "Kiot-Jean", "Le Chat botté", ou "Le Petit Forgeron". Mas d'Hémery não tirou daí uma moral. Passou ao próximo dossiê, e só podemos ficar imaginando se o mundo das letras, à medida que ele o inspecionava, não se ia enquadrando numa estrutura inicialmente concebida no mundo dos camponeses.

De qualquer maneira, a elaboração de um relatório policial envolvia um elemento de narração e a "inspeção" de escritores ocorria dentro de uma estrutura de significado. Pode-se, portanto, ler as *histoires* como histórias significativas, que revelam algumas pressuposições básicas sobre a vida literária no Antigo Regime. Poucas, entre elas, são tão esmeradas como a de Favart. Algumas contêm apenas duas ou três frases, não vinculadas por uma linha narrativa. Mas todas provêm de suposições anteriores sobre a maneira como funcionava o mundo literário, sobre as regras do jogo na república das letras. D'Hémery não inventou essas regras. Como os próprios escritores, aceitou-as como axiomas e, depois, observou como operavam nas carreiras sob sua vigilância. Apesar de seu caráter subjetivo, suas observações têm um certo significado geral, porque pertencem a uma subjetividade comum, a uma concepção social da realidade que ele partilhava com os homens que observava. Para decifrar o código comum a todos eles, é preciso reler os relatórios, buscando o que se acha em suas entrelinhas, o que era pressuposto e, por isso, não foi dito.

Vamos considerar um relatório típico sobre um eminente cidadão da república das letras, François Joachim de Pierres, *abbé* (abade) de Bernis. Ele ocupou uma cadeira na Académie Française desde a idade de 29 anos, embora tivesse publicado apenas alguns versos superficiais e um tratado pouco substancioso, *Réflexions sur les passions et les goûts*. Membro de uma família de destaque e favorito de Mme Pompadour, teve uma rápida ascensão em cargos eclesiásticos e estatais que, finalmente, iriam conduzi-lo ao cardinalato e a uma embaixada em Roma. Que informações d'Hémery selecionou para um relatório sobre um homem desses? Depois de comentar a idade de Bernis (no vigor da mocidade — 38 anos), endereço (bom — *rue du Dauphin*), e aparência (também boa — "fisionomia simpática"), ele enfatizou seis aspectos:

1. Bernis era membro da *Académie Française* e conde de Brioude e Lyon.

2. "Ele é um libertino que possuiu *Madame la princesse de* Rohan."

3. Era um consumado cortesão e protegido da Pompadour, que havia persuadido o papa a lhe conceder um feudo, usando o *duc* de Nivernais como intermediário.

4. Escrevera alguns "bonitos trabalhos em verso" e o *Réflexions sur les passions*.

5. Era aparentado com o *maréchal* de La Fare, que sempre defendera sua causa na corte.

6. Estendeu sua própria proteção a Duclos, a quem fez indicar para a posição de historiógrafo da França.

D'Hémery não prestou muita atenção aos trabalhos literários do *abbé*. Em vez disso, situou-o numa rede de relações de parentesco, clientelas e "proteções", palavra-chave que está presente em todos os relatórios. Todos, nos arquivos policiais, procuravam, recebiam ou dispensavam proteção, desde príncipes e amantes reais até os panfletistas baratos. Assim como Mme de Pompadour conseguiu uma abadia para Bernis, Bernis obteve para Duclos uma sinecura. Era assim que o sistema funcionava. A polícia não questionava o princípio do tráfico de influência. Dava-o como coisa aceita: não era preciso destacá-lo, fosse na república das letras ou na sociedade em geral.

O fato de que ele prevalecia nos escalões médios e inferiores da vida literária pode ser apreciado pelos relatórios sobre os escritores situados bem abaixo do *abbé* de Bernis. Pierre Laujon, por exemplo, percorreu uma trajetória bem frequentada através dos escalões médio-superiores da república das letras. Como muitos escritores, ele começou como estudante de direito e escrevia versos por prazer. A versificação resultou num sucesso na Opéra-Comique; o sucesso atraiu protetores: e os protetores arranjaram sinecuras. Era uma clássica história de sucesso, cujas etapas se destacam nitidamente na narrativa de d'Hémery:

> Este jovem é muito inteligente. Escreveu algumas óperas, que foram encenadas na (Opéra-Comique) e nos Petits Apartements de Versalhes, e elas lhe conquistaram a proteção de Mme de Pompadour, de *M. le duc* d'Ayen, e de *M. le comte* de Clermont, que lhe deram o posto de *Secrétaire des Commandements*. Aquele príncipe também o fez *Secrétaire du Gouvernement de Champagne*, posição que lhe rende 3 mil libras por ano.

Na verdade, Laujon tinha vantagens próprias: inteligência, boa aparência (*"Signalement*: louro e com um rosto muito bonito"), um pai procurador e uma parenta que era amante do *comte* de Clermont. Mas ele jogou certo as suas cartas.

O mesmo fez Gabriel-François Coyer, embora tivesse mão mais fraca e jamais se elevasse acima de um degrau médio na hierarquia literária. Sem riqueza, ligações de família ou um rosto bonito ("fisionomia desagradável e alongada"), ele, apesar disso, perseverou escrevendo livros e nas *belles-lettres*. Finalmente, surgiu uma fonte de renda firme e ele a agarrou.

> É um padre dotado de inteligência, embora um pouquinho inclinado ao pedantismo. Durante muito tempo, rondou as ruas de Paris, sem dinheiro e sem emprego. Mas, finalmente, encontrou um posto de tutor do príncipe de Turenne. Depois de desempenhá-lo de uma maneira que satisfez o príncipe, este o recompensou com a função de *Aumonier du Colonel Général de la Cavalerie*. Como a renda desse posto vai agora para o *comte* d'Evreux, M. de Turenne proporcionou-lhe uma pensão de 1.200 libras, que ele receberá até a morte de d'Evreux.

Um dos protegidos de Bernis, Antoine de Laurès ocupava uma posição precária num degrau médio-inferior da escada. Quando esboçou o relatório original sobre Laurès, d'Hémery não podia predizer os rumos da carreira do jovem. Por um lado, vinha de uma boa família: seu pai era *Doyen de la Chambre des Comptes* em Montpellier. Por outro, ficara sem dinheiro. Na verdade, morreria de fome em sua água-furtada, se suas odes ao rei e a Mme de Pompadour não resultassem, em breve, em algum patrocínio. Mas, de acordo com uma nota acrescentada posteriormente ao relatório, os versos pareciam estar funcionando.

> Ele conseguiu ser apresentado à *marquise* (de Pompadour), graças à influência do *abbé* de Bernis, e vangloriou-se de que ela lhe deu permissão para procurar um negócio capaz de render algum dinheiro, pois ela lhe fará ter sucesso. Algum tempo depois, conseguiu ser apresentado ao *comte* de Clermont, a quem agora corteja, graças à intervenção de M. de Montlezun, seu parente.[11]

Num degrau ainda mais baixo, Pierre-Jean Boudot, filho de um livreiro, compilava, abreviava e traduzia prodigiosamente. Mas ele dependia de protetores para seu sustento. "Ele é muito inteligente e muito protegido pelo *Président* Hénault, que lhe conseguiu um emprego na Bibliothèque du Roi", comentou d'Hémery, acrescentando que se acreditava que Boudot escrevera a maior parte do *Abrégé de l'Histoire de France* publicado com a assinatura de Hénault. Enquanto isso, Pierre Dufour, o filho de um dono de café, com 24 anos, tentava abrir caminho nos mais baixos escalões do mundo literário. Trabalhou como menino de recados numa gráfica. Comerciava livros proibidos. Insinuou-se entre os atores e dramaturgos da Comédie Italienne e da Opéra-Comique, graças à ajuda de Favart, seu padrinho. E, de alguma maneira, vinculou-se ao *comte* de Rubanprez, que lhe deu alojamento e alguma proteção, ineficaz. D'Hémery situou

Dufour como caráter suspeito, capaz de usar qualquer recurso e de abrir caminho à força, e que escrevia e comerciava literatura marginal, enquanto fingia vigiá-la a serviço da polícia: "É um sujeitinho vagabundo, muito matreiro." Dufour, na verdade, escreveu muito — meia dúzia de peças e paródias, um livro de poemas e um romance. Mas não conseguiu grande repercussão para qualquer dessas obras; e, então, finalmente, desistiu de escrever e assentou-se num emprego, numa livraria.

A constante e incansável procura de proteção evidencia-se em toda parte, nos relatos que d'Hémery faz de carreiras literárias. François Augier de Marigny ouve dizer que uma posição surgiu nos Invalides e improvisa rapidamente alguns poemas em louvor do *comte* d'Argenson, que indicará alguém para o lugar. Charles Batteux cultiva o médico de Mme de Pompadour e, assim, ganha um cargo vago de professor no Collège de Navarre. Jean Dromgold observa que o valor do *comte* de Clermont não é adequadamente celebrado num poema sobre a batalha de Fontenoy. Ataca o poema, num panfleto, e prontamente, é nomeado *Sécretaire des Commandements de Mgr. le comte* de Clermont.

Era o dia a dia da vida literária. D'Hémery registrou tudo sem questionamentos, sem qualquer consideração moralizante quanto ao servilismo dos escritores ou a vaidade dos protetores. Pelo contrário, parecia chocado quando um protegido se desviava da lealdade estrita que devia ao seu patrono. Antoine Duranlon tinha ganho a simpatia da casa de Rohan, que o fez nomear diretor do Collège de Maître Gervais, depois de servir à família como tutor, satisfatoriamente. Mas, uma vez empossado, Duranlon colocou-se ao lado de uma facção da Sorbonne que se opunha aos Rohan. numa disputa referente a direitos honoríficos reivindicados pelo *abbé* de Rohan-Guéménée. Os Rohan fizeram com que Duranlon perdesse seu posto e fosse exilado para Bresse — e foi bem feito, observou d'Hémery, porque o protegido respondera ao protetor com "a mais negra ingratidão". Como era laudatório, em contraste, o comportamento de F.-A. P. de Moncrif! Moncrif devia tudo ao *comte* d'Argenson, que, como já mencionamos, cuidara para que ele subisse todos os degraus de uma carreira literária ideal: três secretariados, uma parte da renda do *Journal des Savants*, um assento na Académie Française, um apartamento nas Tulherias e um cargo no serviço postal rendendo 6 mil libras por ano. Quando Moncrif descobriu algumas sátiras, contra o rei e Mme de Pompadour, que provinham da facção da corte anti-d'Argenson, pró-Maurepas, denunciou imediatamente seus autores — e fez bem: não apenas um escritor não deve jamais morder a mão que o alimentou, precisa também cortar todas as mãos do campo inimigo.

Assim, a proteção funcionava como o princípio básico da vida literária. Sua presença em toda parte, nos relatórios, faz com que outro fenômeno, o mercado literário, se torne conspícuo por sua ausência. Ocasionalmente, d'Hémery mencionava um escritor que tentava viver de sua obra. Gabriel-Henri Gaillard, por exemplo, aventurou-se no mercado durante um curto espaço de tempo, em 1750, depois de viver de empregos dados por Voltaire (porque os escritores estabelecidos também funcionavam, eles próprios, como protetores): "Era sub-bibliotecário no Collège des Quatre Nations, posição pouco importante, abandonada por ele para se empregar como tutor de crianças, o que lhe foi conseguido por M. de Voltaire. Só permaneceu nesta atividade por seis meses e, agora, vive de seus escritos [...]. Seus últimos trabalhos estão cheios de elogios a Voltaire, a quem é completamente devotado." Mas, logo depois, empregou-se no *Journal des Savants*, que o manteve com as dívidas pagas pelo resto de sua carreira. D'Hémery também mencionou um panfletista chamado La Barre, que tentou escrever para sair de um estado de "assustadora indigência", quando a Paz de Aix-la-Chapelle pôs fim ao seu emprego como propagandista no Ministério de Relações Exteriores. "Não tendo recurso algum depois do fim da guerra, entregou-se a La Foliot (um livreiro), que o mantém vivo e para quem ele escreve umas poucas coisas, de vez em quando." Mas tais casos eram raros, não porque faltassem, absolutamente, escritores necessitados de apoio, mas pelo fato de os livreiros não desejarem ou não poderem proporcioná-lo. E, numa anotação posterior, no relatório sobre La Barre, d'Hémery comentou que ele havia, finalmente, abocanhado "um empreguinho na *Gazette de France*", graças à intervenção do *Lieutenant-Général de Police*.

Quando estavam desesperados por dinheiro, os escritores, geralmente, caíam em atividades marginais, como contrabandear livros proibidos ou espionar os contrabandistas para a polícia. Não podiam esperar enriquecer com um *best-seller*, porque o monopólio que os editores tinham dos privilégios do livro e a indústria da pirataria impossibilitavam grandes expectativas em torno das vendas. Jamais recebiam direitos autorais, mas vendiam manuscritos por somas brutas, ou certo número de exemplares do livro impresso, que comerciavam ou davam a protetores em potencial. Os manuscritos raramente alcançavam grande preço, apesar do caso famoso das 6 mil libras pagas a Rousseau pelo *Émile*, e das 120 mil libras que reverteram para Diderot, por vinte anos de trabalho na *Encyclopédie*. D'Hémery observou que François-Vincent Toussaint recebeu apenas quinhentas libras por seu *best-seller Les Moeurs*, embora seu editor, Delespine, tivesse ganho pelo menos 10 mil libras com ele. O caso de Toussaint ilustrava uma proposição geral: "Ele trabalha muito para os livreiros, o que significa que é difícil para ele manter as contas em dia." D'Hémery observou que Joseph de La Porte sustentava-se com seus escritos, "e só tem isso como fonte de renda", como se o caso fosse incomum. O padrão habitual era buscar suficiente *succès de prestige* para atrair um protetor e conseguir um lugar na administração real ou numa casa rica.

Também se podia casar. Jean-Louis Lesueur não deixou grande marca na história da literatura, mas sua carreira representou um tipo ideal do ponto de vista da polícia: começando com pouco mais do que talento e amabilidade, ele conseguiu uma respeitável reputação, um protetor, uma sinecura e uma esposa rica.

> Ele é um rapaz inteligente e escreveu algumas óperas-cômicas, que foram encenadas com sucesso razoável. M. Bertin de Blagny conheceu-o no teatro, tornou-se seu amigo e lhe deu um emprego nas *parties casuelles* com ganhos de 3 mil por ano. É lá que ele, agora, está empregado.
> Acaba de se casar com uma mulher que lhe trouxe uma verdadeira fortuna. Certamente ele o merece, porque é um bom rapaz, com uma natureza extremamente amável.

D'Hémery não tinha uma visão sentimental do casamento. Tratava-o como uma medida estratégica na construção de uma carreira — ou, caso contrário, como um equívoco. As esposas dos escritores jamais eram mencionadas, nos relatórios, como inteligentes, cultivadas ou virtuosas; eram ricas ou pobres. Assim, d'Hémery não desperdiçou simpatia alguma com C.-G. Coqueley de Chausse-Pierre: "Casou-se com uma moça sem importância, de sua aldeia, que não tinha berço nem fortuna. Seu único mérito é o fato de ser aparentada com a esposa do *ex-Procureur Général*, que só se casou corn ela (a parenta) por uma questão de consciência, depois de tê-la, por muito tempo, como sua amante." Da mesma maneira, Poiteven Dulimon não parecia ter grandes possibilidades de se tornar conhecido com suas garatujas, porque "fez um mau casamento em Besançon". Os "maus" casamentos produziam filhos, em vez de dinheiro, e assim os relatórios mostram uma sucessão de infelizes *pères de famille*, batalhando contra façanhas demográficas desfavoráveis — Toussaint, reduzido a escrevinhador por ter onze filhos; Mouhy, espionando para a polícia, por ter cinco; Dreux de Radier e René de Bonheval, oprimidos pela prole e, portanto, condenados à rua da amargura pelo resto de suas vidas.

Consequentemente, os escritores precisavam de "bons" casamentos, mas, se não conseguissem realizá-los, deviam evitar completamente o matrimônio. Aparentemente, era a atitude da maioria. D'Hémery estava atento às relações de família, mas mencionou esposas e filhos em apenas duas dúzias de relatórios. Embora as informações sejam demasiado esparsas para se tirar alguma conclusão sólida, parece que a maioria dos escritores, especialmente os que estavam envolvidos nas "profissões intelectuais", jamais se casava. E, quando o faziam, muitas vezes esperavam até obter uma reputação e uma sinecura — ou até mesmo uma cadeira na Académie Française. Foi assim a carreira de J.-B.-L. Gresset, outra história de sucesso, aos olhos da polícia: primeiro, vários êxitos na Comédie Française, depois eleição para a Academia e, finalmente, com a idade de 44 anos, a filha de um rico comerciante de Amiens.

E como um escritor se desviaria dos riscos da paixão, enquanto trabalhava para a imortalidade? D'Alembert exortou todos os *philosophes* a abraçarem uma vida de castidade e pobreza.[12] Mas d'Hémery sabia que isto era mais do que a carne poderia suportar. Reconheceu a existência do amor, exatamente como admitia a economia do casamento. Marmontel e Favart aparecem ambos como *amourachés* (apaixonados) em seus relatórios — cada qual com uma atriz mantida pelo *maréchal* de Saxe. A *histoire* de Marmontel é tão rica em intrigas como a de Favart; de fato, parece uma trama de uma das peças de ambos: o jovem dramaturgo se apaixona pela atriz Mlle Verrière, pelas costas do velho *maréchal*. Dispensam um lacaio, para poderem dar plena vazão a sua paixão, sem serem observados. O lacaio, que trabalha como espião para o *maréchal* e talvez também para a polícia, sabe de suas paixões, apesar disso; e logo eles enfrentam o desastre — a perda de 12 mil libras por ano, para a atriz, e o término das proteções para o autor. Mas tudo acaba bem, porque Mlle Verrière, aparentemente, consegue reparar os danos com o *maréchal*, enquanto Marmontel transfere suas atenções para uma de suas colegas, Mlle Cléron. Depois de espiar por muitos buracos de fechaduras, fosse diretamente ou através de intermediários, d'Hémery viu com toda a clareza que a maioria dos escritores devia preferir as amantes.

Mais fácil dizer do que fazer. As atrizes da Comédie Française não se atiravam com muita frequência nos braços de autores pobres, mesmo os que tinham rostos como os de Marmontel e Favart. Os homens da rua da amargura viviam com mulheres de seu próprio meio — criadas, balconistas, lavadeiras e prostitutas. A combinação não tendia a produzir lares felizes, e poucas das *histoires* de d'Hémery têm *happy-ends*, especialmente quando consideradas do ponto de vista da mulher. Vejamos a vida amorosa de A.-J. Chaumeix, autor desconhecido que chegou a Paris com pouco dinheiro e grandes expectativas. Inicialmente, sobreviveu ensinando meio turno num internato. Mas a escola faliu e ele retirou-se para uma pensão, onde seduziu a criada, depois de prometer-lhe casamento. Logo se esqueceu, contudo, da paixão por ela. E, como começara a ganhar algum dinheiro, escrevendo opúsculos anti-Iluminismo para o livreiro Herissant, a noiva abandonada, que provavelmente estava grávida, exigiu reparações de Herissant e conseguiu recolher trezentas libras da conta de Chaumeix. Chaumeix, então, caiu de amores pela irmã de outro professor sem vínculos. Desta vez, não escapou do casamento, embora a mulher fosse "um 'demônio', que nada vale e de quem ele nada recebeu", segundo d'Hémery. Mas, alguns anos depois, ele fugiu para aceitar um emprego de tutor na Rússia, abandonando sua esposa e uma filhinha pequena.

As ligações eram perigosas para um homem de letras, porque ele poderia casar-se com sua amante, por "pior" que fosse a união. D'Hémery contou que A.-G. Meusnier de Querlon apaixonou-se por uma cafetina e casou-se com ela, para tirá-la da prisão. Não demorou muito e estava encurralado, com uma família para sustentar. Um emprego na *Gazette de France*, seguido pela editoria de *Les Petites affiches*, salvou-o da penúria; mas ele jamais acumulou o suficiente para manter-se na velhice, quando teve de ser salvo, mais uma vez, por uma pensão concedida por um financista. Vários outros escritores deixaram seu coração em bordéis, segundo o relato de suas vidas particulares que aparece nos arquivos de d'Hémery. Um poeta chamado Milon não conseguiu fugir de uma paixão pela cafetina de um estabelecimento no Carrefour des Quatre Cheminées, do qual era cliente regular. O dramaturgo e futuro jornalista Pierre Rousseau viveu com a filha de uma prostituta, que fazia passar por sua esposa. E dois outros escribas, o compositor F.-H. Turpin e um panfletista chamado Guenet, não apenas frequentavam prostitutas, mas se casaram com elas. Os casamentos da rua da amargura às vezes funcionavam. D'Hémery comentou que Louis Anseaume vivera muito mal, como professor de meio turno, até casar-se com a irmã de uma atriz da Opéra-Comique — "um casamento que ele fez mais por necessidade que por amor". Dois anos depois, estava muito bem, escrevendo e produzindo óperas-cômicas. Mas o casamento, habitualmente, puxava o escritor para baixo. O padrão normal se evidencia claramente em duas frases brutais, no relatório sobre o dramaturgo indigente Louis de Boissy: "É um cavalheiro. Casou-se com sua lavadeira." Vistos da perspectiva dos outros relatórios, os casamentos de Rousseau e Diderot — com uma servente de lavanderia semianalfabeta e a filha de uma lavadeira, respectivamente — não parecem incomuns.

Se os escritores não podiam esperar viver de seu trabalho e levar vidas de família respeitáveis, como escrever, em si, aparecia como carreira? A dignidade dos homens de letras e a santidade de sua vocação já surgira como tema central nos trabalhos dos *philosophes*,[13] mas nenhum tema parecido pode ser encontrado nos relatórios de d'Hémery. Embora a polícia reconhecesse um escritor, ao ver um, e o diferenciasse dos outros franceses dando-lhe um lugar nos arquivos de d'Hémery, não falava dele como se tivesse uma profissão ou uma posição distinta na sociedade. Podia ser um cavalheiro, um padre, um advogado ou um lacaio. Mas não tinha uma *qualité* ou *condition* que o separasse dos não escritores.

Como sugerem as frases francesas, d'Hémery utilizou um antigo vocabulário social que deixava pouco espaço para os intelectuais modernos, autônomos. Ele pode ter sido antiquado, em comparação com Diderot e D'Alembert, mas sua linguagem, provavelmente, correspondia razoavelmente bem às condições dos autores em meados do século XVIII. A polícia não podia situar o escritor dentro de qualquer categoria convencional, porque ele ainda não assumira sua forma moderna, livre de protetores, integrado no mercado literário e empenhado numa carreira. Com a nebulosidade conceitual que envolvia sua incerta posição, que tipo de *status* tinha ele?

Embora os relatórios policiais não forneçam uma resposta clara para esta pergunta, contêm algumas observações reveladoras. Por exemplo, d'Hémery, muitas vezes, referiu-se aos escritores como "rapazes" (*garçons*). A expressão nada tinha a ver com a idade. Diderot aparecia como um "rapaz" em seu relatório, embora tivesse, então, 37 anos, fosse casado e pai. O *abbé* Reynal, o *abbé* de l'Ecluse-des-Loges, e Pierre Sigorgne, todos eram "rapazes", na casa dos trinta; e Louis Mannory era um "rapaz" de 57. O que os separava dos escritores classificados, implicitamente, como homens adultos e, muitas vezes, explicitamente, como cavalheiros, era uma falta de distinção social. Fossem jornalistas, professores ou abades, eles ocupavam posições vagas e mutáveis nos escalões inferiores da república das letras. Entravam e saíam da rua da amargura e se apinhavam no setor do espectro sócio-ocupacional mencionado anteriormente como as "profissões intelectuais". Necessita-se recorrer a esse anacronismo porque o Antigo Regime não tinha uma categoria para pessoas como Diderot. "Rapaz" era o melhor que d'Hémery podia fazer. Ele jamais pensaria em aplicar tal termo ao *marquis* de Saint-Lambert, oficial militar, que tinha apenas 33 anos, quando d'Hémery escreveu o relatório sobre ele, ou a Antoine Petit, médico, que tinha 31. "Rapaz" implicava marginalidade e servia para situar o não situável, os obscuros precursores do intelectual moderno, que apareciam nos arquivos policiais como *gens sans état* (pessoas sem um estado).

O uso que d'Hémery faz da linguagem não deve ser atribuído a peculiaridades de um burocrata consciente do *status*; ele partilhava os preconceitos de seu tempo. Assim, no relatório sobre Pierre-Charles Jamet, comentou, como se fosse uma coisa normal: "Diz-se que é de boa família"; e comentou que Charles-Etienne Pesselier, um arrendatário de impostos, era "um homem de honra (*galant homme*), o que é dizer muito para um poeta e um financista". Mas d'Hémery não era nenhum esnobe. Em seu relatório sobre Toussaint, escreveu: "Não se poderia dizer que é bem-nascido, porque é filho de um fabricante de calçados da paróquia de Saint-Paul. Mas nem por isso é pessoa menos estimável." Quando os relatórios menoscabam os escritores, não parecem expressar os pontos de vista pessoais de d'Hémery, e sim, muito mais, atitudes próprias de seu meio. Claro que não se pode distinguir claramente entre os ingredientes pessoais e os sociais, em tais declarações. Mas, em alguns lugares, especialmente em momentos de descontração, ou em anotações casuais, d'Hémery parecia articular pressuposições gerais. Por exemplo, na *histoire* de Jacques Morabin, observou, de maneira trivial: "É inteligente e autor de um livro em dois volumes in-quarto, intitulado *La Vie de Cicéron*, que dedicou a M. *le comte* de Saint-Florentin, seu protetor e de quem foi secretário. Foi este senhor quem o deu a M. Hénault." Um escritor podia ser passado de um protetor para outro, como um objeto.

O tom de tais comentários correspondia ao tratamento que recebiam os escritores comuns. A sova que deram em Voltaire os criados do cavaleiro de Rohan é citada, muitas vezes, como um exemplo de desrespeito pelos escritores no início do século. Mas os escritores que ofendiam personagens importantes ainda eram espancados na era da *Encyclopédie*. Pierre-Charles Roy, um dramaturgo idoso, razoavelmente distinto, quase foi morto por uma surra dada por um criado do *comte* de Clermont, que queria vingar-se de um poema satírico escrito durante uma disputada eleição para a Académie Française. G.-F. Poullain de Saint-Foix aterrorizou audiências durante toda a década de 1740, surrando qualquer pessoa que vaiasse suas peças. Corriam boatos de que eliminara vários críticos em duelos e ameaçara cortar as orelhas de qualquer resenhista que o criticasse severamente. Até Marmontel e Fréron envolveram-se numa briga. Enquanto o *beau monde* passeava entre atos no *foyer* da Comédie Française, Marmontel pediu satisfações por algumas observações satíricas que Fréron dirigiu-lhe no *Année Littéraire*. Fréron sugeriu que caminhassem para fora. Depois de cruzar espadas algumas poucas vezes, foram separados e recorreram aos *maréchaux* de France, que cuidavam de questões de honra. Mas o *maréchal* d'Isenquien despachou-os, considerando que aquilo era "coisinha de nada, de que só a polícia poderia encarregar-se", e o caso apareceu nos relatórios de d'Hémery como "cômico". Para d'Hémery, como para todas as outras pessoas, havia algo risível na noção de honra de um escritor e no espetáculo de escritores defendendo-a, como se fossem cavalheiros.

Claro que muitos escritores não precisavam preocupar-se em serem protegidos, espancados ou transformados em alvo de piadas. Era impensável, para eles, casarem-se com prostitutas ou serem chamados de "rapaz"; porque tinham uma *dignité* independente, uma posição estabelecida, como magistrados, advogados ou funcionários governamentais. Mas o escritor comum permanecia exposto às brutalidades de um mundo tumultuado, e seus contemporâneos não o punham num pedestal. Enquanto os *philosophes* alicerçavam o culto moderno do intelectual, a polícia expressava uma visão mais ordinária, terra a terra, de sua "caça". Escrever podia embelezar a carreira de um cavalheiro e conduzir um plebeu a uma sinecura. Porém, mais provavelmente, produziria inúteis. D'Hémery simpatizava com a família de Michel Portelance, jovem brilhante que podia ser alguém, se conseguisse desistir de sua vocação poética: "Ele é filho de um criado doméstico e tem um tio que é cônego e pretendia fazer dele alguém de peso. Mas ele entregou-se inteiramente à poesia, o que levou o tio ao desespero."

Ao mesmo tempo, d'Hémery admirava o talento. Para ele, Fontenelle era "um dos gênios mais belos de nosso século"; e Voltaire era "uma águia em seu espírito, mas um péssimo sujeito em suas opiniões". Embora a voz do inspetor de polícia pudesse ser escutada neste comentário, aí estava implícito um toque de respeito. D'Hémery fez um relato bastante simpático das dificuldades de Montesquieu com *L'Esprit des lois* e manifestou igual simpatia pelo próprio Montesquieu: "É um homem extremamente inteligente, terrivelmente perturbado por sua visão deficiente. Escreveu vários trabalhos encantadores, como as *Lettres persanes*, *Le Temple de Gnide* e o celebrado *L'Esprit des lois*."

Comentários assim seriam impensáveis nos tempos de Luís XIV, quando Vauban e Fénelon foram exilados da corte por publicações menos ousadas e quando Racine desistiu de escrever, para se tornar um cavalheiro. Tampouco estariam bem situados no século XIX, quando Balzac e Hugo estabeleceram o estilo heroico da atividade literária e Zola consumou a conquista do mercado. D'Hémery expressava uma etapa intermediária na evolução do *status* do escritor. Ele não pensava no ato de escrever como uma carreira independente ou um estado distinto. Mas respeitava-o como uma arte — e sabia que devia ser vigiado por sua força ideológica.

Embora a ideologia não existisse como conceito, para d'Hémery, ele colidia com ela todos os dias — não como uma corrente descendente do Iluminismo ou como uma irrupção ascendente de consciência revolucionária, mas como uma forma de perigo que encontrava no nível das ruas. A noção de "perigo" aparece em muitos relatórios, habitualmente em conexão com observações sobre tipos suspeitos. D'Hémery usava uma escala graduada de epítetos: "bom sujeito" (Fosse), "um sujeito mais ou menos ruim" (Olivier, Febre, Néel), "mau sujeito" (Courtois, Palmeus), e "sujeito péssimo" (Gournay, Voltaire) — ou "não suspeito" (Boissy), "suspeito" (Cahusac) e "extremamente suspeito" (Lurquet). Ele parecia medir cuidadosamente sua linguagem, como se avaliasse o grau de perigo em cada dossiê. E o contexto de suas observações sugere que ele relacionava "perigo" com "maus sujeitos", de uma maneira peculiar ao trabalho da polícia nos tempos do Antigo Regime. Palmeus era "um sujeito perigoso, ruim", porque escrevia cartas anônimas, contra seus inimigos, para autoridades. Mlle de Faulque de la Cépède parecia igualmente ruim, porque enganara dois amantes, falsificando sua escrita em cartas forjadas — intriga que hoje poderia parecer banal, mas que d'Hémery levou a sério: "Esse talento é muito perigoso em sociedade." A habilidade em comprometer alguém parecia especialmente ameaçadora, num sistema em que os indivíduos subiam e caíam de acordo com seu *crédit*, ou reputação. Os que tinham mais *crédit*, os funcionários públicos ou *gens en place*, tinham mais a perder deixando de ser bem-vistos. Assim, d'Hémery acautelava-se especialmente contra as pessoas que recolhiam informações com o objetivo de prejudicar reputações de pessoas em postos elevados. É o caso de P.-C. Nivelle de La Chaussée: "Ele nunca fez nada suspeito, mas não é estimado, por ser considerado perigoso e capaz de causar danos às pessoas, em segredo."

Os danos secretos — uma ideia transmitida por verbos como *nuire* e *perdre* (prejudicar, arruinar) — usualmente tomavam a forma da denúncia, o princípio contrário ao da proteção, que operava em todo o sistema como uma força contraposta. D'Hémery encontrava denúncias em toda parte. Um poeta sem dinheiro, chamado Courtois, pôs-se a soldo de um capitão do exército que queria colocar um inimigo na prisão, dando informações sobre ele à polícia, em carta anônima. Certa Mme Dubois teve uma violenta briga com o marido, balconista de uma alfaiataria, e depois tentou encerrá-lo na Bastilha, através de uma carta com nome falso, na qual dizia que o vira lendo um violento poema contra o rei, diante de uma multidão, durante as comemorações da Terça-feira Gorda de Carnaval. Um banqueiro, Nicolas Jouin, fez a amante de seu filho ser atirada à prisão; e o filho retaliou com uma carta anônima, que levou o pai à Bastilha, com a revelação de que ele escrevera uma série de opúsculos jansenistas, inclusive um panfleto contra o arcebispo de Paris.

Vigiar essas difamações era trabalho de tempo integral para a polícia. D'Hémery não se preocupava com casos em que a reputação de pessoas humildes estava em jogo. Fez-se de surdo para uma garçonete de café que se queixou de ser exposta ao sarcasmo público por um panfleto de seu amante rejeitado, um poeta chamado Roger de Sery. Mas prestou muita atenção a Fabio Gherardini, que denegriu, num panfleto, a genealogia do *comte* de Saint-Séverin; a Pierre-Charles Jamet, que difamou o fiscal-geral e seus ancestrais; e a Nicolas Lenglet du Fresnoy, que queria publicar uma história da Regência, "cheia de coisas muito fortes contra as famílias no poder". Quando clãs e clientelas eram caluniados, tratava-se de um caso oficial; porque, num sistema de política de corte, as personalidades contavam tanto quanto os princípios e o crédito pessoal seria minado por um panfleto bem colocado.

Assim, o trabalho ideológico da polícia consistia, frequentemente, em caçar panfletistas e suprimir *libelles*, a forma que a difamação assumia, quando aparecia impressa. D'Heméry tomava um cuidado especial em proteger a reputação de seus próprios protetores — especialmente o *Lieutenant-Général de Police*, Nicolas-René Berryer, e a facção de d'Argenson, na corte — e os relatórios, algumas vezes, mostram que, ao seguir o rastro de um escritor, ele agia sob ordens de seus superiores. No relatório sobre Louis de Cahusac, por exemplo, d'Héméry comentou que Berryer disse: "Ele foi considerado suspeito na corte e deveria ser submetido a minuciosas investigações." Cahusac não escreveu opúsculos revolucionários. Mas parecia um "mau sujeito", porque passou por uma sucessão de clientelas — do *comte* de Clermont ao *comte* de Saint-Florentin, ao financista la Poplintière — e publicou um romance pseudojaponês, *Gri-gri*, que continha informações suficientes para arruinar muitas reputações na corte. Da mesma maneira, Berryer advertiu d'Héméry para vigiar J.-A. Guer, um "mau sujeito", da facção Machault na corte, porque ele, recentemente, viajara para a Holanda, com o objetivo de acertar a publicação de alguns "manuscritos suspeitos".

Adjetivos como "suspeito", "ruim" e "perigoso" proliferavam nos relatórios sobre tais figuras. D'Héméry considerou L.-C. Fougeret de Montbron particularmente "ruim", porque especializava-se em *libelles*:

Recentemente, ele publicara em Haia um trabalho de oito ou nove folhas, intitulado *Le Cosmopolite, citoyen du monde*. É uma sátira contra o governo da França e, especialmente, contra M. Berryer e M. d'Argens, um alvo especial para seu ressentimento, porque acha que ele (o *marquis* d'Argens) causou sua expulsão da Prússia, onde morava.

Os mais perigosos *libellistes* visavam às figuras mais elevadas do reino, disparando de além-fronteiras. Em abril de 1751, d'Hémery comentou que L.-M. Bertin de Frateaux "está atualmente em Londres e esteve, anteriormente, na Espanha. Ainda está dizendo coisas ruins de seu país, e coligou-se com um grupo de maus sujeitos, para satirizá-lo". Um ano depois, d'Hémery informou que Bertin estava na Bastilha. Depois de apreender alguns manuscritos que ele escondera em Paris, a polícia enviou um agente com o objetivo de atraí-lo para fora de Londres, e capturou-o em Calais. Ele ficou preso durante dois anos e meio, por ter escrito "*libelles* da maior violência contra o rei e toda a família real".

O trabalho de d'Hémery, como ele o entendia, incluía a proteção do reino através da supressão de qualquer coisa que pudesse prejudicar a autoridade do rei. Os panfletos insultuosos sobre Luís xv e Mme de Pompadour, que podem parecer ao leitor moderno apenas um pouco além de simples boataria, ele considerava insurreição. Então, reservava sua linguagem mais forte para os *libellistes* como Nicolas Lenglet du Fresnoy, "homem perigoso, que derrubaria um reino", e para os panfletistas e *frondeurs* parlamentares que se reuniam nos salões de Mme Doublet e Mme Vieuxmaison, "a mais perigosa (sociedade) de Paris". Esses grupos não apenas mexericavam sobre as intrigas da corte e a política; escreviam as mais prejudiciais informações, em *libelles* e gazetas manuscritas, que circulavam às escondidas por toda parte, na França. Uma meia dúzia desses jornalistas primitivos (*nouvellistes*) figura no relatório de d'Hémery. Ele os levava a sério, porque tinham um efeito real na opinião pública. Seus espiões escutavam ecos de suas *"nouvelles"* em cafés e jardins públicos, e até entre as pessoas comuns, em meio às quais as notícias viajavam verbalmente, de boca em boca. Portanto, registrou o relato, feito por um espião, de uma arenga de Pidansat e Mairobert, um *nouvelliste* indispensável do salão Doublet e "a pior língua de Paris", de acordo com d'Hémery: "Mairobert disse, no café Procope, falando sobre as recentes reformas (o imposto da vigésima), que alguém do exército deveria eliminar toda a corte, cujo único prazer é prejudicar a gente simples e perpetrar a injustiça."

Os agentes policiais estavam sempre de ouvido atento para conversas sediciosas (*propos*) e os escritores, muitas vezes, eram presos por este motivo. D'Hémery mantinha registros de tudo em seus arquivos, nos quais nos deparamos, com frequência, com personagens suspeitos como F.-Z. de Lauberivières, cavaleiro de Quinsonas, um soldado transformado em *nouvelliste*, "extremamente livre em seus *propos*"; J.-F. Dreux du Radier, exilado "por *propos*"; F.-P. Mellin de Saint-Hilaire, enviado para a Bastilha "por *propos* [...] contra Mme de Pompadour"; e Antoine Bret, também na Bastilha por "*propos* sediciosos contra o rei e Mme de Pompadour". Algumas vezes, pode-se quase escutar a conversa. O relatório de d'Hémery sobre Pierre-Mathias de Gornay, padre, geógrafo e "sujeito muito ruim", parece um registro estenográfico do que estava no ar, nos lugares públicos:

> Em 14 de março de 1751, caminhando pelos jardins do Palais Royal, e conversando sobre a polícia, ele disse que jamais houve uma inquisição mais bárbara e mais injusta do que a que governa Paris. É um despotismo tirânico, que todos desprezam. A fonte de tudo isso, disse ele, é um rei fraco e sensual, que não

se preocupa com questão alguma, a não ser com as que lhe dão uma oportunidade de se embrutecer de prazer. É uma mulher que segura as rédeas [...] Não foi possível escutar o resto.

O mesmo tema apareceu no poema que a esposa de um balconista, Mme Dubois, enviou à polícia, a fim de inculpar seu marido, e em vários outros poemas, que eram adaptados às melodias das canções populares e cantados nas ruas por toda parte. Os agentes policiais escutavam pessoas de todos os meios cantando versos como:[14]

Lâche dissipateur des biens de tes sujets,
Toi qui comptes les jours par les maux que fu fais,
Esclave d'un ministre et d'une femme avare,
Louis, apprends le sort que le ciel te prepare.

Indolente dissipador da riqueza de teus súditos
Tu, que contas os dias pelos males que fazes,
Escravo de um ministro e de uma mulher avarenta,
Luís, ouve o que o céu te reserva.

O rei estava tendo uma má publicidade em todos os veículos da época — em livros, panfletos, gazetas, boatos, poemas e canções. Então, o reino parecia um tanto frágil a d'Hémery. Se o supremo protetor perdesse o comando da lealdade de seus súditos, todo o sistema de proteção poderia falhar. D'Hémery não previa uma revolução; mas, ao inspecionar a república das letras, viu uma monarquia que se tornava cada vez mais vulnerável às ondas hostis da opinião pública. Enquanto cortesãos subiam e caíam, através de mutáveis clientelas, os panfletistas desgastavam, no público em geral, o respeito pelo regime; e o perigo estava à espreita em toda parte — mesmo no sórdido cômodo, nas proximidades da Place de l'Estrapade, em que um "rapaz" chamado Diderot garatujava um *dictionnaire encyclopédique*.

Nouvellistes *agrupados num café*. A foto é cortesia da Bibliothèque Nationale, Paris.

À primeira vista, entretanto, parece estranho que d'Hémery associasse Diderot com o perigo. Diderot não escrevia *libelles*, mas opúsculos iluministas, e o Iluminismo não aparece como força ameaçadora nos relatórios. Na verdade, não aparece, em absoluto. D'Hémery jamais usou expressões como *Lumières* e *philosophe*. Embora compilasse dossiês sobre praticamente todos os *philosophes* com alguma coisa publicada por volta de 1753, ele não os tratou como um grupo; e, muitas vezes, dava-lhes uma ficha limpa, como indivíduos. Não apenas escreveu respeitosamente sobre figuras mais idosas, de destaque, como Fontenelle, Duclos e Montesquieu, mas também descreveu d'Alembert como "um homem encantador, tanto em sua personalidade como na inteligência". Rousseau figura nos relatórios como uma personagem espinhosa, mas uma pessoa de "mérito eminente" e "grande inteligência", que tinha talento especial para a música e as polêmicas literárias. Até mesmo Voltaire, "um sujeito muito ruim", aparece, fundamentalmente, como uma celebridade e um intrigante no mundo das letras e da corte. D'Hémery mencionou apenas dois dos famosos salões filosóficos — o de Mme Geoffrin e o da *marquise* de Créquy — e referia-se a eles apenas de passagem, negligenciando completamente os importantes grupos de intelectuais que se reuniam em torno de Mlle de Lespinasse, Mme du Deffand, Mme de Tencin e do *baron* d'Holbach. Aparentemente, ele não identificou um meio filosófico e não concebeu o Iluminismo como um movimento coerente de opinião, ou não chegou sequer a concebê-lo. O fluxo intelectual que aparece na maioria dos compêndios como corrente central da história cultural não vem à tona nos relatórios policiais.

Acha-se presente ali, no entanto — sob a superfície. Ao contrário dos *libellistes* e *nouvellistes*, Diderot representava uma variante insidiosa de perigo: o ateísmo. "É um jovem que brinca com a inteligência e se orgulha de sua irreligiosidade; muito perigoso; fala dos sagrados mistérios com desdém", comentou d'Hémery. O relatório explica que, depois de escrever horrores como *Les Pensées philosophiques* e *Les Bijoux indiscrets*, Diderot fora para a prisão por causa da *Lettre sur les aveugles* e agora trabalhava no *dictionnaire encyclopédique* com François-Vincent Toussaint e Marc-Antoine Eidous. Esses escritores tinham dossiês próprios nos arquivos de d'Hémery, bem como o predecessor de ambos na empreitada inicial da *Encyclopédie*, Godefroy Selius, e também os livreiros que o financiavam. Todos pareciam personagens dúbios, que viviam à moda da rua da amargura, fazendo uma compilação aqui e uma tradução acolá, com intervalos de pornografia e irreligião. D'Hémery comentou que Eidous fornecera uma parte do material libidinoso para o *Bijoux indiscrets* de Diderot, publicado clandestinamente em 1748 por Laurent Durand, um dos editores da *Encyclopédie*, enquanto outro enciclopedista, Jean-Baptiste de la Chapelle, suprira de irreligiosidades a *Lettre sur les aveugles*: "Ele pretende que Diderot baseou-se em suas palavras, quando escreveu a conversa de Saunderson, que é a coisa mais forte contra a religião em *Lettre sur les aveugles*."

As referências remissivas, nos relatórios, certamente fazem parecer que Diderot tinha más companhias e que as companhias se refletiam negativamente na *Encyclopédie*, em especial depois que um dos colaboradores de Diderot, o *abbé* Jean-Martin de Prades, foi expulso da França por heresia. No início do ano de 1752, exatamente quando foi publicado o segundo volume da *Encyclopédie*, os professores da Sorbonne descobriram irreverências espalhadas por toda a tese que Prades defendera recentemente, com sucesso, para uma licenciatura, na própria faculdade de teologia deles. Era já suficientemente desagradável encontrar tal podridão filosófica — sem falar em procedimentos de exame negligentes — no templo da ordotoxia, e de Prades ainda, pelo que parecia, tirou seu texto do *Discours préliminaire* e levou-o para a *Encyclopédie*. Ele realmente forneceu a Diderot matéria-prima referente a assuntos teológicos e dividia acomodações com dois outros colaboradores, os abades Yvon e Pestré. Além disso, o trio de *abbés-encyclopédistes* tinha ligações com *abbés-philosophes*: o *abbé* Edme Mallet, outro colaborador da *Encyclopédie*; o *abbé* Guillaume-Thomas-François Raynal, mais tarde famoso como autor da franca *Histoire philosophique et politique des établissements et du commerce des Européens dans les deux Indes*; e o *abbé* Guillaume Alexandre Méhégan, posteriormente editor do *Journal encyclopédique* e que foi para a Bastilha em 1752, por seu *Zoroastre*, que d'Hémery descreveu como "um *libelle* atroz contra a religião, que ele dedicou a M. Toussaint". De Prades e Yvon só escaparam da mesma sorte fugindo da França, mas não perderam contato com seus antigos companheiros. D'Hémery comentou que Yvon continuou a escrever para a *Encyclopédie*, de seu local de refúgio, na Holanda, e que Pestré corrigia provas para um panfleto defendendo de Prades, que se instalara em segurança com Frederico II, da Prússia.

A combinação de *abbés* heréticos e ateus de águas-furtadas fez a *Encyclopédie* parecer suspeita; mas, ao contrário dos comentaristas subsequentes, como o *abbé* Barruel, d'Hémery não detectou nenhuma conspiração por trás dela. Aparentemente, não fez qualquer esforço especial para acompanhar os passos de seus colaboradores. Apenas 22 deles aparecem em seus relatórios — menos de 10% de todos os que haviam escrito pelo menos um artigo, por volta de 1765, quando os volumes finais do texto foram publicados. Entre 1748 e 1753, o livro ainda não se tornara um anátema para as autoridades nem um símbolo do Iluminismo para o público leitor. Ainda era um empreendimento legal, protegido pelo superior de d'Hémery, Lamoignon de Malesherbes, o Diretor do Comércio Livreiro, e dedicada ao *comte* d'Argenson, ministro da Guerra. Então, d'Hémery não o tratou como uma séria ameaça ideológica, embora permanecesse atento ao núcleo original de seus autores.

Mas ele realmente viu perigo em Diderot — não por causa do *Encyclopédisme*, conceito que não aparece nos relatórios, mas porque Diderot contribuiu para uma corrente de livre-pensamento que parecia estar disseminada em toda parte em Paris. D'Hémery registrou com cuidado especial o fato de se dizer que Diderot zombava dos sacramentos: "Ele disse que, quando chegar ao fim de sua vida, vai confessar-se e receber (em comunhão) o que eles chamam de Deus, mas não por qualquer obrigação; simplesmente, por consideração para com sua família, para que não se lhes reprove o fato de que ele morreu sem religião." O que havia de penoso, segundo a maneira de ver de d'Hémery, era que uma porção de outros escritores partilhavam desta atitude. Vários deles aparecem nos relatórios com o epíteto de *libertin* (livre-pensador) relacionado aos seus nomes: é o caso de L.-J.-C. Soulas d'Allainval, Louis-Mathieu Bertin de Frateaux e Louis-Nicolas Guéroult. D'Hémery deteve-se em popularizadores da ciência, como Pierre Estève, que escreveu um opúsculo materialista sobre as origens do Universo; historiadores como François Turben, que transformou uma história da Inglaterra numa acusação geral contra a religião; e todo um rebanho de poetas ímpios — não apenas *libertins* bem conhecidos como Voltaire e Piron, mas obscuros versejadores como L.-F. Delisle de la Drevetière, J.-B. La Cote, certo *abbé* Ozanne, *abbé* Lorgerie e um funcionário chamado Olivier. D'Hémery sabia que manuscritos estes homens guardavam em suas pastas e o que estavam escrevendo naquele momento: Lorgerie acabara de finalizar "uma epístola contra a religião", e Delisle trabalhava num "poema no qual a religião é denegrida". Como recebia relatórios sobre o que era dito nos salões e cafés, d'Hémery também sabia que o *comte* de Maillebois recitara, num jantar, um poema obsceno sobre Jesus Cristo e são João Batista, que o *abbé* Méhégan pregava abertamente o deísmo, e que César Chesneau du Marsais era completamente ateu. Manter a vigilância em torno dos assuntos religiosos era uma parte importante do trabalho da polícia e, para d'Hémery, parecia ser uma questão de medir uma crescente onda de irreligião.

Um exemplo concludente mostra como ocorria esse policiamento e por que era importante — o relatório sobre Jacques le Blanc, obscuro *abbé* que escrevia opúsculos antirreligiosos num aposento em Versalhes. Depois de completar um tratado intitulado *Le Tombeau des préjugés sur lesquels se fondent les principales maximes de la religion*, Le Blanc começou a procurar um editor. Conheceu um homem chamado Valentin, que afirmava ser um perito na indústria do livro em Paris e se ofereceu para atuar como seu agente. Mas a leitura de uma sinopse do manuscrito convenceu Valentin de que podia ganhar mais dinheiro denunciando Le Blanc ao arcebispo de Paris, em troca de uma recompensa. O arcebispo enviou-o à polícia, com instruções para montar uma armadilha, a fim de pegar o *abbé en flagrant délit*. Valentin e d'Hémery tramaram um falso encontro numa casa de pasto na rua Poissonière, em Paris. Depois, Valentin instruiu Le Blanc para vir disfarçado, a fim de não ser reconhecido, e trazer o manuscrito, porque dois livreiros estavam ansiosos para comprá-lo. O *abbé* trocou seu traje clerical por um velho terno negro e uma peruca antiga. Parecendo um desmazelado salteador de estrada, segundo o relato até simpático de d'Hémery, ele chegou à hora marcada. Valentin apresentou-o aos livreiros que, na verdade, eram policiais disfarçados. Em seguida, exatamente quando se preparavam para fechar o negócio, d'Hémery, com uma investida, agarrou o manuscrito e carregou Le Blanc para a Bastilha. O embuste poderia ter resultado numa *histoire* divertida, mas parece triste e séria, na narrativa de d'Hémery. Valentin é um perigoso aventureiro, Le Blanc, uma vítima desorientada, e o manuscrito, uma iniquidade. D'Hémery resumiu as proposições nele contidas da seguinte maneira: a Bíblia é uma coleção de contos de fadas; os milagres de Cristo são fábulas, usadas para lograr os crédulos; cristianismo, judaísmo e islamismo são igualmente falsos; e todas as provas da existência de Deus são absurdos "inventados por razões políticas". As implicações políticas do episódio pareciam especialmente importantes a d'Hémery: "No final de seu manuscrito está escrito: 'Feito na cidade do sol', que é Versalhes, onde ele viveu e onde o escreveu, 'no harém dos hipócritas', que é o seu mosteiro."

D'Hémery não separava a irreligião da política. Embora não tivesse interesse algum em discussões teológicas, acreditava que o ateísmo minava a autoridade da Coroa. Em última instância, então, os *libertins* constituíam a mesma ameaça que os *libelles* e a polícia precisava reconhecer o perigo sob ambas as formas, quer atingisse pelas costas, sob a forma de difamação pessoal, quer se disseminasse pela atmosfera, a partir das águas-furtadas dos *philosophes*.

Diderot, portanto, aparece como a encarnação do perigo, nos arquivos policiais: "É um rapaz muito inteligente, mas extremamente perigoso." Visto à luz de quinhentos outros relatórios, também parece enquadrar-se num padrão. Como muitos outros escritores, era do sexo masculino, no início da meia-idade, nascido de uma família de artesãos instruídos, numa pequena cidade nas imediações de Paris. Casara-se com uma mulher de origem igualmente humilde e passou três meses na prisão de Vincennes, além de uma boa quantidade de tempo na rua da amargura. Claro, muitos outros modelos podem ser encontrados nos relatórios. Nenhuma fórmula sociológica fará justiça a todos eles, porque a república das letras era um vago território espiritual; e os escritores permaneciam espalhados pela sociedade, sem uma identidade profissional clara. Não obstante, ao identificar Diderot, d'Hémery distinguiu um elemento crítico do Antigo Regime, e que necessitava de vigilância especial, dentro da perspectiva da polícia. Observando a polícia vigiar as tendências de Diderot, vê-se a obscura figura do intelectual tomar uma forma perceptível e emergir como uma força a ser considerada, na França do início dos tempos modernos.[15]

APÊNDICE: TRÊS *HISTOIRES*

Os três relatórios seguintes mostram como era a vida nos escalões inferiores da república das letras e como a polícia observava tudo. Ilustram o mundo que Diderot dramatizou em *Le Neveu de Rameau* e que ele habitava, enquanto trabalhava na *Encyclopédie*. E indicam a maneira como d'Hémery organizava o material de seus dossiês, sob os seis cabeçalhos impressos de seus formulários padronizados, acrescentando novas anotações, quando adquiria mais informações.

1. Denis Diderot

NOME: Diderot, escritor, 1º de janeiro de 1748.
IDADE: 36 anos.

Local de nascimento: Langres.

Descrição: Altura mediana, fisionomia razoavelmente agradável.

Endereço: Place de l'Estrapade, em casa de um estofador.

História:

Ele é filho de um cuteleiro de Langres.

Rapaz muito inteligente, mas extremamente perigoso.

Escreveu *Les Pensées philosophiques*, *Les Bijoux* e outros livros desse gênero.

Também fez *L'Allée des idées*, que tem, manuscrito, em sua casa e prometeu não publicar.

Está trabalhando num *Dictionnaire encyclopédique*, com Toussaint e Eidous.

9 de junho de 1749. Fez um livro intitulado *Lettre sur les aveugles à l'usage de ceux qui voient*.

24 de julho. Foi preso e levado para Vincennes por causa disto.

É casado, mas teve como amante Mme de Puysieux, durante algum tempo.

(Numa folha suplementar, está escrito:)

Ano de 1749.

Autor de livros contra a religião e a boa moral.

Denis Diderot, nativo de Langres, escritor vivendo em Paris.

Entrou no calabouço de Vincennes em 24 de julho de 1749; liberado do calabouço, foi preso no castelo, por ordem emitida em 21 de agosto.

Saiu em 3 de novembro do mesmo ano.

Por ter escrito um trabalho intitulado:

Lettre sur les aveugles à l'usage de ceux qui voient clair (e também) *Les Bijoux indiscrets*, *Pensées philosophiques*, *Les Moeurs*, *Le Sceptique ou l'allée des idées*, *L'Oiseau blanc, conte bleu* etc.

É um rapaz que brinca com a inteligência e se orgulha de sua irreligiosidade; muito perigoso; fala dos sagrados mistérios com desdém. Diz que, quando chegar ao fim de sua vida, vai

confessar-se e receber (em comunhão) o que eles chamam de
Deus, mas não por qualquer obrigação; simplesmente, por respeito para com sua família, para não ser criticada pelo fato de
ele ter morrido sem religião.

Commissioner De Rochebrune
D'Hémery, exempte, de robe courte

2. *ABBÉ* Claude-François Lambert

NOME: Lambert (*abbé*), padre, escritor. 1º de dezembro de 1751.
IDADE: 50 anos.
LOCAL DE NASCIMENTO: Dôle.
DESCRIÇÃO: Baixo, malconformado, com aspecto de um sáti-
ro e um rosto cheio de espinhas.
ENDEREÇO: Rua de la Verrerie, na oficina dos tintureiros, no
quarto andar.
HISTÓRIA:
Ele foi jesuíta entre os dezesseis e dezessete anos. É um su-
jeito muito ruim, um bêbado e bordeleiro.

Em 1746, viveu com a filha de um certo Antoine, empregado no departamento do comissariado. Fazia-a passar por
sua esposa; e, adotando o nome de Carré, instalou-se com ela num
quarto mobiliado na estalagem da viúva Bailly, onde ela deu à
luz um menino. Depois, fugiram, sem pagar uma conta de 850
libras. Depois de sete anos, a viúva Bailly descobriu sua nova
residência e deu queixa contra ele ao *Lieutenant-Général de Po-*
lice. Então, ele foi forçado a fazer acertos que lhe permitissem
pagar aquela soma, no curso de dois anos.

A mulher e seu filho pequeno vivem agora com ele. Ela chama a si mesma de governanta.

Em 1744, ele publicou *Lettres d'un seigneur hollandais*, em
três volumes, nos quais discutia os interesses dos príncipes

O GRANDE MASSACRE DE GATOS | 243

na última guerra. Escreveu esse trabalho a mando do *comte* d'Argenson, que o fez recompensar por isto. Desde então, ele publicou um *Recueil d'observations*, em quinze volumes in--duodécimo, com Prault fils. É uma compilação muito ruim de trechos de vários autores, cheia de erros e muito mal escrita. Depois disto, ele passou algum tempo na Suíça, no *entourage* do *marquis* de Paulmy. Ao voltar, publicou um romance de má qualidade intitulado *Histoire de la princesse Taïven, reine de Mexique*, publicado como se fosse uma tradução do espanhol, por Tuillyn. E, finalmente, ele acaba de publicar uma *Histoire littéraire du règne de Louis XIV*, três volumes in-quarto, que mandou imprimir às suas próprias expensas, porque nenhum livreiro quis fazer a edição. Mansart, o arquiteto do rei, adiantou-lhe os fundos necessários para seu empreendimento. Parece muito improvável que ele vá receber de volta seu dinheiro (12 mil libras), porque foram vendidos apenas cem exemplares de uma tiragem de 1.200. É um trabalho malfeito, Apenas os discursos são bons e não são do *abbé* Lambert, mas de vários artistas, que lhe forneceram discursos sobre sua arte.

Em troca desse trabalho, ele recebeu uma pensão de seiscentas libras, que d'Argenson lhe conseguiu. Parece que esse ministro lhe dá mais valor como espião do que como escritor.

3. Louis-Charles Fougeret de Montbron

NOME: Montbron (Fougeret de), escritor. 1º de janeiro de 1748.

IDADE: 40 anos.

LOCAL DE NASCIMENTO: Péronne.

DESCRIÇÃO: Alto, bem-constituído, pele morena e fisionomia dura.

ENDEREÇO: Rua du Chantre, no hotel...

HISTÓRIA:

Ele é um tipo desavergonhado, filho de um agente do correio em Péronne. Tem um irmão que é empregado nos arrendamentos de impostos.

Foi guarda e, mais tarde, camareiro de Sua Majestade, mas teve de se demitir desta posição, por causa de seu mau caráter. Depois, foi para várias cortes estrangeiras, no *entourage* de embaixadores, e voltou recentemente. É um rapaz inteligente, autor de *La Henriade travestie*, de um ensaio sobre o prazer sensual — uma pequena brochura intitulada *Le Canapé* — e fez uma tradução, *Le Voyage de l'amiral Binck*.

7 de novembro de 1748. Foi preso por ter feito um mau romance, intitulado *Fanchon, ou Margot la ravaudeuse, ou la Tribade, actrice de l'Opéra*. O manuscrito desse trabalho foi confiscado em seus aposentos, na ocasião de sua prisão.

5 de dezembro. Foi exilado para uma distância de cinquenta léguas de Paris, em virtude de uma ordem do rei, datada de 1º de dezembro.

1º de junho de 1751. Recentemente, publicou em Haia um trabalho de oito a nove laudas, intitulado *Le Cosmopolite, citoyen du monde*. É uma sátira contra o governo francês, e especialmente contra M. Berryer e M. d'Argens, alvo particular de seu ressentimento, porque acha que ele (o *marquis* d'Argens), o fez expulsar da Prússia, onde vivia.

Esse Montbron viaja para Péronne, sua cidade natal, quatro vezes por ano, para recolher 3 mil libras que tem de *rente*. É muito temido lá. Tem um tio que é cônego e a quem ele enraivece, com sua conversa ímpia. Habitualmente, permanece lá oito dias, a cada viagem.

O Santuário da Verdade, uma alegoria das artes e das ciências, do frontispício da Encyclopédie. A foto é cortesia da Biblioteca da Universidade Brandeis.

5

Os filósofos podam a árvore do conhecimento: a estratégia epistemológica da *Encyclopédie*

A NECESSIDADE DE DIVIDIR E CLASSIFICAR os fenômenos estendeu-se para muito além dos arquivos da polícia, que tentava acompanhar os passos de homens como Diderot; acha-se no cerne do maior empreendimento de Diderot, a *Encyclopédie*. Mas, quando se expressou sob a forma impressa, assumiu uma modalidade que talvez não chame a atenção do leitor moderno. De fato, o texto supremo do Iluminismo pode parecer surpreendentemente desapontador para qualquer pessoa que o consulte com a expectativa de encontrar as raízes ideológicas da modernidade. Para cada observação que contradiz as ortodoxias tradicionais, contém milhares de palavras sobre moagem de cereal, fabricação de alfinetes e declinação de verbos. Seus dezessete volumes de texto, in-fólio, incluem tamanha mistura de informações sobre tudo, de A a Z, que não se pode deixar de imaginar por que provocou tal tempestade no século XVIII. O que a diferencia de todos os compêndios eruditos que a precederam — desde o imponente *Dictionnaire de Trévoux*, por exemplo, até o muito mais vasto *Grosses vollständiges Universal-Lexicon aller Wissenschaften und Künste*, publicado em 64 volumes in-fólio por Johann Heinrich Zedler? Era ela, como perguntou uma autoridade, "trabalho de referência ou *machine de guerre*"?[1]

Poderíamos responder que era as duas coisas e afastar o problema, considerando-o uma *question mal posée*. Mas a relação entre informação e ideologia, na *Encyclopédie*, levanta algumas questões gerais sobre a conexão entre conhecimento e poder.

Consideremos, por exemplo, um tipo de livro erudito completamente diferente, a enciclopédia chinesa imaginada por Jorge Luis Borges e discutida por Michel Foucault em *As palavras e as coisas*. Dividia os animais em: "(a) pertencentes ao imperador, (b) embalsamados, (c) domesticados, (d) leitões, (e) sereias, (f) fabulosos, (g) cães vadios, (h) incluídos na presente classificação, (i) enfurecidos, (j) inumeráveis, (k) desenhados com um pincel muito fino de pelo de camelo, (l) *et coetera*, (m) os que acabaram de quebrar o vaso de água, (n) os que, de uma grande distância, parecem moscas."[2] Este sistema de classificação é significativo, argumenta Foucault, por causa da simples impossibilidade de cogitá-lo. Confrontando-nos, bruscamente, com uma série inconcebível de categorias, expõe a arbitrariedade da maneira como classificamos as coisas. Ordenamos o mundo de acordo com categorias que consideramos evidentes simplesmente porque estão estabelecidas. Ocupam um espaço epistemológico anterior ao pensamento e, assim, têm um extraordinário poder de resistência. Postos diante de uma maneira estranha de organizar a experiência, no entanto, sentimos a fragilidade de nossas próprias categorias e tudo ameaça desfazer-se. As coisas se mantêm organizadas apenas porque podem ser encaixadas num esquema classificatório que permanece inconteste. Classificamos sem hesitar um pequinês e um dinamarquês na mesma categoria, como cães, embora o pequinês talvez pareça ter mais características em comum com um gato e o dinamarquês com um pônei. Se pararmos para refletir sobre as definições da "condição de cão" ou outras categorias de classificação da vida, não poderemos jamais levar adiante a atividade de viver.

A classificação é, portanto, um exercício de poder. Um assunto relegado para o *trivium*, em vez do *quadrivium*, ou para as ciências "leves", em vez das "pesadas", pode murchar antes mesmo de florescer. Um livro colocado no lugar errado na prateleira pode desaparecer para sempre. Um inimigo definido como menos do que humano pode ser aniquilado. Toda ação social flui através de fronteiras determinadas por esquemas de classificação, tenham ou não uma elaboração tão explícita quanto a de catálogos de bibliotecas, organogramas e departamentos universitários. Toda a vida animal enquadra-se no esquema de uma ontologia inconsciente. Monstros como o "homem-elefante" e o "menino-lobo" nos horrorizam e fascinam porque violam nossas fronteiras conceituais,[3] e certas criaturas fazem nossa pele arrepiar-se porque se situam, imprecisamente, entre categorias: répteis "viscosos", que nadam no mar e rastejam em terra; roedores "nojentos" que vivem em casas mas permanecem fora das fronteiras da domesticação. Insultamos alguém chamando-o de rato, em vez de esquilo. "Esquilo" pode ser uma expressão carinhosa, como no epíteto que Helmer aplica a Nora, em *Casa de bonecas*. Mas os esquilos são roedores tão perigosos e portadores de doenças como os ratos. Parecem menos ameaçadores porque são, inequivocamente, do ar livre. São os animais intermediários — meio lá, meio cá — que têm poderes especiais e, portanto, valor ritual: é o caso dos casuares, nos cultos misteriosos da Nova Guiné, e dos gatos machos utilizados nas infusões das feiticeiras ocidentais. Cabelo, unhas cortadas e fezes também entram nas poções mágicas, porque representam as ambíguas áreas fronteiriças do corpo, das quais o organismo se derrama para o mundo material em torno. Todas as fronteiras são perigosas. Se deixadas sem proteção, podem romper-se — nossas categorias cairão e nosso mundo se dissolverá no caos.[4]

Estabelecer categorias e policiá-las é, portanto, assunto sério. Um filósofo que tentasse remarcar as fronteiras do mundo do conhecimento mexeria com o tabu. Mesmo se mantivesse distância dos assuntos sagrados, não poderia evitar o perigo; o conhecimento é, por sua natureza, ambíguo. Como os répteis e os ratos, pode escorregar de uma categoria para outra. É mordente. Portanto, Diderot e d'Alembert se arriscaram muito, ao desmancharem a antiga ordem do conhecimento e traçarem novas linhas entre o conhecido e o desconhecido.

Claro que os filósofos vinham rearrumando a mobília mental desde os tempos de Aristóteles. Reordenar o *trivium* e o *quadrivium*, as artes liberais e mecânicas, os *studia humanitatis* e todos os ramos do antigo currículo era um jogo favorito para os esquematizadores e sintetizadores, durante a Idade Média e o Renascimento. O debate sobre o "método" e a "disposição" correta na organização do conhecimento abalou toda a república das letras, no século XVI. Daí surgiu uma tendência a comprimir o conhecimento em esquemas, usualmente diagramas tipográficos, que ilustravam os ramos e as bifurcações de disciplinas de acordo com o princípio da lógica ramista. Um impulso diagramático — uma tendência a mapear, delinear e "espacializar" segmentos do conhecimento — alimenta a tendência do enciclopedismo que se estendeu de Ramus a Bacon, Alsted, Comenius, Leibniz, Chambers, Diderot e d'Alembert.[5] Mas o diagrama colocado no cabeçalho da *Encyclopédie* de Diderot, a famosa árvore do conhecimento, tirada de Bacon e Chambers, representava algo de novo e audacioso. Em vez de mostrar como as disciplinas podiam ser deslocadas dentro de um padrão estabelecido, exprimia uma tentativa de construir uma divisa entre o que se conhecia e o incognoscível, de maneira a eliminar a maior parte do que os homens consideravam sagrado no mundo do saber. Acompanhando os *philosophes*, em suas caprichadas tentativas de podar a árvore do conhecimento que haviam herdado de seus predecessores, podemos formar uma ideia mais clara de tudo que estava em jogo na versão iluminista do enciclopedismo.

Diderot e d'Alembert alertaram o leitor para o fato de estarem empenhados em algo mais sério que as garatujas ramistas, e descreveram seu trabalho como uma enciclopédia, ou relato sistemático da "ordem e concatenação do conhecimento humano",[6] não se tratando apenas de mais um dicionário, ou compêndio de informações arrumado de acordo com a inocente ordem alfabética. A palavra enciclopédia, explicou Diderot no *Prospectus*, provinha do termo grego correspondente a círculo, significando "concatenação (*enchaïnement*) das ciências".[7] Figurativamente, expressava a noção de um mundo do conhecimento, que os enciclopedistas podiam circum-navegar e mapear. *Mappemonde* era uma metáfora crucial na descrição que faziam de seu trabalho. Ainda mais importante era a metáfora da árvore do conhecimento, que comunicava a ideia de que o conhecimento crescia num todo orgânico, apesar da diversidade de seus ramos. Diderot e d'Alembert misturavam as metáforas em pontos-chave. Ao explicar a diferença entre uma enciclopédia e um dicionário, d'Alembert descreveu a *Encyclopédie* como:

> uma espécie de mapa do mundo, que deve mostrar os principais países, sua posição e sua dependência mútua, a estrada que conduz diretamente de um a outro. Esta estrada é, com frequência, interrompida por milhares de obstáculos, que são conhecidos, em cada país, apenas pelos moradores ou viajantes, e que não podem ser representados a não ser nos mapas individuais, altamente detalhados. Estes mapas individuais serão os diferentes artigos da *Encyclopédie* e a árvore, ou Carta Sistemática, será seu mapa-múndi.[8]

A mistura de metáforas sugeria o efeito desconcertante da combinação de categorias. A própria tentativa de impor uma nova ordem ao mundo tornou os enciclopedistas conscientes das arbitrariedades de toda ordenação. O que um filósofo unira, outro poderia desunir. A *Encyclopédie* talvez não fixasse o conhecimento de maneira mais permanente que a *Summa* de santo Tomás de Aquino. Algo semelhante à *Angst* epistemológica se evidenciava na linguagem do *Prospectus*, mesmo quando ele apresentava suas reivindicações mais agressivas de tornar obsoleta a síntese anterior:

> Esta árvore do conhecimento humano poderia ser composta de diversas maneiras, ou relacionando conhecimentos diferentes com as diversas faculdades de nossa mente ou com as coisas que são seu objeto. A dificuldade era maior onde ela implicava maior grau de arbítrio. Mas como poderia deixar de existir arbitrariedade? A natureza apresenta apenas coisas particulares, com número infinito e sem divisões nitidamente estabelecidas. Tudo se dilui em todo o resto, através de nuanças imperceptíveis. E se, neste oceano de objetos que nos cerca, chegam a surgir uns poucos que parecem romper a superfície e dominar o resto, como a crista de um arrecife, simplesmente devem esta vantagem a sistemas particulares, a vagas convenções, e a certos acontecimentos que nada têm a ver com a arrumação física dos seres e com as verdadeiras instituições da filosofia.[9]

Se a árvore enciclopédica não passava de uma possibilidade, dentro de um número infinito de árvores, se nenhum mapa podia fixar a tipografia indeterminada do conhecimento, como poderiam Diderot e d'Alembert pretender estabelecer a "verdadeira instituição da filosofia"? Essencialmente, acreditavam eles, limitando o domínio do cognoscível e expondo uma modesta espécie de verdade. A verdadeira filosofia ensinava a modéstia. Demonstrava que nada podemos saber além do que nos vem da sensação e da reflexão. Locke viabilizou o que Bacon começara, e Bacon começara por esboçar uma árvore do conhecimento. Portanto, uma versão lockiana da árvore de Bacon poderia servir de modelo para a moderna *Summa* de tudo que o homem conhece.

Diderot e d'Alembert poderiam ter selecionado outras árvores, na floresta de símbolos do conhecimento sistemático. Porfírio e Raymond Lull anteciparam Bacon, e Hobbes sucedeu-o. O que vem mais ao caso, uma árvore inteiramente desenvolvida se erguia no início da *Cyclopaedia* de Ephraim Chambers, que Diderot e d'Alembert utilizaram como sua fonte principal. Não apenas começaram seu trabalho como uma tradução da obra de Chambers, mas tiraram dele sua concepção de uma enciclopédia. Diderot admitiu francamente seu débito, no *Prospectus*:

> Percebemos, com nosso autor inglês, que o primeiro passo que tínhamos de dar, no sentido da execução racional e plenamente compreendida de uma enciclopédia, era elaborar uma árvore genealógica de todas as ciências e de todas as artes, uma árvore que mostrasse a origem de cada ramo do conhecimento e as conexões de cada um deles com os outros e com seu caule comum, e que nos ajudasse a relacionar os diferentes artigos com suas rubricas principais.[10]

O próprio Chambers insistira na importância de apresentar o conhecimento de maneira sistemática, em vez de trabalhar com uma massa desorganizada de informações:

> A dificuldade está em sua forma e economia, em se dispor uma variedade tamanha de material sem que isto resulte num montão de partes incoerentes, e sim num todo consistente [...] Os antigos lexicógrafos não fizeram grande esforço para alcançar algo semelhante a uma estrutura, em seus trabalhos, nem parecem ter tido consciência de que um dicionário era, em certa medida, capaz de apresentar as vantagens de um discurso contínuo.[11]

Em suma, Chambers distinguia-se de seus predecessores ao propor uma visão do conhecimento como um todo integrado. Ele produziria não apenas um "dicionário", ordenado de A a Z, mas uma "cyclopaedia", abrangendo todo o círculo do saber.

Como Bacon, Chambers representou as divisões do conhecimento como ramos de uma árvore, que tirou das três principais faculdades da mente: memória, a fonte do conhecimento histórico; imaginação, a fonte da poesia; e razão, a fonte da filosofia. As faculdades desapareceram, entretanto, quando ele representou a árvore num diagrama. O diagrama, simplesmente, mostrava como o conhecimento se esgalhava até os pequenos ramos, numa luxuriante folhagem de 47 artes e ciências. A teologia, por exemplo, projetava-se do tronco principal, "conhecimento", da seguinte maneira:[12]

conhecimento
- natural e científico
  - sensível → física
  - racional
    - metafísica
    - matemática pura
    - religião
      - ética
      - teologia
- artificial e técnico

Será que um tal retrato da teologia encontraria simpatias entre os enciclopedistas? Se não a tornava, inteiramente, a rainha das ciências, colocava a teologia no ponto de coroamento de uma série de bifurcações desenhadas diagramaticamente, na antiquada maneira ramista. Também destinava mais artigos à teologia que a qualquer outro assunto, como o leitor podia verificar consultando notas relacionadas com todos os ramos das ciências. Na verdade, poderia esperar-se que um livre-pensador como Diderot recebesse de braços abertos um sistema que parecesse filiar a teologia aos ramos racional e "científico" do pensamento. Mas o ramo rotulado de "racional" subdividia-se em quatro sub-ramos, que conferiam igual dignidade às ciências que ele queria depreciar, a metafísica e a religião, e às ciências que queria elevar, matemática e física.

O que era pior, a árvore não tinha ramo algum para a filosofia em si. O sagrado e o secular corriam juntos através de todas as suas ramificações. E, na confusão geral, uma posição vital, baconiana, se perdeu: as artes e as ciências pareciam desenvolver-se uma a partir da outra, e não derivarem das operações da mente. Diderot e d'Alembert desejavam enraizar o conhecimento na epistemologia; assim, abandonaram sua fonte imediata, Chambers, e voltaram a Bacon.

Voltar a Bacon era pular por cima de Locke. Como d'Alembert comentou, no *Discours préliminaire*, Bacon ainda empregava linguagem escolástica, ainda tateava à procura de luz nas profundezas da escuridão medieval.[13] No entanto, grande parte do pensamento de Bacon — a ênfase na indução, a distinção entre percepção e reflexão, o afastamento dos sistemas metafísicos, em favor de uma investigação do universo imediato da experiência sensível — tinha uma afinidade com o empiricismo que, mais tarde, emergiria com Locke. A árvore do conhecimento de Bacon, ao contrário da árvore de Chambers, realmente sugeria que as artes e as ciências desenvolviam-se a partir das faculdades da mente. Assim, Bacon forneceu a Diderot e d'Alembert o modelo de que necessitavam, e eles o acompanharam tão de perto que foram acusados de plágio.[14] Mas também se desviaram dele em vários pontos significativos, como enfatizaram, repetidamente, no *Prospectus* e no *Discours préliminaire*. Elaboraram um *mappemonde* adequado aos seus próprios objetivos, exatamente como Bacon criara "um pequeno globo do mundo intelectual" para servir aos seus.[15] Sobrepondo o mapa dos dois ao dele, observamos deslocamentos na topografia do conhecimento que podem servir de chaves para a estratégia subjacente à *Encyclopédie*.

Como Bacon, Diderot e d'Alembert começaram com a história, o ramo do conhecimento derivado da memória; e, como ele, dividiram-na em quatro sub-ramos: eclesiástica, civil, literária e natural (ver apêndice a este capítulo). Mas as proporções do esquema deles diferiam completamente do seu. Para Diderot e d'Alembert, a história eclesiástica era um ramo de menor importância, pelo qual passaram às pressas, com uma frase, no corpo do *Discours préliminaire*, e que deixaram de mencionar inteiramente no comentário sobre a árvore de Bacon impressa no final do volume. Para Bacon, a história eclesiástica tinha uma complexa série de subdivisões, incluindo a história da Providência, que demonstrava a mão de Deus em ação nas questões humanas, para "confutação daqueles que estão sem Deus no mundo".[16] O lugar da história natural, nas duas árvores, é exatamente o contrário. Bacon considerou-o um ramo "deficiente", que precisava desenvolver-se, especialmente na área das artes mecânicas.[17] Estas artes ocupavam uma vasta área da árvore enciclopédica e constituíam a parte mais extensa e original da *Encyclopédie* em si. Diderot e d'Alembert não procuraram a mão de Deus no mundo, mas, em vez disso, analisaram o trabalho dos homens, que forjavam sua própria felicidade.

Claro que Bacon também defendia o estudo do mundo prosaico, mas não o separava da Providência, enquanto os enciclopedistas atribuíam quaisquer progressos que porventura apresentasse inteiramente à influência de intelectuais como eles próprios; daí a versão deles quanto às distinções entre história civil e história literária: "A história da humanidade tem por objeto as ações ou o conhecimento do homem, e, consequentemente, é civil ou literária. Em outras palavras, está dividida entre as grandes nações e os grandes gênios, entre os reis e os homens de letras, entre os conquistadores e os filósofos."[18] Esta formulação dá aos *philosophes* um grande papel. A história seguiu uma gloriosa trajetória, dos filósofos do Renascimento aos filósofos do Iluminismo, de acordo com o esboço que d'Alembert incluiu no *Discours préliminaire*. Para

Bacon, entretanto, a história literária (a "história exata do conhecimento", em contraposição à "poesia", ou às artes da imaginação)[19] não revelava a progressiva marcha da razão. Era tão deficiente que mal chegava a existir: "A história do mundo me parecia ser como a estátua de Polifemo com o olho arrancado; estando ausente esta parte que mais mostra o espírito e a vida da pessoa."[20] Diderot e d'Alembert tiraram uma conclusão diferente da mesma metáfora, estrategicamente mal interpretada: "As ciências são o trabalho da reflexão e da luz natural dos homens. O chanceler Bacon tinha razão, portanto, ao dizer, em sua obra admirável *De dignitate et augmento scientiarum*, que a história do mundo sem a história dos sábios é a estátua de Polifemo com o olho arrancado."[21] Onde Bacon via escuridão, eles viam luz e se orgulhavam de seu papel de abastecedores do Iluminismo.

As artes derivadas da imaginação, rotuladas, um tanto equivocadamente, de poesia, estão em posição bem semelhante, nas duas árvores, a não ser pelo fato de que a *Encyclopédie* alongava-se, em suas ramificações, até as artes plásticas, que Bacon não mencionara. As maiores diferenças apareciam nas ciências derivadas da razão, ou seja, na filosofia, a terceira das três divisões principais do conhecimento. Ao defender a árvore enciclopédica contra os ataques do jornalista jesuíta Guillaume-François Berthier, Diderot insistiu na originalidade do "ramo filosófico, que é o mais extenso, o mais importante de nosso sistema e sobre o qual quase nada pode ser encontrado no chanceler Bacon".[22] A observação sobre a árvore de Bacon, no final do *Discours préliminaire*, defendia o mesmo ponto de vista, acrescentando, enigmaticamente: "Cabe aos filósofos, ou seja, a um número muito pequeno de pessoas, julgar-nos quanto a este aspecto."[23] Para um filósofo da qualidade de Diderot, a questão seria óbvia porque, na árvore da *Encyclopédie*, a filosofia não era tanto um ramo, mas o tronco principal. Saindo dele, num raminho bastante distante, crescia a "teologia revelada", em meio a um aglomerado de assuntos dúbios: "superstições", "adivinhação", "magia negra", "a ciência dos bons e maus espíritos". Os enciclopedistas transmitiam uma mensagem simplesmente posicionando as coisas, como nas notórias referências remissivas de seus artigos (por exemplo, ANTROPOFAGIA: "Ver EUCARISTIA, COMUNHÃO, ALTAR etc."[24] Uma nova dimensão desenvolvera-se em torno do mapeamento do conhecimento. A forma dava significação e a morfologia transformava-se em ironia.

Diderot e d'Alembert também disfarçavam o que queriam dizer alegando que compuseram a sua árvore de acordo com a de Bacon. Como ele, dividiram a filosofia em três partes: divina, natural e humana; e, colocando no alto a ciência de Deus, pareciam preservar seu lugar como a rainha das ciências. De fato, no entanto, solaparam completamente o sistema de Bacon. Ele incluiu apenas a "teologia natural" paga no campo da filosofia e enfatizou sua imperfeição. Isto bastava para confundir o ateísmo, porque a contemplação dos trabalhos de Deus compelia a pessoa a reconhecer Sua existência. Mas o raciocínio indutivo, a partir dos fenômenos observados — argumentos favoráveis ao deísmo, a partir do desígnio —, jamais poderia conduzir ao conhecimento do verdadeiro Deus cristão. "Não devemos tentar trazer os mistérios de Deus até nossa razão, ou submetê-los a ela", advertiu Bacon. Assim, separou a religião da filosofia, sublinhando "o extremo prejuízo que ambas, religião e filosofia, sofreram ao ser misturadas; o que, sem dúvida, resultará numa religião herética e numa filosofia imaginária e fabulosa".[25]Nada poderia estar mais distante do raciocínio de Diderot e d'Alembert. Submetendo a religião à filosofia, eles efetivamente a descristianizaram. Naturalmente, professavam a ortodoxia. Comentaram que Deus se revelara na "história sagrada". A revelação, portanto, era um fato irrepreensível, que deveria ser tirado da lembrança e submetido à razão, como qualquer outra coisa: "Assim, separar a teologia da filosofia (como fizera Bacon) seria cortar o rebento do tronco ao qual está unido por sua própria natureza."[26] As premissas soavam devotas, mas a conclusão tinha um sabor de heresia, porque parecia subordinar a teologia à razão, o que eles descreviam de maneira lockiana, como se alguém pudesse chegar ao conhecimento de Deus construindo com sensações ideias cada vez mais complexas e abstratas. Na verdade, quando chegaram à "ciência de Deus", em sua descrição da árvore do conhecimento, Diderot e d'Alembert utilizaram um argumento que poderia ter saído diretamente de *An Essay Concerning Human Understanding*:

> O progresso natural da mente humana é elevar-se de indivíduos a espécies, de espécies a gêneros, de gêneros intimamente relacionados para os relacionados remotamente, e criar uma ciência a cada passo; ou, no mínimo, acrescentar um novo ramo a alguma ciência já existente. Daí o conceito, que encontramos na história, e que a história sagrada nos anuncia, de uma inteligência não criada e infinita etc.[27]

Levar tão longe a indução era irreligiosidade, segundo Bacon. Ele se protegeu disso colocando o "estudo divino" numa árvore separada, que não tinha ligação alguma com o "estudo humano" e as faculdades da mente. Dessa maneira, Bacon na verdade considerou duas árvores do conhecimento, uma para a teologia revelada, outra para a natural, enquanto os enciclopedistas reuniram a teologia revelada e a natural numa única árvore e subordinaram ambas à razão.

As implicações de toda essa poda, enxerto e extirpação de Bacon tornaram-se claras no *Discours préliminaire* de d'Alembert.

D'Alembert explicou a árvore do conhecimento na parte central de seu ensaio, que tratava das conexões sistêmicas das artes e das ciências. Situou esta seção entre uma discussão da gênese do conhecimento dentro das mentes individuais, por um lado, e uma descrição de seu desenvolvimento dentro da sociedade, por outro. Portanto, o *Discours préliminaire* pode ser visto como um tríptico, no qual o painel central proporciona um quadro morfológico do conhecimento, enquanto os painéis laterais apresentam pontos de vista epistemológicos e históricos.

A estrutura de três lados do *Discours préliminaire*, no entanto, não é fácil de distinguir. Embora o ensaio, sem dúvida, mereça ser considerado um importante manifesto do Iluminismo, não é um modelo de clareza. Como Bacon, d'Alembert empreendeu produzir um *mappemonde* circum-navegando o mundo do conhecimento, mas desviou-se de seu objetivo, caiu em contradições e chafurdou em inconsistências, tentando encontrar um caminho através de todo o conhecimento acumulado desde o tempo de Bacon. Eram as dificuldades que tornavam a viagem tão importante. Então, vale a pena seguir com alguma minúcia seus zigue-zagues.

D'Alembert embarcou num ousado bordejo lockiano. Todo o conhecimento decorria da sensação e da reflexão, explicou. A ideação começava com o zumbido dos sentidos, em vez de algum desempacotamento introspectivo de ideias inatas: sinto, logo sou. Do conhecimento do eu, avanço para o conhecimento dos objetos externos, para a experiência do prazer e da dor e, daí, para noções de moralidade. A essa altura, d'Alembert pareceu enraizar a ética numa espécie de utilitarismo e deslocou-se da cogitação sobre o desenvolvimento das ideias no indivíduo para a questão da formação de sociedades por indivíduos. Este bordejo o levou de volta aos primórdios, ao homem em estado natural. Os homens pré-sociais viviam como os brutos hobbesianos, no "bárbaro direito da desigualdade, chamado a lei do mais forte",[28] em vez de viverem dentro da lei natural lockiana. Mas a experiência que tiveram da opressão despertou seu senso moral e os impeliu a protegerem seus direitos legítimos, organizando-se em sociedades. Uma vez engajados na vida social, começaram a questionar a fonte de sua recém-adquirida moralidade. Não poderia vir do mundo físico, então devia vir de algum princípio espiritual que existia dentro de nós e nos forçara a refletir sobre a justiça e a injustiça. Reconhecemos dois princípios em ação, o da mente e o do corpo; e, no ato do reconhecimento, sentimos nossa imperfeição, que implica uma noção anterior de perfeição em si. No fim, portanto, chegamos a uma concepção de Deus.

Era uma discussão estranha. Depois de uma escaramuça com Hobbes, que antecipou Rousseau, d'Alembert enredou-se com Descartes. Sua maneira de se expressar mudou, da história hipotética para a introspecção epistemológica. Ele argumentou que o amanhecer do pensamento ético forçou o homem a examinar a sua própria substância pensante, ou alma, que ele imediatamente reconheceu nada ter em comum com seu corpo. Ou seja, induziu o dualismo de Descartes; e, no salto seguinte, muito rápido, extraiu o Deus de Descartes: "Esta mútua escravidão (do corpo e da alma), que é tão independente de nós, juntamente com as reflexões que somos compelidos a fazer, sobre a natureza dos dois princípios e sobre suas imperfeições, eleva-nos para a contemplação de uma Inteligência todo-poderosa, à qual devemos nosso ser e que, consequentemente, requer nossa adoração."[29]

D'Alembert tomara uma rota lockiana para um Deus cartesiano. Depois de seguir a argumentação de Locke sobre a combinação de ideias cada vez mais complexas e abstratas, fez uma contramarcha e chegou à suprema abstração, à maneira de Descartes, através de um pulo direto da consciência da imperfeição para a noção de perfeição logicamente anterior.

Deste terreno altamente antológico, Descartes prosseguiu até fazer o mundo derivar da extensão, terminando onde Locke começara. D'Alembert prosseguiu na direção contrária, começando no mesmo ponto em que Locke; sua epistemologia corria para a frente e sua metafísica para trás. Na verdade, a recapitulação de seu argumento parece conter uma série de *non sequiturs*:

> É, portanto, evidente que os conceitos puramente intelectuais de vício e virtude, o princípio e a necessidade das leis, a natureza espiritual da alma, a existência de Deus e de nossas obrigações para com ele — numa palavra, as verdades das quais temos a necessidade mais imediata e indispensável — são os frutos das primeiras ideias reflexivas que nossas sensações provocam.[30]

D'Alembert pode não ter sido inteiramente ortodoxo em religião, mas não era um tolo. Por que comprimiu proposições tão incompatíveis num único argumento? O estilo bastante casual de sua exposição sugere que não pretendia que o *Discours préliminaire* fosse lido como um tratado formal de filosofia. Pretendia que servisse como introdução para uma enciclopédia e, então, movimentou-se depressa. Comentou, portanto, que um conhecimento perceptivo da alma vinha "naturalmente" de considerações sobre a moralidade, como se fosse possível alguém se deslocar de um argumento ético para outro, epistemológico, sem a menor dificuldade. "Não é necessário investigar em profundidade", acrescentou, para se reconhecer o dualismo existente entre corpo e alma.[31] Com uma frase, quase um comentário entre parênteses, passou velozmente pela prova dada por Descartes para a existência de Deus. Os rápidos volteios da frase sugeriam que o filósofo moderno podia despachar-se sem demora com as questões metafísicas ou, pelo menos, que não precisava deter-se nelas. Malebranche e outros haviam erigido o cartesianismo numa nova ortodoxia. Fazendo eco aos argumentos deles, d'Alembert estabeleceu suas próprias credenciais como bom católico; e, juntando os argumentos com inconsistências, minou-os, talvez intencionalmente. Como foi observado anteriormente, o *Discours préliminaire* terminava com uma versão revisada do *Prospectus*, que discutia Deus como se fosse uma glosa em *An Essay Concerning Human Understanding*. Tendo parecido confusamente cartesiana, numa determinada altura, a *Encyclopédie* soava audaciosamente lockiana, em outra. O leitor podia tirar suas próprias conclusões.

Mas seria um erro concluir que d'Alembert pretendia obscurecer sua argumentação, velando-a com proposições incompatíveis. Os argumentos, muitas vezes, rompem-se com as incompatibilidades, não porque seu ator pretendesse isto, porém porque, inconscientemente, utilizou idiomas diferentes. D'Alembert escrevia numa época em que a linguagem escolástica, a cartesiana e a lockiana se chocavam entre si, no discurso filosófico. Facilmente, ele deslizava de uma linguagem para outra, sempre que afouxava sua vigilância ou precisava contornar um ponto difícil. De fato, uma certa medida de deslizamento adequava-se ao caráter tortuoso do *Discours préliminaire*. Na seção que se segue à sua descrição epistemológica do conhecimento, d'Alembert protestou contra a excessiva coerência no método científico. Ele afirmou que, em vez de assentar uma série de premissas rigorosamente consistentes e proceder dedutivamente, os filósofos deviam analisar a natureza como a encontravam, reduzir seus fenômenos aos seus princípios subjacentes e, depois, reconstruir tais princípios sistematicamente. Este *esprit systématique* firmava-se no postulado de que realmente existiam princípios subjacentes, mas não tomava sua existência como ponto de partida, o que acontecia com o *esprit de système*. Ainda assim, poderia objetar-se que o postulado de d'Alembert — expresso com a maior ênfase na afirmação de que "o Universo, para alguém que pudesse abrangê-lo de um único ponto de vista, seria, por assim dizer, apenas um fato único e uma grande verdade"[32] — era uma questão de fé, não de conhecimento. Como sabia ele que o conhecimento, em última instância, seria coerente?

Em vez de confrontar diretamente esta pergunta, d'Alembert tentou demonstrar a coesão das artes e das ciências examinando todos os seus ramos. Deslocou-se de uma maneira de argumentar epistemológica para outra morfológica, que culminou com sua discussão da árvore do conhecimento. Mesmo assim, a argumentação continuava a oscilar entre tipos de exposição incompatíveis. Às vezes, desenvolvia uma "história filosófica"[33] das artes e das ciências, dando continuidade à discussão anterior de sua gênese a partir do estado natural. Outras vezes, elas eram abordadas segundo sua "ordem filosófica",[34] ou suas relações lógicas.

D'Alembert começou com a própria lógica porque considerou que deveria ficar em primeiro lugar, por sua importância, mesmo não a colocando como primeira na ordem de descoberta. Ao mesmo tempo, proclamou sua intenção de discutir as ciências de acordo com uma cronologia hipotética de seu desenvolvimento. Continuando dessa maneira inconsistente, foi deslocando-se através da gramática, da eloquência, da história, cronologia, geografia, política e belas-artes, até chegar à árvore enciclopédica. Ela lhe forneceu uma visão geral de tudo, porque servia de emblema para a totalidade do conhecimento, tanto na "ordem enciclopédica" como na "ordem genealógica"[35] — ou seja, juntava as duas modalidades de argumentos que haviam ameaçado distanciar-se desde o início mesmo do *Discours préliminaire*. Bacon mostrara como fazer esse truque. Sua árvore demonstrava que o conhecimento crescia num todo orgânico, ao emanar das faculdades da mente. Mas ela não ilustrava uma argumentação epistemológica completamente desabrochada. Na medida em que chegava a sugerir alguma epistemologia, invocava noções tiradas de Aristóteles e santo Tomás de Aquino. D'Alembert e Diderot queriam atualizar a antiga faculdade da psicologia. Então, podaram a árvore de Bacon à maneira lockiana e, assim, alinharam a morfologia com a epistemologia.

Este segundo truque mais do que duplicou o poder da argumentação, porque colocava fora dos limites qualquer conhecimento que não pudesse ser tirado da sensação e da reflexão. D'Alembert, prudentemente, deixou espaço para "fatos revelados"[36] sob a rubrica de história, mas sujeitou a revelação à razão, no campo da filosofia, a mais importante área do conhecimento. Naturalmente, poderia argumentar-se que santo Tomás de Aquino fizera coisa equivalente. Mas a *Summa* de santo Tomás abrangia tudo que pudesse enquadrar-se nos predicados de um silogismo, enquanto a *Summa* de Diderot e D'Alembert excluía tudo que não pudesse alcançar a razão através dos sentidos. Em sua árvore, ao contrário da árvore de Bacon, a "teologia natural" (contraposta à "religião") recebia colocação igual à "teologia revelada" (contraposta à "superstição"). Era difícil encontrar o mínimo lugar para as doutrinas tradicionais da Igreja. Embora a memória possa extraí-las da história, não pareceriam mais razoáveis que o estoicismo ou o confucianismo no reino da filosofia. De fato, deixaram completamente de ser conhecimento. Os argumentos morfológicos e epistemológicos combinaram-se para tirar do mapa a religião ortodoxa, para consigná-la ao incognoscível e, portanto, excluí--la do mundo moderno do saber.

A argumentação histórica completou o serviço. D'Alembert apresentava a história como o triunfo da civilização e a civilização como o trabalho dos homens de letras. A última seção do *Discours préliminaire* propunha um tipo de visão da história a partir dos grandes homens, no qual todos os grandes homens eram filósofos.[37] Depois de lamentar a Era das Trevas e celebrar o Renascimento, concentrou-se nos grandes entre os grandes: Bacon, Descartes, Newton e Locke.

Bacon aparecia neste grande quadro como o pai da filosofia, o primeiro homem a dissipar as trevas e a restringir a razão à sua esfera própria, o estudo dos fenômenos naturais. Na verdade, ele não chegou a romper completamente com o escolasticismo. A tarefa coube a Descartes, que destruiu as algemas que haviam tolhido a filosofia desde os tempos de santo Tomás de Aquino, senão de Aristóteles. D'Alembert saudou Descartes o questionador, não Descartes o metafísico. A doutrina das ideias inatas, na verdade, representava um passo para trás, explicou, porque fazia a razão se perder num mundo além da experiência dos sentidos, enquanto os escolásticos, pelo menos, "conservavam da seita peripatética a única verdade que ela ensinara, ou seja, a de que as ideias se originam nos sentidos".[38] Embora esta formulação fizesse santo Tomás de Aquino soar como Locke, tinha a vantagem de minar a neo--ortodoxia na metafísica; e abria o caminho para Newton, que "deu à filosofia uma forma que ela, segundo tudo indica, conservará".[39] O Newton de d'Alembert servia como o perfeito filósofo moderno, não simplesmente porque descobrira as leis fundamentais do sistema solar, mas pelo fato de ter limitado a filosofia ao estudo dos fenômenos observados. Ao contrário de Descartes, que tentava saber tudo, restringiu o conhecimento ao cognoscível; era Newton, o modesto. A partir deste Newton, o Newton das *Lettres philosophiques* de Voltaire, mais do que do Livro da Revelação, bastava um passo para se chegar a Locke e "à física experimental da alma".[40] Locke representava o máximo em modéstia, o definitivo sofreamento da filosofia, porque fixou limites finais para o cognoscível. Reduzindo todo conhecimento à sensação e à reflexão, eliminou, afinal, a verdade extraterrestre do mundo do saber.

Tendo esses grandes homens estabelecido as fronteiras do conhecimento, cabia a seus sucessores preencherem as lacunas. D'Alembert vistoriou as fileiras principais de cientistas e filósofos, passando rapidamente de Galileu, Harvey, Huyghens e Pascal a Fontenelle, Buffon, Condillac, Voltaire, Montesquieu e Rousseau. Era um cortejo impressionante, mas d'Alembert teve dificuldade em manter os homens enfileirados. Sugeriu que cada pensador consolidou parte do território conquistado por Bacon, Descartes, Newton e Locke; assim, a história, desde o Renascimento, demonstrava a marcha progressiva da razão. Mas alguns dos filósofos haviam chegado antes dos quatro *chefs de file*, e outros, embora os seguissem, marchavam ao som de músicas diferentes. Pascal dificilmente passaria como partidário da religião natural ou Leibniz como adversário do *esprit de système*. Assim, Pascal aparecia como físico experimental, com uma fraqueza pela teologia, e Leibniz como matemático que tinha lapsos metafísicos. Rousseau apresentava um problema particularmente embaraçoso porque seu *Discours sur les sciences et les arts* minava todo o empreendimento enciclopédico. D'Alembert contornou esta dificuldade comentando que a colaboração de Rousseau para a *Encyclopédie* de fato contradizia sua paradoxal depreciação do valor das artes e das ciências. Apesar de suas diferenças, portanto, toda a população de filósofos parecia avançar na mesma direção, varrendo a superstição que estava à sua frente e carregando triunfalmente o Iluminismo até o presente — ou seja, até a própria *Encyclopédie*.

Para d'Alembert, era uma história emocionante, embora possa parecer um tanto unilinear ao leitor moderno. O *Discours préliminaire* abunda em metáforas violentas e heroicas: quebra de grilhões, véus arrancados, entrechoque de doutrinas, invasão de cidadelas. Vejamos o que ele diz sobre Descartes:

> Descartes ousou, pelo menos, mostrar a mentes inteligentes como libertar-se do jugo do escolasticismo, da opinião, da autoridade — numa palavra, dos preconceitos e do barbarismo [...] Pode-se pensar nele como um líder de conspiradores que, antes de qualquer outra pessoa, teve a coragem de se levantar contra um poder despótico e arbitrário e que, ao preparar uma retumbante revolução, colocou os alicerces de um governo mais justo e mais feliz, que ele próprio não pôde ver instalado.[41]

Uma tal versão do passado coloca os *philosophes* num papel heroico. Perseguidos ou desdenhados, eles combatiam sozinhos, numa luta em favor das gerações futuras, que lhes concederiam o reconhecimento recusado por seus contemporâneos. D'Alembert reconheceu a existência de verdadeiros generais, travando guerras reais, mas escreveu como se não houvesse história alguma, a não ser a história intelectual, e os *philosophes* fossem seus profetas.

Este tema surgiu atrelado ao culto do *philosophe* durante toda a literatura do Iluminismo, em meados do século XVIII. D'Alembert levou-o mais adiante em seu *Essai sur la société des gens des lettres et les grands*, publicado um ano depois do *Discours préliminaire*. Aqui, outra vez, celebrou, o homem de letras como o guerreiro solitário, na luta pela civilização, e prosseguiu emitindo uma declaração de independência para as *gens de lettres* como grupo social. Humilhados e ignorados, eles mereciam, em vez disso, os elogios da humanidade, porque haviam defendido a causa do Iluminismo desde o Renascimento e, especialmente, desde o reinado de Luís XIV, quando o "espírito filosófico" começou a se tornar moda na sociedade educada.[42] Esta visão da história devia muito a Voltaire, que proclamara a importância dos homens de letras em *Lettres philosophiques* (1734) e, depois, identificou-os com o impulso progressista da história, em *Le siècle de Louis XIV* (1751). Em suas próprias contribuições para a *Encyclopédie*, especialmente no artigo GENS DE LETTRES, Voltaire desenvolvia o mesmo tema e deixava claras suas implicações. A história avançava através da perfeição das artes e das ciências; as artes e as ciências melhoravam através dos esforços dos homens de letras; e os homens de letras forneciam a força motriz para todo o processo, funcionando como *philosophes*. "É este espírito filosófico que parece constituir a natureza dos homens de letras."[43] O artigo PHILOSOPHE defendia ponto de vista bem parecido. Era adaptado do celebrado opúsculo de 1743, *Le Philosophe*, que estabelecia um tipo ideal — o homem de letras comprometido com a causa do Iluminismo.[44] Durante toda a década de 1750, em panfletos, peças, jornais e tratados, os *philosophes* chegaram a ser aclamados ou injuriados como uma espécie de grupo, os apóstolos seculares da civilização, em oposição aos defensores da tradição e da ortodoxia religiosa.[45] Muitos deles contribuíram para a *Encyclopédie* — tantos, na verdade, que *encyclopédiste* e *philosophe* tornaram-se termos praticamente sinônimos, e os dois excluíam, pela força numérica, seus competidores — *savant, érudit, gens d'esprit* — no campo semântico coberto pela expressão geral *gens de lettres*.[46] D'Alembert contribuiu para essa mudança de significado glorificando, no final de seu *Discours préliminaire*, seus companheiros *philosophes* como a suprema categoria de *gens de lettres*, herdeiros de Newton e Locke. Toda a *Encyclopédie* proclamava-se trabalho de "uma sociedade de homens de letras" em sua folha de rosto, enquanto seus amigos e seus inimigos identificavam-na com *philosophie*.[47] Parecia corporificar a equação civilização = *gens de lettres* = *philosophes* e centralizar todas as correntes progressistas da história para o grupo do Iluminismo.

Assim, a argumentação histórica do *Discours préliminaire* completava o trabalho empreendido com as argumentações epistemológica e morfológica. Legitimava os *philosophes*, identificando-os como *gens de lettres* e apresentando tais *gens de lettres* como a força motora da história. Exatamente como as primeiras partes do ensaio demonstravam que não havia conhecimento legítimo algum além dos ramos da árvore baconiana, a última parte mostrava que não havia *gens de lettres* legítimas fora do círculo dos *philosophes*. A segunda parte podara a árvore, para que se enquadrasse nos requerimentos da epistemologia sensacionista, e a primeira parte excluíra todo o conhecimento sem uma base empírica. Então, o conhecimento não empírico, a doutrina ensinada pela Igreja, era posto para fora dos limites, e os guardadores de fronteiras, como se verifica na terceira parte, são os *philosophes*.

Apesar de suas tensões e inconsistências, os segmentos do *Discours préliminaire* engrenavam-se, na execução de uma única estratégia. A obra conseguiu destronar a antiga rainha das ciências e elevar a filosofia para seu lugar. Longe de ser um compêndio neutro de informações, portanto, a moderna *Summa* modelava o conhecimento de tal maneira que o tirava do clero e colocava-o nas mãos de intelectuais comprometidos com o Iluminismo. O triunfo final desta estratégia veio com a secularização da educação e o surgimento das modernas disciplinas escolares, durante o século XIX. Mas o combate mais importante ocorreu na década de 1750, quando os enciclopedistas reconheceram que conhecimento era poder e, mapeando o universo do saber, partiram para sua conquista.

Apêndice: Três árvores do conhecimento

Os quadros esquemáticos a seguir, abrangendo todo o conhecimento humano, vêm da *Encyclopédie* de Diderot e d'Alembert, e foram tirados de *The Encyclopedia: Selections*, de Denis Diderot, publicada e traduzida por Stephen J. Grendzier (Nova York: Harper Torchbook, 1967); da *Cyclopaedia* de Ephraim Chambers; e de *The Advancement of Learning*, de Francis Bacon. Os dois primeiros representam, tipograficamente, a árvore do conhecimento, sob a forma de um diagrama. E Bacon desenvolveu o seu sob a forma de um esboço, a partir do qual foi desenhado um diagrama.

Quadro 4

A árvore de Diderot e d'Alembert

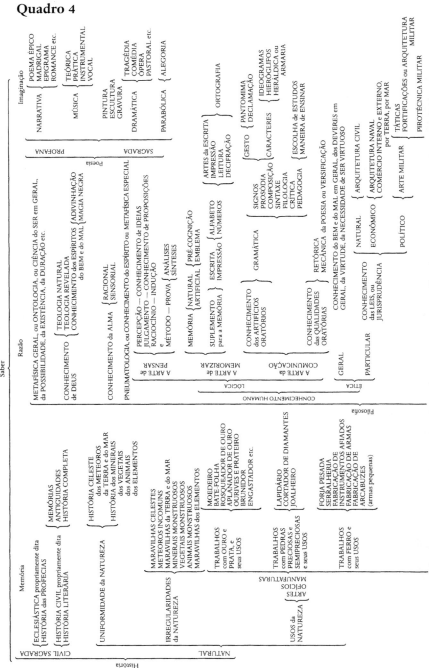

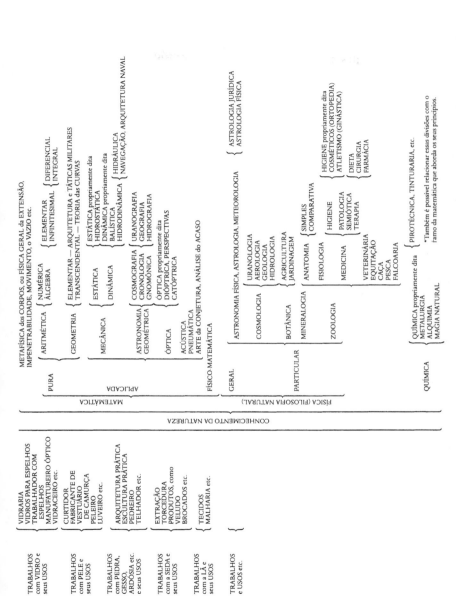

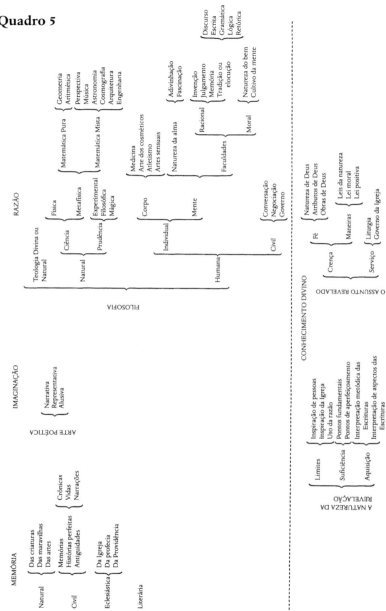

Quadro 6

A árvore das câmaras

O conhecimento pode ser

Natural ou Científico, que pode ser

- Sensível, consistindo na percepção dos fenômenos, ou objetos externos — chamado fisiologia ou história natural; e que, de acordo com os diferentes tipos desses objetos, divide-se em
  - Meteorologia
  - Hidrologia
  - Mineralogia
  - Fitologia
  - Zoologia

OU

- Racional, consistindo na percepção das características intrínsecas ou hábitos dos objetos sensíveis — ou seus
  - Poderes e propriedades — chamados física e filosofia natural
  - Abstrações — chamadas metafísicas, que se subivide em
    - Ontologia
    - Pneumatologia
  - Quantidades — chamadas matemática pura, que se subdivide, de acordo com as características de quantidade, em
    - ARITMÉTICA donde { Analítica, Álgebra }
    - GEOMETRIA ESTÁTICA { TRIGONOMETRIA, Cônica, Estética }
  - Relações com a nossa felicidade — chamadas religião, ou a doutrina dos Ofícios, que se subdivide
    - ÉTICA ou { Política, Direito }
    - RELIGIÃO donde TEOLOGIA, ou REVELAÇÃO

- Interna, empregada na descoberta de seu acordo e desacordo; ou suas relações de referência à verdade — chamada lógica

OU

Artificial e Técnico (consistindo na aplicação das notícias naturais a outros objetivos), que pode ser

- Real, empregada na descoberta e aplicação de
  - Forças superiores e propriedades dos corpos chamadas QUÍMICAS — donde { Alquimia, Magia natural etc. }
  - Quantidade dos corpos — chamada de matemática mista e que, de acordo com os diferentes temas, divide-se em
    - Óptica, catóptrica, dióptrica — donde { Perspectiva, Pintura }
    - Fonética — donde música, hidrostática, hidráulica, pneumática
    - Mecânica — donde { Arquitetura, Escultura, Negócios e Manufaturas, A arte militar }
    - Pirotécnica donde Fortificação
    - Astronomia donde { Cronologia, Gnomónica, Navegação }
    - Geografia, hidrografia donde Comércio
  - Estrutura e economia dos corpos orgânicos — chamada anatomia
  - Relações entre ela e a preservação e aperfeiçoamento de
    - Animais — chamada { Medicina, Farmácia }
    - Vegetais — chamadas { Agricultura, Jardinagem, Alvenaria }
    - Seres Irracionais — chamadas { Trato de animais { Caça, Falcoaria, Pesca etc. } }

OU

- Simbólica, empregada no enquadramento e aplicação de
  - Palavras, ou signos articulados das ideias — chamada
    - Gramática
    - Armaria — chamada heráldica
    - Tropos e Figuras — chamada retórica
    - Fábulas — chamada poesia

As alegrias da maternidade, de Moreau le Jeune. A foto é cortesia do Museu de Arte da Filadélfia: adquirida.

6

Os leitores respondem a Rousseau: a fabricação de sensibilidade romântica

Quando os *philosophes* empreenderam a conquista do mundo, com o seu mapeamento, sabiam que o sucesso dependeria de sua habilidade em imprimir sua visão de mundo na mente de seus leitores. Mas como ocorreria esta operação? O que, de fato, era a leitura, na França do século xviii? A leitura ainda permanece um mistério, embora a façamos todos os dias. A experiência é tão familiar que parece perfeitamente compreensível. Mas se pudéssemos realmente compreendê-la, se pudéssemos compreender como elaboramos o significado a partir de pequenas figuras impressas numa página, poderíamos começar a penetrar num mistério mais profundo — saber como as pessoas se orientam no mundo de símbolos tecido em torno delas por sua cultura. Mesmo assim, não poderíamos presumir que sabemos a maneira como outros povos leram, em outras épocas e em outros lugares. Porque uma história ou antropologia da leitura nos obrigaria a confrontar o que há de diverso em mentalidades estranhas à nossa.[1] Como exemplo, consideremos o papel da leitura nos ritos mortuários, em Bali.

Quando os balineses preparam o cadáver para ser enterrado, leem histórias uns para os outros, histórias comuns, de coleções de seus contos mais familiares. Leem-nas sem parar, 24 horas por dia, durante dois ou três dias sem parar, não porque precisem de distração, mas por causa do perigo dos demônios. Os demônios apoderam-se das almas, durante o período vulnerável imediatamente após uma morte, mas as histórias os mantêm afastados. Como as caixas chinesas ou as sebes ingle-sas, as histórias contêm contos dentro de contos, de maneira que se entra por um e vai-se dar em outro, passando de uma trama para outra cada vez que se vira uma esquina, até, afinal, alcançar o núcleo do espaço narrativo, que corresponde ao lu-gar ocupado pelo cadáver dentro do pátio interno da casa. Os demônios não conseguem penetrar nesse espaço, porque não podem dobrar esquinas. Batem as cabeças, inutilmente, contra o labirinto narrativo que os leitores construíram e, assim, a lei-tura fornece uma espécie de fortificação de defesa em torno do ritual balinês. Cria uma muralha de palavras, que opera como a interferência nos programas de rádio. Não diverte, não instrui, não melhora ninguém nem ajuda a passar o tempo: pela imbri-cação da narrativa e a cacofonia do som, protege as almas.[2]

Talvez a leitura nunca tenha sido tão exótica no Ocidente, embora nosso uso da Bíblia — nos juramentos, crismas e outras cerimônias — possa parecer realmente extravagante aos bali-neses. Mas o exemplo balinês ilustra uma questão importante: nada seria mais equívoco, numa tentativa de recapturar a expe-riência da leitura no passado, do que a crença de que as pessoas sempre leram da maneira como o fazemos hoje. Uma história da leitura — se, algum dia, for escrita — registrará o elemen-to estranho na maneira como o homem entendeu o mundo. Porque a leitura, ao contrário da carpintaria ou do bordado, não é meramente uma habilidade; é uma ativa elaboração de significados dentro de um sistema de comunicação. Entender como os franceses liam livros, no século XVIII, é entender como pensavam — ou seja, como pensavam aqueles, entre eles, que podiam participar da transmissão do pensamento por meio dos símbolos impressos.

A tarefa pode parecer impossível, porque não podemos olhar por sobre os ombros dos leitores do século XVIII e questioná-los, como o moderno psicólogo pode questionar um leitor atual.

Podemos, apenas, desentocar tudo o que, por acaso, permaneça da experiência deles nas bibliotecas e nos arquivos, e mesmo assim raramente ir além do testemunho retrospectivo de alguns poucos grandes homens sobre alguns poucos grandes livros: as lembranças que tem Rousseau da leitura de Plutarco, e as de Stendhal, de ler Rousseau. Mas um dossiê — o único do gênero que existe nos arquivos da França e da Suíça, ou em qualquer outra parte, pelo que sei — possibilita-nos acompanhar as leituras de um burguês comum, no curso de uma vida comum, na França provinciana. durante as duas últimas décadas anteriores à Revolução Francesa.

Eu gostaria de apresentar o dossiê, dando os devidos descontos quanto à sua representatividade, ou quanto à possibilidade de se achar qualquer francês típico nos tempos do Antigo Regime. Vem dos arquivos da Société Typographique de Neuchâtel (STN), importante editora suíça de livros franceses no período pré-revolucionário, e diz respeito a Jean Ranson, comerciante de La Rochelle.[3] Em 1774, quando começou a se corresponder com a STN, Ranson tinha 27 anos. Assumira o negócio de sua família, no comércio da seda, depois da morte de seu pai, e morava com sua mãe no coração da comunidade rochelense protestante. Os Ranson eram prósperos, embora não tão ricos quanto algumas famílias que viviam do comércio atlântico. Jean herdara 20 mil libras de seu pai. Quando se casou, em 1777, sua mulher lhe levara um dote de 10 mil libras. Depois da morte dela, um segundo casamento, em 1788, resultaria numa soma equivalente (8 mil libras e uma anuidade baseada num capital de 2 mil libras). E, por essa ocasião, a própria fortuna de Ranson, excluindo dotes, alcançaria umas 66 mil libras — soma razoavelmente elevada, especialmente considerando-se a queda produzida na economia local pela guerra de independência dos Estados Unidos.[4] À medida que seu negócio prosperava, Ranson ocupava um lugar cada vez mais importante em sua cidade e em sua igreja. Era oficial (*lieutenant du prévôt de la Monnaie*) da casa da moeda local. Dirigia o hospital protestante fundado por seu pai em 1765. E, durante a Revolução, supervisionou o amparo aos pobres, como presidente do Bureau de bienfaisance, além de servir no Conseil municipal e no Conseil des prisons, logo que passou o Terror.

A posição de Ranson no núcleo da oligarquia comercial de La Rochelle evidencia-se claramente em seu contrato de casamento, de 1777. Setenta e seis testemunhas assinaram o contrato; todos os homens, com exceção de três, identificaram-se como negociantes (*négociants*). Entre eles, havia um ex-prefeito, o diretor da Chambre de commerce, dois antigos diretores da Chambre e a flor das famílias comerciantes rochelenses: os Raboteau, os Seignette, os Belin, os Jarnac, os Robert e os próprios Ranson. Todos os parentes do sexo masculino de Ranson figuraram no contrato como *négociants*, e o mesmo aconteceu com os de sua noiva, Madeleine Raboteau — o que não é surpresa, porque ela era sua prima em segundo grau.

As cartas de Ranson, em Neuchâtel, confirmam a impressão dada pelos documentos em La Rochelle. Sugerem que ele era sério, responsável, muito trabalhador, cheio de civismo e rico — um retrato perfeito da burguesia provinciana. Acima de tudo, era protestante. Como a maioria dos membros da rpr (*religion prétendue réformée*) da França, seus pais haviam feito uma confissão formal de catolicismo, a fim de dar aos filhos um *status* civil, porque o Estado não reconhecia legalmente a existência de protestantes, embora permitisse a realização de serviços em La Rochelle, desde 1755. Os Ranson também queriam que o filho tivesse uma sólida educação calvinista. Portanto, enviaram-no para o *collège* (escola secundária) em Neuchâtel, onde ele estudou com Frédéric-Samuel Ostervald, uma erudita figura de destaque local, que iria fundar a STN poucos anos depois, em 1769. O estudante francês tornou-se fortemente ligado ao seu professor suíço. Então, quando voltou a La Rochelle, Ranson manteve-se em contato com ele, por cartas; e quando Ostervald se tornou editor, Ranson comprava-lhe livros. Comprou muitos, porque era um leitor ávido, e a STN, que fazia grandes negócios com o comércio de livros por atacado, além de ter suas próprias publicações, podia abastecê-lo com quase tudo que ele desejasse. Ao contrário dos outros correspondentes da STN, que eram principalmente livreiros, Ranson falava sobre seus interesses literários e sua vida familiar, quando fazia seus pedidos. Desta maneira, seu dossiê — 47 cartas, em meio aos 50 mil papéis da STN — destaca-se em meio à correspondência comercial da STN precisamente pelo fato de ser tão pouco comercial. Fornece uma rara visão de um leitor discutindo sua leitura, enquanto vai tocando as questões rotineiras da vida, num canto tranquilo das províncias.

Ao confrontar o dossiê, a primeira pergunta a fazer é a seguinte: o que lia Ranson? Não se pode reconstituir sua biblioteca, porque ele possuía grande quantidade de livros que não encomendou à STN. Recebeu alguns de sua família e comprou outros de Guillaume Pavie, seu livreiro favorito em La Rochelle. Mas suas cartas para a STN — que incluíam pedidos de 59 títulos, num período de onze anos — fornecem informações suficientes para se formar uma ideia geral de seu gosto e hábitos de leitura. As encomendas foram feitas dentro do seguinte padrão (para detalhes bibliográficos, ver o apêndice):

1. Religião (doze títulos)
Sagrada escritura, obras religiosas
    La Sainte Bible
    Psaumes de David
    Abrégé du catéchisme d'Ostervald
    Récueil de prières, Roques
    Nourriture de l'âme, Ostervald

Morale évangélique, Bertrand
Dévotions chrétiennes
Sermões
Année évangélique, Durand
Sermons sur les dogmes, Chaillet
Sermons, Bertrand
Sermons, Perdriau
Sermons, Romilly

2. História, viagens, geografia (quatro títulos)
Histoire philosophique, Raynal
Voyage en Sicile et à Malte, Brydone
Voyage dans la Suisse, Sinner
Description des montagnes de Neuchâtel, Ostervald

3. *Belles-lettres* (catorze títulos)
Obras
Molière
La Harpe
Crébillon pai
Piron
Rousseau (1775)
Rousseau (1782)
Oeuvres posthumes de Rousseau
Romances
Histoire de François Wills, Pratt
Le Paysan perverti, Restif de la Bretonne
Adèle et Théodore, Mme de Genlis
Don Quichotte, Cervantes
Outros
Théâtre de societé, Mme de Genlis
L'An 2440, Mercier
Mon bonnet de nuit, Mercier

4. Medicina (dois títulos)

Soins pour la conservation des dents, Bourdet

Avis contenant une remède contre la rage

5. Livros infantis; pedagogia (dezoito títulos)

Divertimento

Théâtre d'éducation, Mme de Genlis

Nouveaux contes moraux, Mme Leprince de Beaumont

Magasin des enfants, Mme Leprince de Beaumont

L'Ami des enfants, Berquin

Fables de La Fontaine

Les Hochets moraux, Monget

Les Jeux d'enfants, Feutry

Lectures pour les enfants

Conversations d'Émilie, Mme d'Épinay

Entretiens, drames e contes moraux, Mme de Lafite

Instrução

Annales de la vertu, Mme de Genlis

Cours de géographie élémentaire, Ostervald

Les Vrais Principes de la lecture, Viard

Abrégé de l'histoire universelle, Lacroze

Pedagogia, educação moral

Legs d'un père à ses filles, Gregory

Dissertation sur l'éducation physique, Ballexserd

Education morale, Comparet

Instructions d'un père à ses enfants, Trembley

6. Outros (nove títulos)

Encyclopédie, Diderot e d'Alembert

Le Socrate rustique, Hirzel

Le Messager boiteux

Mémoires secrets, Bachaumont

Relation des derniers jours de J.-J. Rousseau, Le Bègue de Presles

Discours sur l'économie politique, Rousseau
Lettres de Haller contre Voltaire
Tableau de Paris, Mercier
Portraits des rois de France, Mercier

As rubricas acima correspondem às categorias nos catálogos das bibliotecas do século XVIII, mas excluem uma boa quantidade da produção padrão da literatura da época. Ranson não fez pedido de qualquer clássico, qualquer obra jurídica e coisa alguma das ciências naturais, exceto dois volumes de medicina popular. É verdade que pode ter conseguido livros sobre esses assuntos com outros fornecedores, embora fosse possível obtê--los da STN. Mas seus principais interesses limitavam-se aos tópicos a seguir:

Literatura infantil e pedagogia. Estes livros constituem a maior surpresa no dossiê. Embora não pareçam ter ocupado lugar de grande destaque nas bibliotecas (reconhecidamente poucas) do século XVIII que foram estudadas pelos historiadores,[5] representam quase um terço das obras que Ranson encomendou à STN. A importância delas pode ser explicada por seu interesse nos próprios filhos, mas não se limita apenas a isso, como veremos.

Religião. As cartas de Ranson indicam que ele era protestante devoto e seus livros sugerem que sua religiosidade transformou-se, aos poucos, em carolice. Não demonstrava interesse algum em teologia, mas desejava a Sagrada Escritura — uma nova edição protestante da Bíblia, os Salmos — e especialmente sermões. Não parava de pedir, em suas cartas, "bons sermões novos; a França está faminta deles há um longo tempo".[6] Apreciava a pregação moralista dos pastores suíços e holandeses que, ocasionalmente, sumarizam a religião do vigário saboiano de Rousseau.

História, viagens e não ficção geral. Os princípios religiosos de Ranson não o impediram de encomendar a *Encyclopédie* nem a igualmente aberta e enciclopédica *Histoire philosophique et politique des établissements e du commerce des Européens dans les deux Indes*, do *abbé* Raynal. Os livros de viagens e história, categoria favorita nas bibliotecas do século XVIII, frequentemente proporcionavam uma tela sobre a qual os autores do Iluminismo projetavam críticas à sociedade contemporânea. Ranson até comprou dois livros proibidos, que tornavam as críticas explícitas: *Tableau de Paris*, de Mercier, e *Mémoirs secrets pour servir à l'histoire de la république des lettres*, de Bachaumont. Mas evitava as obras mais fortes e mais radicais do catálogo da STN, concentrando-se, em vez disso, nos livros sentimentais e moralistas que se tornavam cada vez mais populares, durante a época pré-romântica.

Belles-lettres. Estes livros se destacam, nos pedidos de ficção feitos por Ranson. Embora comprasse alguns clássicos do século XVII (Molière, Cervantes), seus favoritos eram os escritores contemporâneos, como Mme de Genlis, Mercier e Restif de la Bretonne. Mas quem ocupava mais espaço, em suas prateleiras, e na maioria das discussões de suas cartas, era Rousseau — "*l'Ami* Jean-Jacques", como Ranson o chamava, embora Jean-Jacques fosse um amigo que ele jamais encontrara e só conhecia através da palavra escrita. Ranson devorava tudo que conseguia encontrar de Rousseau. Encomendou duas edições das obras completas e uma série de doze volumes das obras póstumas. A primeira edição, publicada por Samuel Fauche, de Neuchâtel, em 1775, foi a melhor que Ranson pôde obter com Rousseau ainda vivo, mas tinha apenas onze volumes in-oitavo. A segunda, publicada pela Société typographique de Genève, em 1782, chegava aos 31 volumes e continha muitas obras até aquele momento inéditas. Ranson pediu que a edição lhe fosse enviada sem encadernação, apenas costurada, "para apreciar plenamente a obra, logo que chegar, sem esperar pelo encadernador, que é muito negligente".[7] Tinha tanta fome de informações sobre o escritor quanto de exemplares de seus trabalhos. "Obrigado, *Monsieur*", escreveu a Ostervald, em 1775, "por sua bondade em me falar de *l'Ami* Jean-Jacques. O senhor me dá grande prazer, todas as vezes em que me manda alguma coisa a respeito dele".[8] Ranson era o perfeito leitor rousseauísta. Mas como lia ele?

Passar do *quê* para *como* se lê é um avanço extremamente difícil. Podemos fazer uma abordagem indireta, com uma segunda pergunta, preliminar: como Ranson olhava para um livro quando o tinha nas mãos? Os livros, como objetos físicos, eram muito diferentes, no século XVIII, do que são agora, e os leitores percebiam-nos de maneira diferente.

As percepções de Ranson podem ser conjeturadas a partir de suas cartas para a STN, porque ele, frequentemente, discutia os aspectos físicos dos livros. Por exemplo, antes de empreender uma nova edição da Bíblia, Ostervald o sondou quanto ao formato que seria preferido em La Rochelle; e, depois de consultar seus amigos, Ranson respondeu: "Todos se pronunciaram a favor do in-fólio. É mais majestoso e mais imponente aos olhos da multidão para a qual está destinado este livro divino."[9] Ranson demonstrou grande preocupação com as sutilezas tipográficas, ao discutir um projeto para a republicação do *Cours de géographie élémentaire*: "Espero que seja feito com tipos mais bonitos e papel de melhor qualidade do que os da terceira edição, bem inferior, sob estes aspectos, do que a segunda, publicada em Berna."[10] Preocupava-se especialmente com a matéria-prima dos livros. "O mais belo papel que se possa conseguir", reiterava, em suas encomendas.[11] E enfatizava a importância de harmonizar papel, impressão e encadernação. Quando Ostervald lhe pediu que examinasse alguns livros que a STN recebera, como compensação, de um negociante em bancarrota em La Rochelle, ele comentou: "Como poderia você gastar três libras e quinze *sous* na encadernação de livros tão mal impressos, em papel tão ruim, que você vende por quinze *sous* apenas com as folhas? Eu poderia, finalmente, conseguir achar alguém que quisesse ficar com os de *basan* (encadernação relativamente barata, em couro de carneiro), mas tenho poucas esperanças quanto aos outros."[12]

Comentários assim eram comuns no século XVIII. A STN, frequentemente, recebia cartas de clientes que se queixavam da impressão negligente, e de livreiros preocupados com a possibilidade de que a escolha de um olho de tipo ou da qualidade do papel tornasse um livro invendável. Por exemplo, depois de oferecer o *Système de la nature* a Pavie, o livreiro de Ranson em La Rochelle, a STN recebeu uma resposta sugerindo que a qualidade material do livro importava tanto quanto seu conteúdo intelectual:

> Conheço quatro edições do *Système de la nature*. A primeira é da Holanda, uma magnífica edição. A segunda e a terceira são bem comparáveis. A quarta, da qual incluo uma folha, como amostra, foi produzida de maneira execrável, tanto em termos da impressão, que está cheia de erros, como do papel, que é detestável. Eu não daria trinta *sous* por ela. Se a que está oferecendo é como a quarta edição, não se dê ao trabalho de enviá-la. Pode facilmente compará-la com a amostra. Mas como diz que a sua foi feita a partir de uma edição muito bonita, suponho que tenha sido de uma das três primeiras. Neste caso, pode enviar-me dez exemplares, em folhas ou costurados.[13]

Esta consciência tipográfica desapareceu, agora que os livros são produzidos em massa, para uma audiência maciça. No século XVIII, eram feitos a mão. Cada folha de papel era produzida individualmente, com um procedimento esmerado, e diferia de todas as outras folhas do mesmo volume. Cada letra, palavra e linha era composta segundo uma arte que dava ao artesão uma possibilidade de exprimir sua individualidade. Os livros, em si, eram individualizados, cada exemplar tendo suas características próprias. O leitor do Antigo Regime aproximava-se deles com cuidado, porque prestava atenção ao material da literatura, bem como à sua mensagem. Manuseava o papel, para avaliar seu peso, transparência e elasticidade (existia todo um vocabulário para descrever as qualidades estéticas do papel que, usualmente, representava pelo menos metade dos custos de fabricação de um livro, antes do século XIX). Observaria o desenho do tipo, examinaria os espaços, conferiria o registro, apreciaria a diagramação e verificaria a regularidade da impressão. Provaria um livro da maneira como poderíamos provar um copo de vinho; porque olhava *para* as impressões no papel e não apenas através delas, buscaria o significado. E, quando estivesse inteiramente de posse do livro, em todos os seus aspectos materiais, se instalaria para lê-lo.

Isso nos leva à nossa pergunta inicial: como lia Ranson? A resposta pode parecer tão distante como nunca, mas podemos procurá-la por outro caminho, o que leva a uma compreensão da leitura como era ensinada nas escolas do século XVIII e descrita nos compêndios do século XVIII. Felizmente, Ranson mencionou seu compêndio favorito, em suas cartas. Encomendou vários exemplares dele, para uso de sua família e de seus amigos. O título da obra (traduzido para o português) sugere que ela transmitia uma visão do mundo, além de um meio de dominar a palavra impressa: *Os verdadeiros princípios da leitura, da ortografia e da pronúncia francesa, seguidos por um pequeno tratado de pontuação, primeiros elementos da gramática e da prosódia francesa e por diferentes seletas de leituras, adequadas para proporcionar noções simples e fáceis de todos os ramos de nosso conhecimento*, por Nicolas-Antoine Viard.

O compêndio de Viard, provavelmente, deixou uma marca em várias gerações de leitores franceses. A Bibliothèque Nationale contém cinco edições dele, publicadas nos séculos XVIII e XIX, no período de 1800 a 1830. Parece duvidoso que o próprio Ranson tenha aprendido a ler com o compêndio, porque a cópia mais antiga que resta é de 1763, quando ele já chegara aos quinze anos. Mas suas cartas indicam que ele o usou durante seu período escolar em Neuchâtel — presumivelmente, como um auxiliar para rever a gramática —, e pretendia usá-lo para ensinar seus filhos a ler. Um aspecto da obra, no entanto, era-lhe insuportável — seu catolicismo ultraortodoxo, que se evidencia, bem claramente, em algumas seletas de leituras.[14] Ostervald deve ter expurgado essas passagens para os estudantes de Neuchâtel porque, ao encomendar o livro, Ranson especificou que desejava "alguns exemplares de *Principes de la lecture*, de Viard, que gostaria de receber com as modificações que lhe fez".[15] E, em carta posterior, enfatizou que encomendava o *Principes de lecture córrigés pour les réformés*.[16] Não consegui localizar este Viard protestante, mas o Viard clássico, excetuando-se alguns textos religiosos que constavam entre seus exercícios de leitura, parece adequado, como ponto de partida, para se estudar a leitura no século XVIII.

O próprio Viard começa com as menores unidades de som. Mostra como estão relacionadas as letras, sílabas e palavras, progredindo do simples para o complexo e evitando todas as irregularidades, para permitir que as conexões entre os sons e os símbolos tipográficos se fixem solidamente na mente do estudante. A leitura deve ser aprendida oralmente, ele insiste; a escrita pode vir depois. "Toda a operação consiste em simplificar os sons e não em soletrar; é a única maneira de tornar a combinação de sons inteligível para as crianças."[17] Viard requer alguma memorização; mas, com todos os seus exercícios e desordenados alfabetos, sua preocupação principal é fazer a criança pensar: "A memória facilmente retém coisas lidas várias vezes; assim, depois de fazer a criança ler um trecho curto, pode-se começar a interrogá-la sobre ele e a ajudá-la a entendê-lo."[18] Ler não é um ato passivo, para Viard. Ele não considera a leitura um processo mecânico de decifração, mas uma elaboração ativa do intelecto.

Não obstante, Viard desapontará qualquer pessoa que o consultar com a esperança de encontrar um método contemporâneo para entender os livros. Nada diz sobre *explication de texte* nem ensina a formular interpretações. Inteiramente absorvido pelo problema de extrair sentido de combinações de letras, concentra-se em exercícios como os seguintes:[19]

> *Les bons livres s'impriment*   *Les mauvais livres se*
> *soigneusement*   *suppriment promptement.**

Para Viard, a compreensão significa o domínio das palavras. Se o leitor pode entender logo os elementos mais simples, pode também compreender tratados inteiros; porque a significação é inerente às pequenas unidades semânticas, mais que à gramática ou à estrutura. Viard, portanto, permanece no nível da palavra, como se o entendimento dos textos viesse por si mesmo.

Oferece, de fato, alguns textos, mas que não ilustram sua maneira de pensar; estão saturados de correntes subterrâneas de ideologia. Assim, "La Salutation Angélique" e "La Confession des péchés", em seus exercícios de leitura, estão despojados de sílabas ambíguas, mas sobrecarregados de doutrina da Contrarreforma. E outros trechos escolhidos — "Blason", "Généalogie", "Politique", "Le Monde" — parecem apologia do *statu quo*, nas questões sociais e políticas. Viard esperava que o

---

* Este é um exercício para ajudar o aluno a superar contradições entre sons e combinações de letras, neste caso o sufixo *ment*. Embora, com a tradução, perca-se a intenção, as frases podem ser vertidas para o português da seguinte maneira: "Bons livros são publicados cuidadosamente. Maus livros são suprimidos prontamente."

professor destacasse a significação desses temas, em discussões com os alunos: "O objetivo é dar às crianças algumas noções simples das artes, ciência, religião, guerra, comércio e tudo o mais sobre o que se necessita ter ideias claras e exatas. É importante para a criança que o professor pare e analise com ela cada um desses temas, revolvendo-os, por assim dizer, sob seus olhos. Cada qual germinará como uma semente que, se cultivada com habilidade, tornará sua mente rica e fértil."[20] Não há como alguém se enganar sobre a natureza conservadora do texto, mas a metáfora poderia vir de *Émile*. Como Rousseau, Viard insiste na importância da paciência e da gentileza, por parte do professor. Em vez de serem entulhadas com informações inúteis, as crianças deveriam aprender de acordo com o desenvolvimento natural de suas faculdades. Acima de tudo, deveriam aprender a ser boas. Porque a leitura é uma espécie de exercício espiritual: treina a pessoa não para a literatura, mas para a vida.

Apesar de sua ortodoxia, o manual de Viard poderia muito bem atrair um leitor rousseauísta. Mas não revela muito sobre o verdadeiro processo da leitura. Na verdade, sugere que as crianças aprendiam a pronunciar as palavras, na França do século XVIII, de maneira bem parecida à que fazem hoje. O próprio Rousseau não tinha paciência alguma para tal pedagogia. Insistiu, em *Émile*, que a criança aprendesse a ler tarde, quando estivesse madura para o aprendizado, sem exercícios artificiais: "Qualquer método servirá para ela."[21] No entanto, a leitura é um tema que aparece em toda parte nas obras de Rousseau. Obcecava-o. Se pudermos entender as ideias que tinha sobre esse assunto, talvez sejamos capazes de avançar para além do ponto onde Viard nos deixou, e descobrir um terceiro ângulo do qual atacar o problema da leitura no século XVIII.

Rousseau discutiu sua própria indução à leitura nas primeiras páginas de *Confessions*:

Não sei como aprendi a ler; só me lembro de minhas primeiras leituras e do efeito que tiveram sobre mim: é daquele tempo que eu dato, sem interrupção, a consciência que tenho de mim mesmo. Minha mãe havia deixado alguns romances. (Ela morrera poucos dias depois do nascimento de Jean-Jacques.) Meu pai e eu começamos a lê-los depois do jantar, inicialmente apenas com a ideia de utilizar alguns livros divertidos para eu praticar a leitura. Mas logo nos interessamos tanto por eles que líamos sem cessar, revezando-nos, durante a noite inteira. Não conseguíamos jamais parar antes de chegar ao fim de um volume. E, algumas vezes, meu pai, escutando as andorinhas ao romper da aurora, dizia, com uma expressão encabulada: "Vamos para a cama; sou mais criança que você."[22]

Tendo esgotado seu estoque de romances, pegaram volumes de Bossuet, Molière, La Bruyère, Ovídio e Plutarco, na biblioteca dos parentes da mãe de Jean-Jacques, que vinha de um meio mais culto que seu pai, um fabricante de relógios. Enquanto o pai trabalhava em sua loja, o filho lia para ele e discutiam as leituras. A imaginação de Jean-Jacques se incendiava, especialmente quando declamava Plutarco. Tornava-se os heróis sobre os quais lia e encenava os dramas da Antiguidade em seus aposentos, em Genebra, como se os houvesse vivido em Atenas e Roma. Em retrospecto, parecia-lhe que essa experiência o marcara para a vida inteira. Por um lado, jamais aprendeu a distinguir entre literatura e realidade, tendo enchido sua cabeça com "noções bizarras e românticas, das quais a experiência e a reflexão jamais me curaram". Por outro lado, desenvolveu um espírito ferozmente independente: "Desta absorção da leitura e das conversas que ela provocou entre meu pai e eu, desenvolvi aquele espírito livre e republicano, aquele caráter orgulhoso e indomável, tão incompatível com a sujeição e servidão, e que foi o tormento da minha vida."[23]

Os personagens do grande romance de Rousseau, *La Nouvelle Héloïse*, atiram-se à leitura com a mesma entrega. Como se trata de um romance epistolar, a trama se desdobra através da troca de cartas. A vida não pode ser distinguida da leitura nem o amor da escrita de cartas amorosas. Na verdade, os amantes ensinam um ao outro a ler, da mesma maneira como ensinam-se mutuamente o amor. Saint-Preux instrui Julie: "Ler pouco e meditar muito sobre nossa leitura, ou falar extensivamente sobre ela, entre nós mesmos, esta é a maneira de digeri-la completamente."[24] Ao mesmo tempo, aprende a ler com ela. Como o tutor de Émile, concebe um "método" especialmente adequado ao espírito independente de seu aluno: "[...] para você, que põe na leitura mais do que tira dela e cuja mente ativa faz outro livro, algumas vezes melhor, do livro que está lendo. Desta maneira trocaremos nossas ideias. Eu lhe direi o que os outros ensinaram a respeito do assunto; você me dirá o que pensa, você próprio, a respeito dele; e, frequentemente, sairei da lição mais instruído que você."[25] Foi como Rousseau aprendeu a ler com seu pai — e como, mais tarde, leu com Mme de Warens: "Algumas vezes, lia ao lado dela. Tinha o maior prazer com isso; exercitava-me em ler bem [...]. Líamos La Bruyère juntos; agradava-lhe mais que Rochefoucauld [...]. Quando extraía do texto lições morais, ela algumas vezes perdia um pouco o fio, com seu devaneio; mas, beijando-a de vez em quando na boca, ou nas mãos, eu era paciente, e suas interrupções não me perturbavam."[26] Ler, viver e amar eram inseparáveis para o escritor, que vivia mais intensamente na imaginação do que nos giros da vida cotidiana.

Assim, o grande inimigo do "método", na verdade, tinha um método próprio, o que aprendera com seu pai. Consistia em "digerir" os livros tão completamente que se tornavam absorvidos pela vida. Mas Rousseau não descrevia simplesmente a leitura tal como era feita por ele e pelos personagens de seus

livros. Orientava, também, a leitura de seus leitores. Mostrava-
-lhes como abordar seus livros. Guiava-os dentro dos textos,
orientava-os com sua retórica e os fazia desempenhar um certo
papel. Rousseau até tentou ensinar seus leitores a ler e, através
da leitura, tentava tocar suas vidas interiores. Esta estratégia re-
queria uma ruptura com a literatura convencional. Em vez de
se esconder por trás da narrativa e puxar as cordas para manipular os personagens, à maneira de Voltaire, Rousseau jogava-se
em suas obras e esperava que o leitor fizesse o mesmo. Transformou a relação entre escritor e leitor, entre o leitor e o texto.
Para podermos fazer uma ideia adequada dessa transformação,
devemos ser capazes de imaginar o leitor ideal, buscado por
Rousseau, e depois comparar esse ideal com um indivíduo real,
o leitor Jean Ranson.

Consideremos dois textos-chave, os prefácios duplos de
La Nouvelle Héloïse, em que Rousseau discute, com minúcias,
a leitura e a maneira de ler seu romance. Ambos os prefácios
— um deles é uma breve introdução ao livro, o outro um diálogo no qual Rousseau representa a si mesmo defendendo seu
trabalho perante um crítico cético — confrontam uma objeção
que podia ser esperada de qualquer leitor de Rousseau: como
poderia Jean-Jacques fazer uma coisa tão imoral como publicar um romance? A pergunta pode parecer absurda hoje, mas
enquadrava-se plenamente nas preocupações de uma era na
qual os romances eram vistos como perigo moral, especialmente quando abordavam o amor e seus leitores eram senhoritas.
Rousseau ganhara fama denunciando todas as artes e ciências
por seu efeito sobre a moral. No entanto, ali estava ele, des-
pudoradamente, exibindo seu nome na folha de rosto do mais
corruptor tipo de literatura — não apenas um romance, mas
uma história sobre um tutor que seduz sua aluna e, mais tarde,
reúne-se a seu marido, num *ménage à trois*!

Rousseau enfrentou diretamente a objeção, na frase inicial do primeiro prefácio: "Teatros são necessários para as grandes cidades e os romances, para os povos corruptos."[27] O raciocínio fazia eco a sua *Lettre à d'Alembert sur les spectacles*, que condenava teatros, romances e toda a literatura moderna, incluindo o trabalho dos enciclopedistas, por minar a virtude cívica em repúblicas saudáveis como Genebra, mas admitia que podiam ter alguma utilidade em monarquias decadentes como a França. Rousseau escreveu tanto *La Nouvelle Héloïse* como *Lettre à d'Alembert* durante a grande crise de 1757-1758, que resultou em sua ruptura com Diderot e com o grupo dos *philosophes*. Mas ambos os livros tratavam de um tema — a natureza corrupta da cultura contemporânea — que remontava ao trabalho que deu fama, inicialmente, a Rousseau, o *Discours sur les sciences et les arts* (1750). Foi um tema que o preocupou durante toda sua vida e que tinha de ser encarado, no momento de entrar na história da moderna Héloïse. Este grande romancista sempre pregara contra os romances. Então, como poderia escrever um?

A resposta de Rousseau, nos prefácios, é enganadoramente simples: "Este romance não é um romance."[28] É uma coleção de cartas que Rousseau apresenta, no papel de um editor, como o subtítulo e o nome do "editor" na folha de rosto deixam claro: "*Cartas de dois amantes vivendo numa cidadezinha ao sopé dos Alpes. Reunidas e publicadas por J.-J. Rousseau.*" Mas o fingimento não satisfazia ninguém, muito menos Rousseau, que sentia orgulho de seu trabalho e não conseguia evitar falar sobre ele: "Embora eu tenha apenas o título de editor aqui, trabalhei eu próprio neste livro e não escondo o fato. Será que eu fiz tudo isto, que toda a correspondência é uma ficção? Leitores da alta sociedade (*gens du monde*), que importância tem isso para vocês? Para vocês, certamente é ficção."[29] Por trás dessa *coquetterie*, Rousseau, estrategicamente, desloca a questão do papel desempenhado por ele para o papel esperado do leitor. O livro parecerá inventado aos membros da elite sociocultural (*le monde*, uma expressão carregada de significado para Rousseau e outros homens de letras); mas, para aqueles que podem lê-lo com olhos inocentes, parecerá a própria verdade. Onde Rousseau situa esta verdade? Tão distante quanto possível da sociedade dos salões: "Este livro não é feito para circular na sociedade (*le monde*) e é adequado para muito poucos leitores [...]. Desagradará aos fanáticos religiosos, aos libertinos e aos *philosophes.*"[30] O leitor ideal deve ser capaz de se despojar das convenções da literatura, bem como dos preconceitos da sociedade. Só assim, ele pode entrar na história da maneira prescrita por Rousseau: "Quem decidir ler estas cartas deve armar-se de paciência com a incorreção de sua linguagem, o estilo sobrecarregado e a banalidade das ideias expressas em sua linguagem inflada. Deve dizer a si mesmo, antecipadamente, que quem o escreveu não foram franceses nem pessoas sofisticadas nem acadêmicos ou *philosophes*, mas, em vez disso, provincianos, estrangeiros, reclusos, jovens, quase crianças que, em suas imaginações românticas, consideram filosofia o inocente frenesi de suas mentes."[31]

Estas distinções contêm insinuações sociais e políticas, porque Rousseau via a literatura como um elemento num sistema de poder peculiar ao Antigo Regime. Repudiou-os completamente, *belles-lettres* e *beau monde*; e, ao fazê-lo, rompeu com os *philosophes*. Segundo sua maneira de ver, Diderot, d'Alembert e os outros enciclopedistas pertenciam ao mundo elegante dos teatros e dos salões. A própria filosofia tornara-se uma moda, o suprassumo da sofisticação parisiense; e, à medida que se espalhava para além de Paris, punha em risco os mais saudáveis segmentos do corpo político. O artigo de d'Alembert sobre Genebra, na *Encyclopédie*, resumia esse processo. Zombando dos antiquados puritanos que se opunham ao projeto de Voltaire, de fundar um teatro em sua cidade, mostrava que o câncer cultural atacava o último bastião da virtude, a república de

Calvino — e de Rousseau. O artigo não poupava "Jean-Jacques Rousseau, cidadão de Genebra",[32] não apenas por ele se identificar com sua terra natal, mas também porque a doença que a ameaçava também o atacava. Ele não mergulhara cada vez mais profundamente na depravação, a cada passo que o afastava de sua inocência original? Não tentara ingressar em *le monde*? E não usara música, teatro, literatura e filosofia como meio de entrada? Vivera a fórmula que inventara: cultura = corrupção. Então, inventaria outra fórmula cultural, uma literatura antiliterária, na qual pudesse defender a causa da virtude, apelando diretamente para os não sofisticados. Rousseau encontrou sua voz profética em *La Nouvelle Héloïse*, mas falou apenas para quem tinha ouvidos para ouvir — o que, na verdade, significava que tinha olhos para ler.

La Nouvelle Héloïse, portanto, exigia um novo tipo de leitura, cujo êxito seria proporcional à distância espiritual entre o leitor e a alta sociedade parisiense. "Em questões morais, afirmo que não existe leitura capaz de ser útil às pessoas da sociedade (*gens du monde*) [...]. Quanto mais nos distanciamos dos negócios, das grandes cidades, das apinhadas reuniões sociais, mais diminuem os obstáculos (à leitura moralmente eficaz). A certa altura, os livros podem ter uma certa utilidade. Quando se mora sozinho, não se dá uma apressada olhada pelos livros, a fim de exibir as próprias leituras; varia-se menos e se medita mais sobre o que se leu. E seu efeito é menos atenuado pelas influências externas, eles têm uma maior influência interna."[33] Aqui estava uma resposta à terrível frase de Diderot, que precipitara sua ruptura com Rousseau: "Apenas o homem mau vive só."[34]A retórica de Rousseau abria um novo canal de comunicação entre dois seres solitários, o escritor e o leitor, e reformulava seus papéis. Rousseau seria Jean-Jacques, cidadão de Genebra e profeta da virtude. O leitor seria um jovem provinciano, um cavalheiro rural, uma mulher reprimida pelas refinadas convenções da sociedade, um artesão excluído do refinamento — não importava, desde que ele ou ela pudessem amar a virtude e entender a linguagem do coração.

Assim, Rousseau não exigia que o leitor tentasse transformar-se num camponês suíço, mas, em vez disso, que rejeitasse os valores dominantes da literatura e da sociedade. Qualquer pessoa que desejasse ler as cartas dos amantes como mereciam ser lidas teria de se colocar, espiritualmente, "no sopé dos Alpes", onde as sutilezas literárias não faziam qualquer sentido. As cartas não eram escritas para "agradar" em Paris — *plaire* era um refinamento idealizado no século XVII —, mas para dar vazão ao sentimento.

> Se as ler como trabalho de um autor que quer agradar (*plaire*), ou que se orgulha de seus escritos, são detestáveis. Mas tome-as pelo que são, e julgue-as segundo seu gênero. Dois ou três jovens, simples, mas sensíveis, falam um com o outro sobre os interesses de seus corações. Jamais pensam em fazer boa figura aos olhos do outro. Conhecem-se e se amam demasiado para que a vaidade (*amour-propre*, outra palavra-chave para Rousseau) ocupe um espaço em suas relações. São crianças; deveriam pensar como adultos? São estrangeiros; deveriam escrever corretamente? São reclusos; como estariam familiarizados com o comportamento da sociedade (*le monde*)! [...] Nada sabem dessas coisas. Sabem amar; seu referencial para tudo é sua paixão.[35]

As cartas de Julie e Saint-Preux carecem de refinamento, porque são autênticas. Nada têm a ver com a literatura, porque são verdadeiras. Como a música, comunicam a pura emoção de uma alma para outra: "Não são mais cartas; são hinos."[36] Rousseau dava acesso ao leitor a esse tipo de verdade, mas apenas caso ele se colocasse no lugar dos correspondentes e se tornasse, em espírito, um provinciano, recluso, estrangeiro e criança. Para fazer isso, o leitor teria de se defender da bagagem cultural do mundo adulto e aprender de novo a ler, como Jean-Jacques lera com seu pai, que sabia como se tornar "mais criança que você". Assim, a leitura rousseauísta explodiria as convenções estabelecidas por Boileau, no auge do período clássico. Revolucionaria a relação entre leitor e texto e abriria caminho para o romantismo. Ao mesmo tempo, reviveria uma maneira de ler que parece ter prevalecido nos séculos XVI e XVII: ler para absorver a Palavra de Deus, sem mediações. Rousseau exigia ser lido como se fosse um profeta da divina verdade e Ranson entendia-o desta maneira: assim, a ênfase na literatura religiosa, nas encomendas de Ranson, não contradiz o rousseauísmo, mas o complementa, em vez disso. O que separava a leitura rousseauísta de seus antecedentes religiosos — fossem calvinistas, jansenistas ou pietistas — era o convite para que se lesse a mais suspeita forma de literatura, o romance, como se fosse a Bíblia. Explorando este paradoxo, Rousseau regeneraria *le monde*.

Mas o novo estilo de leitura incorria em outro paradoxo, ao se esforçar para se expressar, no prefácio de *La Nouvelle Héloïse*. Rousseau insistia na autenticidade das cartas dos amorosos, mas escreveu-as ele mesmo, usando todos os artifícios de uma retórica que só ele podia manejar. Apresentou seu texto como a comunicação, sem mediações, de duas almas — "É assim que o coração fala com o coração"[37] —, mas a verdadeira comunicação ocorria entre o leitor e o próprio Rousseau. Esta ambiguidade ameaçava minar a nova relação entre escritor e leitor, que ele desejava estabelecer. Por um lado, tendia a falsificar a posição de Rousseau, fazendo-o aparecer como mero editor. Por outro, deixava o leitor espiando de um canto, praticamente como um espectador. Claro que essas ambiguidades, e uma forte dose de *voyeurismo*, existem em todos os romances epistolares. O gênero fora criado há muito, na França, e passava por um renascimento, graças à popularidade de Richardson. Mas Rousseau não podia esconder-se por trás das convenções do gênero, porque pretendia que seu texto não fosse literário e sim "verdadeiro". Não podia negar sua autoria das cartas sem ofender a verdade e não podia reconhecer a cuidadosa maestria que expressavam sem estragar seu efeito.

O problema pode parecer um falso dilema ao leitor moderno, mas obcecava os contemporâneos de Rousseau. Muitos leitores de *La Nouvelle Héloïse* acreditavam e queriam acreditar na autenticidade das cartas. Rousseau entendeu sua necessidade, antecipadamente. Então, fez seu interrogador, o sofisticado homem de letras "N" no segundo prefácio, ou *préface dialoguée*, voltar repetidas vezes à indagação: "Essa correspondência é real, ou é uma ficção?"[38] "N" não pode deixar isso de lado; "atormenta-o", como ele explica.[39] Deixando-o dar vazão às suas dúvidas, Rousseau parecia saldar os débitos com o leitor e encarar o paradoxo inerente ao gênero epistolar. Embora não pudesse resolver o paradoxo, parecia incorporá-lo, numa tentativa de alcançar uma verdade mais elevada. Pedia ao leitor que suspendesse sua descrença e pusesse de lado a antiga maneira de ler, a fim de penetrar nas cartas como se fossem realmente as efusões de corações inocentes, no sopé dos Alpes. Esse tipo de leitura exigia um salto de fé — fé no autor que, de alguma maneira, devia ter sofrido, através das paixões de seus personagens, e forjou-os com uma verdade que transcende a literatura.

Em última instância, então, o poder do romance de Rousseau decorria da força de sua personalidade. Ele iniciou uma nova concepção do autor como Prometeu, uma concepção que iria longe no século XIX. Então, em *La Nouvelle Héloïse*, em vez de se esconder por trás do pano, avançou para a frente do palco. Relacionou tudo, no prefácio, consigo mesmo, com seu "Eu".

E, depois de recusar-se a negar que talvez tivesse escrito as cartas, disse a "N" que é o editor:

> R (Rousseau): Um homem íntegro esconde-se, quando fala ao público? Ousa ele publicar algo que não ousa reconhecer? Sou o editor deste livro, e chamarei a mim mesmo, nele, de editor.
> N: Dará seu próprio nome a ele? O senhor?
> R: Eu mesmo.
> N: O quê! Colocará nele o seu nome?
> R: Sim, *Monsieur*.
> N: Seu nome verdadeiro? *Jean-Jacques Rousseau*, com todas as letras?
> R: *Jean-Jacques Rousseau*, com todas as letras.[40]

Rousseau, então, explicou que não apenas pretendia assumir a responsabilidade pelo que escrevia, mas acrescentou: "Não quero absolutamente ser considerado melhor do que sou."[41] Era a mesma posição que ele adotaria em *Confessions*. Confessando suas falhas morais, enfatizava sua honestidade e, ao mesmo tempo, criava um Jean-Jacques ideal, que podia falar diretamente, do fundo do coração, com o leitor ideal imaginado no texto. Autor e leitor triunfavam, juntos, sobre o artifício da comunicação literária. Esse impulso metaliterário, que encontraria o auge de sua expressão em *Confessions*, impulsionou Rousseau a atirar seu Jean-Jacques abertamente sobre *La Nouvelle Héloïse* — gesto incomum, num período em que os autores raramente punham seus nomes em romances. Mas Rousseau não aspirava a ser romanesco. Queria alcançar a vida, através da literatura, a sua e a de seus leitores.

O impacto do rousseauísmo, portanto, deveu muito a Rousseau. Ele falava às mais íntimas experiências de seus leitores e os encorajava a verem o Jean-Jacques por trás dos textos. Não surpreende que muitos deles tentassem contatá-lo, pessoalmente — tantos, que ele precisava de uma porta disfarçada, para fugir aos que o procuravam em seu refúgio na ilha de Saint-Pierre. Rousseau rompeu as barreiras que separavam o escritor do leitor. Criou a arte que recomendou, em *Émile*: "a arte de falar com aqueles que estão ausentes e de escutá-los, a arte de comunicar aos que estão distantes, sem nenhuma mediação, nossos sentimentos, vontades, desejos."[42] Desenvolveu esta arte — mas como os leitores responderam a ela —, os verdadeiros leitores, não apenas os imaginados no texto? Esta pergunta nos leva de volta a Jean Ranson.

Desde o início de sua correspondência, Ranson deixou claro que "*l'Ami* Jean-Jacques" fascinava-o tanto quanto os escritos de Rousseau. Ostervald estava bem colocado para satisfazer esse interesse, porque o editor suíço às vezes fazia viagens de negócios a Paris, e enviava relatórios a seu jovem amigo em La Rochelle, depois de recolher os mexericos literários. Infelizmente, a parte de Ostervald na correspondência está faltando, mas provavelmente continha alguns relatos de encontros com Rousseau; porque Ranson não parava de pedir notícias de seu *ami* e queixava-se quando deixavam de chegar: "O quê! Você viu *l'Ami* Jean-Jacques e não me contou a respeito! Espero que tenha adiado a narrativa para outra carta."[43] Ranson estava, igualmente, ansioso para receber as obras de Rousseau. Por mais que se afligisse com a qualidade da impressão, preocupava-se, acima de tudo, com a autenticidade dos textos. "Uma coisa que me faz hesitar em comprar mais deles", explicou a Ostervald, "é o repúdio daquele infeliz grande homem a todas as edições que eram vendidas há dois ou três anos; ele reconhecia apenas a primeira edição, que ajudou pessoalmente a produzir e que não é republicada há anos".[44] Na primavera de 1777, quando Ostervald estava prestes a partir para outra viagem a Paris, Ranson escreveu: "Sem dúvida, verá *l'Ami* Jean-

-Jacques. Por favor, descubra, com ele, se poderemos ter uma boa edição de suas obras. E lhe suplico, especialmente, para me mandar algumas notícias sobre sua saúde, antes de voltar."[45] O homem e as obras, as duas coisas sempre estavam unidas nas cartas de Ranson.

Ranson também juntava às referências a Rousseau comentários sobre sua própria vida. Em junho de 1777, quando ia completar trinta anos, escreveu: "Tenho certeza, *Monsieur*, de que ficará satisfeito de saber que estou prestes a encerrar o meu celibato. Escolhi e fui aceito por uma srta. Raboteau, minha prima, a irmã da jovem com quem M. Rother de Nantes casou-se, no ano passado. Ela é também, pelo lado de seu pai, parenta de Jarnac, no mesmo grau que eu. A feliz natureza desta querida pessoa, combinada com todas as considerações de propriedade, fazem-me esperar deste compromisso o máximo (aqui há um buraco no papel)." Depois, passou diretamente a seu assunto favorito: "Embora eu lhe tenha implorado repetidas vezes, *Monsieur*, para me enviar notícias de *l'Ami* Jean-Jacques, por quem me interesso tanto, o senhor é tão cruel a ponto de nada dizer a seu respeito. Não teve a oportunidade de vê-lo e de se beneficiar de algumas poucas palavras com ele, em Paris? Insisto em que me conte tudo, assim que for possível, do contrário ficarei ressentido."[46]

A associação que Ranson estabeleceu entre seu casamento e seu amigo não ocorreu por acaso. Em sua próxima carta, ele explicou:

> Envio-lhe meus mais calorosos agradecimentos por seus bons votos referentes ao meu novo estado. Minha esposa está tão comovida quanto eu, pelo que me escreveu sobre ela, em seu favor. Espero que não seja difícil para mim cumprir meus deveres para com esta querida esposa, da maneira que o senhor prescreve e que eu prescrevi para mim mesmo. Se fui capaz de

passar sem mulheres até a idade de quase trinta anos, embora, certamente, jamais olhasse com indiferença para o belo sexo, tenho certeza de que uma será o bastante para mim, pelo resto de minha vida. Tudo que l'*Ami* Jean-Jacques escreveu sobre os deveres dos maridos e esposas, de mães e pais, teve um profundo efeito sobre mim; e confesso-lhe que me servirá como norma, em qualquer desses estados que eu deva ocupar.[47]

A referência a Rousseau permaneceu implícita numa carta que Ranson escreveu alguns meses mais tarde. Desta vez, era ele quem enviava parabéns: "Parabenizo-o calorosamente, ao senhor e a *Monsieur* e *Madame* Bertrand (genro e filha de Ostervald), pelo feliz nascimento de sua neta, que, sem dúvida, a mãe amamentará ela própria, como fez com seus outros filhos."[48] No fim do ano, Ranson soube que ele também se tornaria pai. Preparou-se para suas novas responsabilidades lendo: "Por favor, consiga para mim, se possível, uma excelente dissertação sobre a educação física das crianças, publicada por M. Ballexserd, de Genebra. Estou prestes a me tornar pai e penso como posso cumprir meus deveres da melhor maneira."[49] Estava-se saindo de um mundo tradicional, no qual as crianças eram criadas de acordo com a tradição da família, para o mundo do Dr. Spock, no qual elas crescem sob instrução da palavra impressa. Ranson procurava orientação, acima de tudo, de Rousseau, o profeta da amamentação ao seio e do amor materno. Em maio de 1778, escreveu alegremente: "Minha esposa me fez pai de uma menina, que passa muito bem e está sendo amamentada pela mãe, com o maior sucesso."[50]

Mas, logo depois, ele soube que seu guia espiritual morrera.

Então, *Monsieur*, perdemos o sublime Jean-Jacques. Como me dói jamais o haver visto nem o ouvido falar. Fiquei com a mais extraordinária admiração por ele, lendo seus livros. Se, algum dia, eu viajar até as proximidades de Ermenonville, não deixarei

de visitar seu túmulo e, talvez, derramar algumas lágrimas sobre ele. Diga-me, eu lhe peço, o que pensa desse homem famoso, cuja sorte sempre despertou em mim os sentimentos mais
ternos, enquanto Voltaire, frequentemente, provocava a minha
indignação [...]. Ele disse, há alguns anos, que nenhuma das
novas edições de suas obras estava correta, mas, em vez disso,
que se achavam cheias de falsificações, cortes e modificações,
até mesmo a edição de Rey, da qual queixou-se amargamente.
Espero que ele tenha deixado alguns manuscritos que possibili-
tem uma edição livre de todas essas falhas. Se souber de alguma
coisa sobre isto, ou de qualquer outra coisa referente a Rousseau, por favor, partilhe-a comigo. Dar-me-á o maior prazer.

Depois, sem interromper o ritmo, vêm as notícias da família:
"Estamos muito comovidos, minha esposa e eu, pelas coisas ge-
nerosas que o senhor diz sobre o nascimento de nossa filha, que
a mãe continua a amamentar com o maior sucesso e sem sentir
o menor desconforto."[51]

Ranson continuou a falar sobre Rousseau numa longa série
de cartas. Queria saber tudo sobre a vida e a morte de seu *ami*.
Devorava toda anedota que conseguia fazer chegar a seu conhecimento, comparando versões no *Courier de l'Europe*, *L'Année littéraire*, o *Mercure de France*, *Annales*, de Linguet e muitos outros
periódicos. Pendurou uma gravura do túmulo em Ermenonville
na parede de seu estúdio. Comprou panegíricos, panfletos e até
fragmentos de manuscritos não publicados que eram atribuídos
a Rousseau e começaram a circular depois de sua morte. Ranson
também recolhia boatos, especialmente os que corriam na loja
de seu livreiro, Pavie. Alguns diziam que Jean-Jacques morrera
por envenenamento. Mas não era mais provável que a causa fosse um problema estomacal, como afirmava o *Courier de l'Europe*?
Ou seria resultado da agonia provocada pelo desaparecimento
do manuscrito de *Confessions*? Segundo se disse, o guardador

dos selos conseguira uma cópia e convidara Jean-Jacques a explicar como poderia estar circulando, desde que ele prometera jamais liberá-lo. Thérèse Levasseur devia tê-lo vendido sem o conhecimento dele. Precisavam desesperadamente de dinheiro, no fim, quando Jean-Jacques desistiu de copiar música. Mas, por que, Deus do céu, ninguém se apresentara para salvá-los de sua miséria? Não se oferecera Jean-Jacques, numa carta aberta, de fevereiro de 1777, para deixar seus manuscritos para qualquer patrono que os socorresse? A pensão que Thérèse recebia de Marc Michel Rey — e Ranson sabia tudo sobre os detalhes da vida doméstica de Rousseau — não era o suficiente para viverem. Talvez Thérèse procurasse Rey para a publicação dos manuscritos, agora que seu marido estava morto. Segundo Pavie, alguns livreiros parisienses já ofereciam cópias do manuscrito de *Confessions* por quinze luíses.

Que tesouro deveriam ser essas *Confessions*! Ranson ardia de desejo de lê-las, e tudo o mais que Rousseau deixara. Queria conhecer todos os segredos da alma de seu mentor, todos os detalhes de seu passado, todos os produtos de sua pena, até suas anotações musicais, que Ranson encomendou, especialmente, à STN. As cartas entre La Rochelle e Neuchâtel estão cheias de referências a planos para a publicação das obras de Rousseau, porque a STN competia com a Société typographique de Genève e um bando de outras editoras que queriam pôr as mãos nos manuscritos deixados com o *marquis* de Girardin e Alexandre Du Peyrou. A contenda para publicar uma edição completa das obras de Rousseau produziu a última competição geral na história editorial do Antigo Regime. Mas, para Ranson, não tinha uma importância assim tão terrível quem ganharia o prêmio, se os genebrinos ou seus amigos de Neuchâtel, desde que uma edição completa e exata saísse logo que possível. Desejava, acima de tudo, possuir o Rousseau completo, absorvê-lo em seu mundo interior e expressá-lo na vida cotidiana.

O túmulo de Rousseau em Ermenonville. A foto é cortesia da Bibliothèque Nationale, Paris.

Assim, as referências a Rousseau continuaram a aparecer em suas cartas como uma espécie de glosa aos relatos sobre sua família. Em setembro de 1778, ele relacionou um longo exame da morte de Rousseau, e de suas obras póstumas, com algumas reflexões sobre o novo bebê:

> Posso ver, pela ternura que me inspira a minha filha, quanto a felicidade dos filhos deve influenciar a dos pais. Como desejaria saber mais, de maneira a poder dar lições a meus próprios filhos; porque nenhum professor pode ensinar com a dedicação de um pai. Mas, se eu puder ensinar a eles a lição da boa moral, se compensarem meus esforços apenas com relação a isso, posso passar sem o resto. Falo de meus filhos e tenho apenas uma filha de cinco meses.[52]

Viria um filho em fevereiro de 1780 e outro em dezembro de 1782. Os Ranson chamaram o primeiro de Jean Isaac, o nome do seu avô materno. O segundo se chamou Émile. Este gesto representava uma ruptura significativa com a tradição da família, porque os Ranson e Raboteau quase sempre se haviam limitado a um estoque reduzido de nomes de família — uns poucos Jeans, Pierres e Pauls, entre uma profusão de nomes tirados do Antigo Testamento, os que preferiam os protestantes: Abraão, Isaac, Elias, Benjamin, Samuel e Joaquim.[53] O pequeno Émile seria um testemunho vivo da fé de seus parentes na doutrina de Rousseau sobre a educação e a natureza humana em geral.

Quando as crianças chegavam, Ranson enviava anúncios de seus nascimentos, acompanhados de comentários sobre seu aleitamento e digressões sobre Rousseau. Estava consciente de sua dupla obsessão: "Peço-lhe perdão por falar tão frequentemente, e de maneira tão prolongada, sobre Jean-Jacques, mas gosto de dizer a mim mesmo que o entusiasmo que ele me inspira, e que é produzido inteiramente por seu próprio entusiasmo pela virtude, desculpar-me-á a seus olhos e o compelirá a me escrever, de tempos em tempos, sobre esse amigo da virtude."[54] E, mais tarde, referindo-se a sua filha: "Quanto prazer sinto em observar esta jovem criatura crescer! E quanta felicidade terei, se ela continuar a viver e se, pela boa educação, eu puder extrair o máximo da bondade de sua natureza. O senhor é pai, *Monsieur*, e então desculpar-me-á por eu me demorar em tais detalhes, que não têm interesse algum para um homem que não o seja."[55]

O enfoque de Ranson quanto à paternidade explica a importância da literatura pedagógica e infantil em suas encomendas à stn. Esses livros representavam uma nova atitude para com as crianças e um novo desejo de supervisionar sua educação, por parte dos pais.[56] Um século antes, Charles Perrault apresentara seus contos de Mamãe Ganso para divertir uma audiência de sofisticados frequentadores dos salões. Os autores favoritos de Ranson, especialmente Mme de Genlis e Mme Leprince de Beaumont, escreveram eles próprios para crianças, e o fizeram não apenas para diverti-las, mas para desenvolver sua virtude. A ênfase moralista dos novos livros para crianças evidencia-se em seus títulos: *Brincadeiras morais, ou contos para crianças* e *Leitura para crianças, ou uma seleção de contos igualmente adequada para diverti--las e as conduzir ao amor e à virtude*. Essa ênfase também estava presente nos novos manuais para os pais, como *Educação moral, ou uma resposta à pergunta: como se deve orientar a mente e o coração de uma criança, para fazer com que se transforme num adulto feliz e útil?*. Esses livros partiam da premissa rousseauísta de que as crianças eram naturalmente boas e prosseguiam desenvolvendo uma pedagogia saturada de rousseauísmo. Além deles, Ranson possuía pelo menos dois exemplares do *Émile*. O notável, entretanto, não era que ele lesse este ou aquele tratado sobre crianças, mas que chegasse a ler qualquer tratado. Ele entrou na paternidade através da leitura e confiava nos livros para transformar sua prole em outros Émiles e Émilies.

Este comportamento expressava uma nova atitude para com a palavra impressa. Ranson não lia para gozar a literatura, mas para lidar com a vida e, especialmente, a vida familiar, exatamente como pretendia Rousseau. Vistos através de suas cartas, Ranson e sua esposa aparecem como a imagem perfeita dos leitores aos quais Jean-Jacques endereçou *La Nouvelle Héloïse*: "Gosto de imaginar dois esposos lendo juntos esta coleção, descobrindo nela novo encorajamento para continuar com seu trabalho diário e talvez novas maneiras de torná-la útil", escreveu Rousseau, no segundo prefácio. "Como poderiam eles contemplar o quadro de um lar feliz sem desejar imitar um modelo tão doce?"[57] Ranson modelou seu lar exatamente desta maneira, lendo Rousseau, como Rousseau queria ser lido. "Minha esposa envia-lhe seus respeitos", escreveu ele a Ostervald, em setembro de 1780. "Ela continua, graças a Deus, a gozar boa saúde, da mesma maneira que sua querida filhinha, que passa muito bem com o leite da mãe. A irmã mais velha, uma menina crescida, de trinta meses, agora mostra sua influência com o melhor dos temperamentos. Virtuoso Jean-Jacques! É a ti que devo esta terna obrigação."[58]

O resto das cartas do dossiê tem o mesmo tom — sérias, íntimas, sentimentais e moralistas —, o tom estabelecido por Rousseau para os leitores em toda parte, por mais diversas que fossem as circunstâncias de suas vidas. Nada poderia ser mais banal, talvez, mas a significação das cartas de Ranson consiste em sua banalidade. Mostram como o rousseauísmo penetrou no mundo cotidiano de um burguês nada excepcional e como o ajudou a entender as coisas que mais importavam na existência: amor, casamento, paternidade — os grandes eventos de uma pequena vida e o material de que a vida era feita em toda parte, na França.[59]

A maneira de ler de Ranson é impensável, hoje. E *La Nouvelle Héloïse* ilegível — se não para todos, pelo menos para muitíssimos leitores "comuns" do tipo moderno, que não podem fazer o esforço de atravessar seis volumes de sentimento sem o alívio de quaisquer episódios de violência, sexo explícito ou alguma coisa parecida com uma trama. O sentimento engolfou os leitores de Rousseau, no século XVIII — milhares deles, não apenas Jean Ranson. Estudando suas reações, podemos colocar seu caso dentro de uma perspectiva e captar uma visão mais ampla da distância que separa os leitores do Antigo Regime dos leitores de hoje.

Embora tenhamos muito poucas estatísticas sobre vendas de livros nos tempos do Antigo Regime, está claro que *La Nouvelle Héloïse* foi, talvez, o maior *best-seller* do século. A procura de exemplares ultrapassou tanto o fornecimento que os livreiros alugavam o livro por dia e até por hora, cobrando doze *sous* por sessenta minutos com um volume, de acordo com L.-S. Mercier. Pelo menos setenta edições foram publicadas antes de 1800 — provavelmente, mais do que qualquer outro romance na história editorial anterior. É verdade que os homens de letras mais sofisticados, defensores obstinados da correção, como Voltaire e Grimm, achavam o estilo sobrecarregado e o assunto desagradável. Mas os leitores comuns de todos os escalões da sociedade perderam a cabeça. Choravam, sufocavam, vociferavam, examinavam em profundidade as suas vidas e decidiam viver melhor, depois aliviavam o coração com mais lágrimas — e em cartas a Rousseau, que colecionava seus testemunhos num imenso maço; e este foi preservado, para o exame da posteridade.[60]

Examinando-se a correspondência a Rousseau sobre *La Nouvelle Héloïse*, os soluços chamam a atenção, em toda parte: "lágrimas", "suspiros" e "tormento", do jovem editor C.-J. Panckoucke; "deliciosas lágrimas" e "êxtase" do genebrino J.-L. Buisson; "lágrimas" e "deliciosos extravasamentos do coração", de A.-J. Loyseau de Mauléon; "lágrimas tão deliciosas" de Charlotte Bourette, de Paris, que só pensar nelas a fazia chorar de novo; tantas "lágrimas doces" para J.-J.-P. Fromaget, que "a cada página minha alma se derretia". O *abbé* Cahagne leu os mesmos trechos em voz alta, para amigos, pelo menos dez vezes, a cada vez com explosões de lágrimas em torno, por toda parte: "A pessoa tem de sufocar, tem de abandonar o livro, de chorar, tem de escrever para o senhor que se está sufocando de emoção, a chorar." O romance levou J.-F. Bastide para a cama e quase o pôs louco, ou, pelo menos, assim ele acreditava, enquanto produziu o efeito oposto em Daniel Roguin, que soluçou tão violentamente a ponto de se curar de um forte resfriado. O *baron* de La Sarraz declarou que a única maneira de ler o livro era atrás de portas trancadas, para se poder chorar à vontade, sem ser interrompido pelos criados. J.-V. Capperonnier de Gauffecourt leu apenas algumas poucas páginas de cada vez, porque sua saúde era demasiado frágil para ele suportar a emoção. Mas seu amigo, o *abbé* Jacques Pernetti, congratulou a si mesmo por ser suficientemente robusto para atravessar todos os seis volumes sem parar, apesar dos batimentos de seu coração. A *marquise* de Polignac conseguiu chegar até a cena do leito mortal de Julie, no volume seis, mas então não aguentou mais: "Não ouso dizer-lhe o efeito que causou em mim. Não, eu estava além das lágrimas. Uma dor aguda me convulsionava. Meu coração se achava esmagado. A agonizante Julie não era mais uma pessoa desconhecida. Eu acreditava que era sua irmã, sua amiga, sua Claire. Minha emoção se tornou tão forte que, se eu não tivesse posto o livro de lado, teria ficado tão doente quanto todos aqueles que atenderam aquela mulher virtuosa, em seus últimos momentos." Mais abaixo, na escala social, Charlotte de La Taille chorou com toda a força de seu coração, na morte de Julie, e não se recompôs durante oito dias. Sentindo que o fim estava próximo para a heroína, Louis François, um oficial do exército reformado, achou impossível continuar, embora tivesse chorado o tempo todo, sem interrupção, durante os volumes anteriores:

> O senhor me pôs louco por ela. Imagine, então, as lágrimas que sua morte deve ter arrancado de mim. Acredita? Passei três dias sem ousar ler a última carta, de M. de Wolmar a Saint-Preux. Sabia como cada detalhe seria interessante. Mas não podia suportar a ideia de Julie morta, ou agonizante. Ainda assim, finalmente tive de superar minha aversão. Jamais chorei lágrimas tão deliciosas. Aquela leitura criou em mim um efeito tão poderoso que acho que teria morrido alegremente, durante aquele momento supremo.

Leitores de todos os escalões sociais e de todos os cantos do continente reagiram da mesma maneira. Como diz um resenhista suíço, normalmente contido: "Deve-se morrer de prazer, depois de ler este livro [...] ou, em vez disto, deve-se viver para lê-lo repetidas vezes."[61]

La Nouvelle Héloïse não produziu a primeira epidemia de emoção da história da literatura. Richardson já deflagrara ondas de soluços na Inglaterra e Lessing fizera o mesmo na Alemanha. Rousseau era diferente deles porque inspirava aos leitores um desejo irresistível de entrar em contato com as vidas que existiam por trás da página impressa — as vidas de seus personagens e a sua própria. Assim, depois de confessar a uma confidante que chorara com todo o coração pelos amantes de Rousseau, Mme de Polignac explicou a uma amiga que sentira uma incontrolável necessidade de ver o próprio Rousseau:

> Você sabe que, enquanto ele me apareceu apenas como um filósofo, um homem de espírito, eu nunca cogitei a possibilidade de fazer um esforço para conhecê-lo. Mas o amante de Julie, o homem que a amava como ela merecia ser amada, ah!, não é a mesma coisa. Meu primeiro impulso foi mandar arrear meus cavalos, para poder ir a Montmorency e vê-lo, a qualquer preço, a fim de dizer-lhe como sua ternura o coloca acima dos outros homens, a meus olhos, para convencê-lo a me deixar ver o retrato de Julie, beijá-lo, ajoelhar-me diante dele e venerar aquela mulher divina, que nunca deixou de ser um modelo de todas as virtudes, mesmo quando perdeu sua virtude.[62]

Exatamente como Rousseau previra nos prefácios, seus leitores desejavam acreditar que Julie, Saint-Preux, Claire e os demais haviam realmente existido. Viram-no como o amante de Julie ou, pelo menos, como alguém que devia ter experimentado todas as paixões dos personagens, para descrevê-las de maneira tão convincente. E, assim, desejavam escrever para ele, enviar-lhe suas próprias cartas, assegurar-lhe que haviam sentido emoções iguais em suas vidas, por mais obscuras que fossem, e que seus sentimentos correspondiam aos dele — numa palavra, que entendiam.

Assim, a correspondência de Rousseau tornou-se a extensão lógica de seu romance epistolar. Enviando-lhe cartas, seus leitores transmitiam reafirmações de que sua mensagem fora captada, passando além da página escrita, da alma do escritor para a deles. "Parece-me que não se pode trocar pensamentos com o senhor sem impregnar-se de seu espírito", escreveu Louis François. "[...] Não consegui viver tão virtuosamente quanto Julie, mas a alma de Saint-Preux passou inteiramente para a minha. E Julie na sepultura! Depois disso, eu nada pude ver a não ser um assustador vazio na natureza. Estou errado, então, em dizer que não existe outro igual ao senhor, neste mundo? Quem, se não o grande Rousseau, pode engolfar seus leitores dessa maneira? Quem mais pode brandir uma pena com tanta força a ponto de fazer sua alma passar para a deles?" O mesmo impulso dominou leitores relativamente sóbrios, como o ministro protestante Paul-Claude Moultou:

> Não, *Monsieur*, não posso mais ficar calado. O senhor se apoderou de minha alma. Está repleta a ponto de explodir, e precisa partilhar seu tormento com o senhor [...] Ah, Julie! Ah, Saint-Preux! Ah, Claire! Ah, Edouard! Que planeta habitam suas almas, e como posso unir a minha com a vossa? São o fruto do seu coração, *Monsieur*; só sua mente não os poderia ter feito como são. Abra esse coração para mim, a fim de eu poder contemplar os modelos vivos dos personagens cujas virtudes me fizeram chorar lágrimas tão doces.[63]

Claro que se deve dar os descontos do estilo hipersensível da época, mas muitas das cartas têm uma aura de autencidade. Uma certa Mme Du Verger escreveu de um obscuro povoado nas províncias, por causa de um invencível desejo de saber se os personagens de Rousseau eram reais:

> Muitas pessoas que leram seu livro e o discutiram comigo garantem que é apenas uma inteligente invenção sua. Não posso acreditar nisto. Se é assim, como poderia uma leitura enganosa ter produzido sensações como as que senti, ao ler o livro? Eu lhe imploro, *Monsieur*, diga-me: Julie realmente viveu? Saint-Preux ainda está vivo? Em que país, nesta terra, mora ele? Claire, doce Claire, ela acompanhou sua querida amiga à sepultura? M. de Wolmar, *milord* Edouard, todas essas pessoas, são apenas imaginárias, como algumas pessoas tentam convencer-me? Se este é o caso, em que tipo de mundo habitamos, no qual a virtude não passa de uma ideia? Feliz mortal, talvez apenas o senhor a conheça e pratique.

Acima de tudo, ela desejava entrar em contato com o próprio Rousseau: "Não lhe falaria com tanta liberdade, se sua maneira de pensar não fosse minha conhecida, através de suas obras. Além disso, eu diria, de imediato, que se o senhor estivesse decidido a fazer conquistas, a minha não lhe seria lisonjeira."[64]

A sugestão de sedução aparece em muitas das cartas das admiradoras do sexo feminino de Jean-Jacques. Quem melhor entendia o amor que o amante ou, pelo menos, o criador de Julie? As mulheres se atiravam em cima dele, em cartas e em peregrinações em seu retiro em Montmorency. Marie-Anne Alissan de La Tour assumiu o papel de Julie, enquanto sua amiga Marie-Madeleine Bernardoni assumia o de Claire, e juntas enviaram a Rousseau um dilúvio de cartas, tão bem-feitas que logo ele estava fazendo o papel de Saint-Preux para elas, numa correspondência que durou vários anos.[65] Rousseau, mais tarde, observou com alguma satisfação, em seu *Confessions*, que seu romance conquistara inteiramente as damas da sociedade, embora representasse um repúdio a *le monde*: "As opiniões foram divididas entre os homens de letras, mas, na sociedade, todos concordaram. As mulheres, especialmente, ficaram tão embriagadas com o livro e com seu autor que poucas entre elas, mesmo dos mais elevados escalões, eu não poderia ter possuído, se tentasse conquistá-las." Ele contou a história de uma *grande dame* que começou a ler o livro depois do jantar, vestida para ir a um baile. À meia-noite, ainda lendo, ordenou que seus cavalos fossem arreados. Às duas da manhã, seus criados lembraram-lhe que a carruagem estava à espera, mas ela continuava a ler. Por volta das quatro, ainda lia febrilmente. Seu relógio parara, de modo que tocou a campainha para saber que horas eram — e então decidiu mandar os cavalos de volta para o estábulo, despir-se e passar o resto da noite em extasiada comunhão com Saint-Preux, Julie e Jean-Jacques.[66]

Claro que *La Nouvelle Héloïse* é uma história de amor, mas foi o amor da virtude que os leitores de Rousseau confessaram, ao tentarem explicar a emoção que ele lhes despertara. "Gostaria de agarrá-lo e abraçá-lo com força", escreveu Jean-Joseph-Pierre Fromaget, um pequeno funcionário do fisco. "[...] Devo manifestar minha gratidão, *Monsieur*, por todo o prazer que me deu, por todas as doces lágrimas que Saint-Preux, Julie, Mme D'Etange me fizeram derramar. A cada página, minha alma se derretia: Ah! Como é bela a virtude!"[67] Tentando entrar em contato com Rousseau através de cartas, muitos de seus leitores eram impulsionados por um desejo de se confessarem a ele, exatamente como supunham que o escritor se confessava a seus leitores — indiretamente, através das cartas de *La Nouvelle Héloïse*, antes do desnudamento aberto da alma que viria nas *Confessions*. Queriam dizer-lhe como se identificavam com seus personagens, como eles, também, haviam amado, pecado, sofrido e decidiram ser de novo virtuosos, num mundo mau e sem compreensão. Sabiam que seu romance era verdadeiro porque haviam lido sua mensagem em suas vidas.

Um leitor anônimo, do exterior, explicou que tivera de abandonar sua Julie na França. Enquanto soluçava, com *La Nouvelle Héloïse*, vira sua vida desdobrar-se diante dele e sentira um poderoso impulso de "atirar meus braços em torno do senhor e agradecer-lhe mil vezes pelas deliciosas lágrimas que arrancou de mim". Uma jovem escreveu que podia identificar-se com os personagens de Rousseau, ao contrário do que acontecia com todos os outros romances que lera, porque eles não ocupavam uma posição social específica, mas, em vez disso, representavam uma maneira geral de pensar e sentir, que todos podiam aplicar às suas próprias vidas e, assim, tornarem-se mais virtuosos. Um austero genebrino, que desaprovava todos os romances, descobriu-se transportado, apesar de seus princípios: "Confesso que, enquanto lia, observei todos os sentimentos manifestados nessas cartas corporificarem-se em mim, e me tornei, sucessivamente, Julie, Wolmar, Bomston, muitas vezes Claire, mas raramente Saint-Preux, exceto na primeira parte." Logo que depôs o livro, Panckoucke pegou a pena, impulsionado por uma necessidade de contar tudo — embora não tivesse muito a contar (suas especulações, no mundo das publicações, haviam apenas começado, e ele ainda sequer sonhara em monopolizar o mercado das obras de Voltaire):

> Suas divinas obras, *Monsieur*, são um fogo que a tudo consome. Penetraram em minha alma, fortaleceram meu coração, iluminaram a minha mente. Por um longo tempo, a minha razão, entregue às enganadoras ilusões de uma juventude impetuosa, perdeu-se na busca da verdade. Procurei a felicidade, e ela me escapou [...]. O estudo de alguns autores modernos confirmou minhas meditações e eu já era, em meu coração, um patife completo, sem ter ainda feito nada que me levasse a corar. Eu precisava de um deus, e um deus poderoso, para me afastar desse precipício, e o senhor, *Monsieur*, é o deus que realizou o milagre.

A leitura de sua *Héloïse* completou o que outras obras já haviam iniciado. Quantas lágrimas derramei sobre o livro! Quantos suspiros e tormentos! Quantas vezes vi a minha própria culpa. Desde que li seu abençoado livro, ardo de amor à virtude e meu coração, que eu pensava morto, bate mais forte que nunca. O sentimento domina outra vez: amor, piedade, virtude, doce amizade, para sempre conquistaram a minha alma.[68]

Repetidas vezes, os leitores voltavam ao mesmo tema. Jean-Jacques os fizera ver mais profundamente o significado de suas vidas. Eles podem ter errado, como Julie e Saint-Preux, mas sempre haviam amado a virtude, em seus corações, e agora dedicar-se-iam a ela — não a virtude em abstrato, mas do tipo caseiro, que aplicariam às suas vidas em família. M. Rousselot, B.-L. de Lenfant de la Patrière, A.-L. Lalive de Jully leram, choraram e decidiram controlar suas vidas. F.-C. Constant de Rebecque aprendeu a amar seu marido figurando-o como Saint-Preux e a si mesma como Julie. E J.-L. Le Cointe viu toda sua família sob uma nova luz: "Sinceramente comprometido com uma jovem esposa, aprendi com o senhor, e ela também, que estamos unidos pelo mais terno amor — e não, como pensávamos, por uma simples ligação baseada no hábito de vivermos juntos. Com a idade de 28 anos, sou pai de quatro filhos e seguirei suas lições para transformá-los em homens — não o tipo de homens que se vê por toda parte, em torno, mas o tipo que vemos apenas no senhor."[69]

Seria um equívoco minimizar tais efusões como simples cartas de fãs — embora a própria ideia de um escritor recebendo correspondência de admiradores desconhecidos fosse uma novidade significativa —, parte do novo culto do escritor, que Rousseau estava ajudando a criar. Por mais ingênuas e sentimentais que as cartas possam parecer hoje, são um testemunho da eficácia da retórica de Rousseau, há dois séculos. Seus "fãs" o liam da maneira que ele pediu para ser lido e se apressavam a assumir o papel que lhes era requerido nos prefácios. "Na verdade, *Monsieur*, não acho que o senhor possa encontrar na terra um leitor mais digno de si do que eu", escreveu A.-J. Loyseau de Mauléon. "Não existe uma descrição, um sentimento, uma reflexão ou um princípio em seu livro que não corresponda à minha triste sina." Ao descrever a maneira como suspendiam seu instinto crítico, identificavam-se com os personagens e deixavam-se lamber por ondas de emoções, os leitores parafraseavam ou citavam, conscientemente ou não, as instruções que Rousseau lhes dera nos prefácios. Um admirador explicou que ficara tão comovido com a história de amor de Julie que sabia que devia ser verdadeira; só para as pessoas sofisticadas e desalmadas de *le monde* aquilo poderia ser "uma ficção". Outro reproduziu, quase com as mesmas palavras, a argumentação moral dos prefácios e concluiu: "Sinto-me uma pessoa melhor, desde que li seu romance, que espero não seja um romance." E um terceiro fez a alusão explícita: "Seu livro provocou em mim os efeitos que previu em seu prefácio."[70]

A inundação de lágrimas provocada por *La Nouvelle Héloïse*, em 1761, não deveria ser considerada apenas outra onda de sentimentalismo pré-romântico. Era uma resposta a uma nova situação retórica. Leitor e escritor comunicavam-se através da página impressa, cada um deles assumindo a forma ideal imaginada no texto. Jean-Jacques abriu sua alma àqueles que podiam lê-lo corretamente e seus leitores sentiram suas próprias almas elevarem-se acima das imperfeições de sua existência comum. Depois de entrarem em contato com *"l'Ami* Jean-Jacques", sentiam-se capazes de resgatar suas vidas como esposos, pais e cidadãos, exatamente como Ranson faria, alguns anos mais tarde, quando começou a ler Rousseau.

Ranson não era, portanto, uma aberração. As cartas que enviou a Ostervald, de 1774 a 1785, mostram o mesmo tipo de reação que se pode encontrar espalhada horizontalmente, por assim dizer, nas cartas recebidas por Rousseau em 1761. As duas dimensões complementam uma a outra e sugerem que a leitura rousseauísta era um fenômeno importante, na França pré-revolucionária. Quão importante? Não se pode medir com exatidão, mas é possível confrontá-lo com a principal hipótese dominante — de fato, a única generalização ampla — no campo recém-surgido da história da leitura: ou seja, de que ocorreu na Europa, quase no fim do século XVIII, uma "revolução da leitura" (*Leserevolution*).

Como a desenvolveram Rolf Engelsing e outros eruditos alemães, essa noção divide o desenvolvimento da leitura em duas fases.[71] A partir do Renascimento, até aproximadamente 1750, os europeus liam "intensivamente". Tinham acesso a muito poucos livros — a Bíblia, obras pias, um ocasional folheto de baladas ou almanaque — e liam-nos repetidas vezes, meditando, introspectivamente, a respeito deles, ou partilhando-os, em voz alta, com outros da família e em reuniões sociais (a *Spinnstube* e a *veillée*). Na segunda metade do século XVIII, as pessoas educadas começaram a ler "extensivamente". Liam grande quantidade de matéria impressa, especialmente romances e jornais, os gêneros favoritos nos clubes de leitura (*Lesegesellschaften, cabinets littéraires*) que proliferavam em toda parte, nos centros urbanos. E liam cada obra apenas uma vez, por divertimento, e depois passavam, apressadamente, para a próxima.

A distinção entre leitura intensiva e extensiva pode servir como uma maneira de contrastar o comportamento dos leitores há cinco séculos com o dos leitores de hoje, mas será que ajuda a localizar um momento de transição no fim do século XVIII? Não, se o caso de Ranson é, de alguma forma, típico. É verdade que Ranson lia muitos romances e jornais, e, algumas vezes, lia-os com amigos, de um modo que tem

320 | ROBERT DARNTON

alguma semelhança com a sociabilidade das *Lesegesellschaften* alemãs. Assim, observou, numa carta a Ostervald, de 1774: "Nordingh, que lê vários jornais comigo, pede-lhe que pare de mandar os seus para ele, porque o exemplar que eu recebo servirá para nós dois."[72] Mas a leitura desse tipo não excluía a intensidade e, sete anos depois, Ranson escreveu que estava reduzindo suas assinaturas de jornais, para poder ler ainda mais intensivamente: "Devo dizer que estou esmagado pelos periódicos, que tomam o tempo que eu deveria dedicar à leitura sólida; então, em vez de aumentar o número que recebo, estou fazendo tudo que posso para reduzi-lo."[73] O interesse de Ranson em romances contemporâneos não significava que ele negligenciasse os clássicos, ou que lesse apressadamente as grandes figuras da literatura francesa, e apenas uma vez. Ele escreveu que gostava de Mercier e do *Tableau de Paris*, "mas não posso perdoá-lo pelo que ele diz sobre Racine, um poeta divino, a quem jamais lerei sem descobrir nele novos encantos".[74] Seria difícil descobrir um leitor mais intensivo que Ranson, e sua leitura se tornava mais intensa à medida que ele lia com maior frequência. O exemplo é, na verdade, de uma "revolução da leitura" ao contrário.

O fato de que a maneira de ler de Ranson não se diferenciava da principal tendência de seu tempo pode ser apreciado através do equivalente alemão de Viard: *Die Kunst Bücher zu Lesen* (Iena, 1799), um manual de leitura de Johann Adam Bergk, que deveria ser a maior expressão de uma *Leserevolution*, caso esta tivesse existido. Em vez de se deter nos problemas da pronúncia, à maneira de Viard, Bergk propôs uma "arte da leitura" plenamente desabrochada. Começava com conselhos sobre como se aproximar dos livros, fisicamente. Jamais se deveria ler em pé, ou logo depois de uma refeição. Em vez disso, a pessoa deveria lavar o rosto com água fria e levar o livro para o ar livre, onde se pode ler no seio da natureza — e ler alto, porque o som da voz facilita a penetração das ideias. Porém, o mais importante era que se tivesse a disposição espiritual correta. Em vez de reagir passivamente ao texto, a pessoa devia atirar-se para dentro dele, captar seu significado e aplicá-lo à própria vida. "Devemos relacionar tudo que lemos com nosso 'Eu', refletir sobre tudo de nosso ponto de vista pessoal e jamais perder de vista a consideração de que o estudo nos torna mais livres e mais independentes e de que deveria ajudar-nos a encontrar um escoadouro para a expressão de nosso coração e de nossa mente."[75] Bergk atribuiu esta concepção de leitura a Jean-Jacques Rousseau. Dedicou um capítulo decisivo a Rousseau e citou em sua abertura as linhas de *La Nouvelle Héloïse* que significavam tanto para leitores como Ranson: "Ler pouco e meditar muito sobre nossa leitura, ou conversar sobre ela extensivamente, entre nós mesmos, esta é a maneira de digeri-la completamente."[76] Esta noção é inteiramente compatível com a ênfase de Viard na leitura como preparação moral para a vida. De fato, a leitura comentada nos compêndios, requerida por Rousseau e experimentada por Ranson, era essencialmente a mesma; mas não era a leitura "extensiva" da revolução de Engelsing.

Parece-me, em suma, que não houve revolução alguma desse tipo. Mas alguma coisa aconteceu com a maneira como os leitores reagiam aos textos, no fim do século xviii. Quantos leitores? Quantos textos? As perguntas quantitativas não admitirão respostas. Pode-se apenas garantir que a qualidade da leitura mudou, entre um público amplo, mas imensurável, ao se aproximar o fim do Antigo Regime. Embora muitos escritores abrissem o caminho para esta mudança, eu a atribuiria, fundamentalmente, à ascensão do rousseauísmo. Rousseau ensinou seus leitores a "digerir" os livros tão completamente que a literatura era absorvida pela vida. Os leitores rousseauístas apaixonavam-se, casavam-se e criavam filhos encharcando-se com a palavra impressa. Não eram, claro, os primeiros a reagir aos livros com tamanha intensidade. A leitura do próprio Rousseau mostrou a influência da forte e pessoal religiosidade de sua herança calvinista. Seu público, provavelmente, aplicava um antigo estilo de leitura religiosa ao novo material, em especial ao romance, que, anteriormente, parecia incompatível com ele. E pode ter havido uma centelha desse espírito na maneira como os leitores reagiram a Nietzsche ou Camus, ou mesmo à psicologia popular de hoje. Mas nenhuma procura de paralelos para a leitura rousseauísta, em outros períodos, deve apagar sua especificidade e neutralizar sua significação. Ranson e seus contemporâneos pertenciam a uma espécie peculiar de leitor, que surgiu no século XVIII e começou a desaparecer na era de Mme Bovary. Os leitores rousseauístas da França pré-revolucionária atiravam-se aos textos com uma paixão que mal podemos imaginar, que é estranha para nós, como a ânsia da pilhagem entre os normandos... ou o medo dos demônios, entre os balineses.

Se eu tivesse de enquadrar esse tipo de leitura num modelo geral, eu o situaria entre a leitura que visa a agradar (*plaire*), do fim do século XVII, e a divertir (*distraire*), no fim do século XIX. Mas este esquema é, também, demasiado simplista. Não deixa qualquer espaço aos que leem para alcançar o céu, entender as leis da natureza, melhorar suas maneiras ou, finalmente, consertar seus rádios. Ler assumiu um número excessivo de formas, não segue um curso único de desenvolvimento. Mas o tipo de leitura rousseauísta deveria ser reconhecido como um fenômeno histórico distinto, sem ser confundido com a leitura do presente, porque os leitores do Antigo Regime viviam num mundo mental que é quase inconcebível hoje.

A necessidade de pensar o que é quase impensável e captar as diferenças nas maneiras como os homens conceberam o mundo nos conduz de volta a Jean Ranson. Devo admitir, para encerrar, que o acho exemplar, não porque obedeça a qualquer padrão estatístico, mas pelo fato de ser exatamente o "outro" a que se dirigiam os escritos de Rousseau. Ele corporificava tanto o leitor ideal imaginado no texto como o leitor real, que comprava os livros. E a maneira como juntava esses papéis demonstrava a eficácia histórica da retórica rousseauísta. Estampando sua visão de mundo na vida cotidiana de Ranson, Rousseau mostrou como podia atingir vidas em toda parte. E, absorvendo os textos como Rousseau lhe ensinou, Ranson serviu de testemunho de uma nova relação entre o leitor e a palavra escrita. Escritor e leitor, juntos, realizavam uma transformação no modo de comunicação que ia muito além da literatura, e que deixaria sua marca em várias gerações de revolucionários românticos.

APÊNDICE: ENCOMENDAS DE LIVROS
FEITAS POR RANSON 1775-1785

A lista seguinte inclui todos os livros que Ranson pediu à STN, de 1775 a 1785. Como deu apenas uma versão abreviada dos títulos, cada título, juntamente com outras informações bibliográficas (inclusive o formato, para obras de mais de um volume), foi citado segundo informações disponíveis em várias bibliografias da literatura do século XVIII. Não se pode saber com exatidão que edição dos livros Ranson recebia e, por isto, as datas das edições mencionadas correspondem, com a maior aproximação possível, às datas das encomendas de Ranson. Para saber que edições estavam disponíveis, apoiei-me basicamente nos catálogos da STN, que eram enviados regularmente a La Rochelle. A STN fazia uma grande venda por atacado, além das publicações — o catálogo de 1785 contém oitocentos títulos — e recebia livros que não tinha em estoque, de outras editoras suíças. Então Ranson podia conseguir praticamente qualquer livro em circulação, através de seu fornecedor em Neuchâtel. Mas é preciso lembrar que ele comprava livros de outras fontes, especialmente seu livreiro local, Guillaume Pavie. Assim, a lista a seguir tem uma tendência a favorecer as publicações suíças, e proporciona apenas uma indicação geral da leitura em curso de Ranson, não sendo um inventário exato de sua biblioteca.

A ortografia original dos títulos foi mantida, juntamente com o local da publicação dado nas folhas de rosto. Não pude identificar três dos livros.

1. Religião (onze títulos)
Sagrada escritura, obras religiosas

> *La Sainte Bible, qui contient le vieux & le nouveau Testament, revue & corrigée sur le texte hébreu & grec, par les pasteurs & professeurs de l'église de Genève, avec les arguments & les réflexions sur les chapitres de l'Éscriture-sainte, & des notes, par J.F. Ostervald* (Neuchâtel, 1779), 2 v. in-fólio.

> *Les psaumes de David, mis en vers français, avec les cantiques pour les principales solemnités* (Vévey, 1778).

> *Abrégé de l'histoire-sainte & du catéchisme d'Ostervald* (Neuchâtel, 1784).

> *Recueil de prières, précédé d'un traité de la prière, avec l'explication et la paraphrase de l'Oraison dominicale* (Celle, 1762), por J.-E. Roques.

> *La nourriture de l'âme, ou recueil de prières pour tous les jours de la semaine, pour les principales fêtes de l'année & sur différens sujets intéressans* (Neuchâtel, 1785), por J.F. Ostervald.

> *Morale évangélique, ou discours sur le sermon de N.S.J.C. sur la montagne* (Neuchâtel, 1776), 7 v. in-8º, por J.-E. Bertrand.

Sermões

Année évangélique, ou sermons pour tous les dimanches & fêtes de l'année (Lausanne, 1780), 7 v. in-8º, por J.-Durand.

Sermons sur les dogmes fondamentaux de la religion naturelle (Neuchâtel, 1783), por H.-D. Chaillet.

Sermons sur différens textes de l'Ecriture-sainte (Neuchâtel, 1779), 2 v. in-8º, por J.-E. Bertrand.

Sermons de Jean Perdriau (não identificado).

Sermons sur divers textes de l'Ecriture-sainte (Genebra, 1780), 2 v. in-8º, por J.E. Romilly.

2. História, viagens, geografia (quatro títulos)

Histoire philosophique et politique des établissements et du commerce des Européens dans les deux Indes (Genebra, 1780), 4 v. in-4º, por G.-T. Raynal.

Voyage en Sicile et à Malte, traduit de l'anglais de M. Brydone, par Démeunier (Londres, 1776), 2 v. in-8º, por Patrick Brydone.

Voyage historique & littéraire dans la Suisse occidentale (Neuchâtel, 1781), 2 v. in-8º, por J.-R. Sinner.

Description des montagnes & des vallées qui font partie de la principauté de Neuchâtel & Valengin (Neuchâtel, 1766), por F.-S. Ostervald.

(Abrégé élémentaire de l'histoire universelle et Cours de géographie élémentaire: ver sob o título Livros infantis.)

3. *Belles-lettres* (catorze títulos)

Obras

Oeuvres de Molière (Rouen, 1779), 8 v. in-12.

Oeuvres de M. La Harpe (Paris, 1778), 6 v. in-8º.

Oeuvres de Crébillon père (Paris, 1774), 3 v. in-12.

Oeuvres complètes d'Alexis Piron (Neuchâtel, 1777), 7 v. in-8º.

Oeuvres de J.-J. Rousseau (Neuchâtel, 1775), 11 v. in-8º.

Oeuvres de J.-J. Rousseau (Genebra, 1782), 31 v. in-12.

Oeuvres posthumes de J.-J. Rousseau, ou recueil de pièces manuscriptes pour servir de supplément aux éditions publiées pendant sa vie (Neuchâtel e Genebra, 1782-1783), 12 v. in-8º.

Romances

Histoire de François Wills ou le triomphe de la bienfaisance (Neuchâtel, 1774), por S.J. Pratt.

Le paysan perverti, ou les dangers de la ville, histoire récente mise au jour d'après les véritables lettres des personnages (Haia, 1776), 4 v. in-12, por N.-E. Restif de la Bretonne.

Adèle et Théodore ou lettres sur l'éducation, contenant tous les principes relatifs aux trois différens plans d'éducation des princes, des jeunes personnes & des hommes (Paris, 1782), por S.-F. Ducrest de Saint-Aubin, marquise de Sillery, comtesse de Genlis.

Histoire de l'admirable Don Quichotte de la Manche (Lyon, 1781), 6 v. in-12, por Miguel de Cervantes y Saavedra.

Outros

Théâtre de société (Neuchâtel, 1781), 2 v. in-8º, por Mme de Genlis.

L'an deux mille quatre cent quarante, rêve s'il en fut jamais (Londres, 1775), por L.-S. Mercier.

Mon bonnet de nuit (Neuchâtel, 1784), 2 v. in-8º, por L.-S. Mercier.

4. Medicina (dois títulos)

Soins faciles pour la propreté de la bouche & pour la conservation des dents, par M. Bourdet, dentiste, suivi de l'art de soigner les pieds (Lausanne, 1782), por Bernard Bourdet.

Avis, contenant la manière de préparer une remède contre la rage, publié a Berlin par ordre du Roi de Prusse (não identificado).

5. Livros infantis, pedagogia (dezoito títulos)

Divertimento

Théâtre d'éducation, à l'usage des jeunes personnes (Paris, 1785), por Mme de Genlis.

Nouveaux contes moraux (Lyon, 1776), 2 v. in-12, por Marie Leprince de Beaumont.

L'ami des enfants (Lausanne, 1783), 5 v. in-12, por Arnaud Berquin.

Fables de La Fontaine (Paris, 1779), por Jean de La Fontaine.

Les hochets moraux, ou contes pour la première enfance (Paris, 1784), por A.-A.-J. Feutry.

Les jeux d'enfants, poème tiré du hollandais (Neuchâtel, 1781), por A.-A.-J. Feutry.

Lectures pour les enfans, ou choix de petits contes également propres à les amuser & à leur faire aimer la vertu (Genebra, 1780), anônimo.

Magasin des enfans, par Mad. le Prince de Beaumont, suivi des conversations entre la jeune Émilie & sa mère (Neuchâtel, 1780) 2 v. in-12, par Marie Leprince de Beaumont.

Conversations d'Émilie, ou entretiens instructifs & amusants d'une mère avec sa filie (Lausanne, 1784), 2 v. in-12, por L.-F.-P. Tardeieu d'Esclavelles, marquise d'Épinay.

Entretiens, drames, et contes moraux à l'usage des enfans (Haia, 1778), por M.-E. Bouée de Lafite.

Instrução

Annales de la vertu, ou cours d'histoire à l'usage des jeunes personnes (Paris, 1781), 2 v. in-8º, por Mme de Genlis.

Cours de géographie élémentaire, par demandes & réponses (Neuchâtel, 1783), por F.-S. Ostervald.

Les vrais principes de la lecture, de l'ortographe et de la prononciation française, suivis d'un petit traité de la ponctuation, des premiers éléments de la grammaire et de la prosodie française et de différentes pièces de lecture propres à donner des notions simples & faciles sur toutes les parties de nos connaissances (Paris, 1763), por N.-A. Viard.

Abrégé élémentaire de l'histoire universelle destiné à l'usage de la jeunesse (s.l., 1771), por Mathurin Veyssière de Lacroze e J.-H.-S. Formey.

Pedagogia, educação moral

Legs d'un père à ses filles (Lausanne, 1775), por John Gregory.

Dissertation sur l'éducation physique des enfants (Paris 1762), por J. Ballexserd.

Education morale, ou réponse à cette question, comment doit- -on gouverner l'esprit et le coeur d'un enfant, pour le faire parvenir un jour à l'état d'homme heurex et utile (1770), por J.-A. Comparet.

Instructions d'un père à ses enfans sur le principe de la vertu & du bonheur (Genebra, 1783), por Abraham Trembley.

6. Outros (nove títulos)

Encyclopédie, ou dictionnaire raisonné des sciences, des arts & des métiers (Genebra e Neuchâtel, 1778-79), 36 v. de texto e 3 v. de gravuras in-4º.

Le socrate rustique, ou description de la conduite économique et morale d'un paysan philosophe (Lausanne, 1777), por Hans Caspar Hirzel.

Le messager boiteux (Berna, 1777).

Mémoires secrets pour servir à l'histoire de la république des lettres en France depuis 1762 jusqu'à nos jours (Londres, 1777-83), 21 v. in-12, atribuídos a Louis Petit de Bachaumont e outros.

Relation ou notice des derniers jours de M. J.-J. Rousseau, circonstances de sa mort e quels sont les ouvrages posthumes qu'on peut attendre de lui (Londres, 1778), por A.-G. Le Bègue de Presles e J.-H. Magellan.

Discours sur l'économie politique (Genebra, 1785), por Jean-
-Jacques Rousseau.

Lettres de feu M. de Haller contre M. de Voltaire (Berna, 1778),
por Albrecht von Haller.

Tableau de Paris (Neuchâtel, 1783), 8 v. in-8º, por L.-S.
Mercier.

Portraits des rois de France (Neuchâtel, 1784), 4 v. in-8º por
L.-S. Mercier.

Conclusão

DEPOIS DESTA RÁPIDA EXCURSÃO EXPERIMENTAL através da cultura do século XVIII, poderemos tirar alguma conclusão sobre a história das mentalidades? O gênero permanece obscuro, embora os franceses tenham tentado cercá-lo de prolegômenos e discursos sobre o método. A mais reveladora de suas declarações programáticas é um ensaio de Pierre Chaunu: "Un Nouveau Champ pour l'histoire sérielle: Le Quantitatif au troisième niveau". Chaunu explicita uma série de princípios que podem ser encontrados quase em toda parte, na historiografia francesa recente, que une marxistas e revisionistas, determina a estrutura das melhores teses de doutouramento, e está inscrita no título do mais influente periódico histórico da França, *Annales: Économies, sociétés, civilisations* — a saber, que se podem distinguir, níveis no passado; que o terceiro nível (cultura) de alguma maneira resulta dos dois primeiros (economia e demografia, e estrutura social); e que o fenômeno do terceiro nível pode ser entendido da mesma maneira que os de níveis mais profundos (através da análise estatística, do jogo da estrutura e da conjuntura, e de considerações sobre mudanças a longo prazo, mais que sobre eventos). Esta tradição historiográfica, habitualmente identificada, vagamente, como "escola dos *Annales*", contribuiu enormemente para nossa compreensão do passado — mais, eu me inclino a pensar, do que qualquer outra tendência dos escritos históricos, desde o início deste século. Mas os seus três princípios parecem-me todos dúbios, e eu questionaria especialmente o terceiro.[1]

Os franceses tentam medir comportamentos através da contagem — contando missas para os mortos, quadros mostrando o purgatório, títulos de livros, discursos em academias, móveis em inventários, crimes nos arquivos policiais, invocações à Virgem Maria em testamentos, e o peso da cera das velas queimadas para os santos patronos das igrejas. Os números podem ser fascinantes, especialmente quando são compilados com as mãos de mestre de um Michel Vovelle ou um Daniel Roche. Mas não passam de sintomas produzidos pelo próprio historiador e podem ser interpretados de maneiras descontroladamente diferentes. Vovelle vê descristianização na queda nos gráficos de missas rezadas para as almas no purgatório; Philippe Ariès vê uma tendência para uma forma de espiritualidade mais interior e intensa. Para a esquerda secular (Vovelle, Roche, Roger Chartier), as curvas estatísticas, em geral, indicam *embourgeoisement* da visão de mundo; para a direita religiosa (Ariès, Chaunu, Bernard Plongeron), revelam novos padrões de afetividade familiar e de caridade. O único ponto de concordância parece ser o *dictum* de Ernest Labrousse: "Tudo deriva da curva." O trabalho de Labrousse representa o supremo "discurso sobre o método" da moderna historiografia francesa, de acordo com Chaunu; mas deturpa os fenômenos culturais. Ao contrário da série de preços da economia, as estatísticas vitais da demografia e as (mais problemáticas) categorias profissionais na história social, os objetos culturais não são manufaturados pelo historiador, mas pelas pessoas que ele estuda. Apesar de seu início vigoroso, há quinze anos, a história das mentalidades parece estar perdendo o ímpeto na França. Se é verdade, então a explicação pode residir num exagerado empenho na quantificação da cultura, e numa desvalorização do elemento simbólico no intercurso social.[2]

A fórmula francesa, com suas implícitas referências ao marxismo e ao estruturalismo, jamais teve muita atração para as tribos identificadas pelos franceses como "anglo-saxônicas". Mas a história cultural tem seus problemas, dentro da nossa própria tradição. Quantos de nossos livros não começam esboçando o *background* social do assunto e terminam inserindo a cultura? Esta tendência marca toda a série *The Rise of Modern Europe*, editada por William Langer, o mais eminente historiador norte-americano de sua geração, especialmente o volume escrito para a série pelo próprio Langer. Faz sentido para nós, como método de exposição, mas apenas por causa de uma pressuposição tácita de que, se conseguirmos captar corretamente o panorama social, o conteúdo cultural, de alguma maneira, o acompanhará. Estruturamos nosso trabalho de um modo que implica que os sistemas culturais derivam das ordens sociais. Talvez seja verdade, mas como? A pergunta deve ser confrontada, mas raramente é reconhecida. E, deixando de considerá-la, podemos cair numa forma ingênua de funcionalismo. Keith Thomas começa seu magistral *Religion and the Decline of Magic* com um capítulo sobre as duras e incertas condições da vida nos séculos XVI e XVII, quando florescia a feitiçaria, e termina com um capítulo sobre a melhora das condições do século XVIII, quando ela desapareceu. Parece sugerir que as condições sociais determinaram as crenças populares. Mas, quando confrontado com uma proposição tão ousada e radical, ele recuou — e muito sabiamente, porque isso o teria comprometido com uma visão simples, de estímulo e resposta, quanto à formação de comportamentos, e até a cronologia perderia o sentido. A vida nas aldeias inglesas não passou por qualquer melhora acentuada entre 1650 e 1750. Na verdade, os comportamentos mudaram muitas vezes, durante épocas de relativa estabilidade, e permaneceram comparativamente estáveis, durante períodos de convulsão social, como Lawrence Stone descobriu, em seu estudo da vida familiar inglesa. Philippe Ariès encontrou a mesma tendência na França, e até Michel Vovelle confessou uma incapacidade de correlacionar comportamentos religiosos com a mudança social, no fim de seu vasto *Piété baroque et déchristianisation.*[3]

Menciono esses historiadores não com intuito puramente crítico, mas porque são os melhores da profissão; no entanto, sempre que tentam ingressar na história social e cultural, esbarram no mesmo tipo de problema. Talvez fosse possível fazer uma junção com mais êxito orientando-se a história da cultura em outra direção: no sentido da antropologia. Claro que esta sugestão não é realmente nova. Keith Thomas a fez, há muito tempo, e, antes dele, E.E. Evans-Pritchard convidou os antropólogos a se voltarem para a história. Vários livros antropológicos de historiadores e livros históricos escritos por antropólogos mostraram que as duas disciplinas estão destinadas a uma convergência.[4]

Mas como? Continua pouco claro o caminho para uma história inteiramente antropológica e duvido que os historiadores possam encontrar essa história tomando de empréstimo fragmentos da disciplina vizinha, ou mesmo uma metodologia plenamente desenvolvida. Os antropólogos não têm qualquer método em comum, teoria alguma completamente abrangente. Até mesmo quando são solicitados, simplesmente, a darem uma definição de cultura, tendem a explodir numa guerra de clãs. Mas, apesar de suas discordâncias, partilham uma orientação geral. Cada qual à sua maneira, entre tribos diferentes, habitualmente procuram ver as coisas do ponto de vista do nativo, para entender o que ele quer dizer e para procurar as dimensões sociais da significação. Trabalham a partir da crença de que os símbolos são partilhados, como o ar que respiramos ou, para adotar sua metáfora favorita, a linguagem que falamos.

Com o risco de pôr palavras na boca de meus próprios informantes nativos, acho que é justo dizer que a preocupação com a linguagem, entre os antropólogos, inclui uma preocupação com expressividade e estilo, e também com a lexicologia e a sintaxe, e esta preocupação se aplica tanto a sociedades como a indivíduos. Cada um de nós fala à sua maneira própria, mas partilhamos a mesma gramática — ainda mais porque, em geral, não temos consciência dela. As falhas gramaticais, ou desvios do idioma, podem ser detectadas por todos, mesmo os analfabetos — a menos que os "erros" pertençam a um dialeto popular e, neste caso, não são errôneos —, porque algumas coisas são, em geral, consideradas erradas, e outras não podem ser ditas. Podemos mudar de uma linguagem para outra, mas ao fazê-lo aceitamos novas restrições e cometemos novos erros. Também adotamos um tom diferente, gozando o *je ne sais quoi* de *Sprachgefühl*. A impossibilidade de se traduzir esses termos sugere que não é uma extravagância alimentar a ideia de um tom e um estilo das culturas — o tipo de coisa que a pessoa sente, ao comparar expressões como *bloody-minded* (sanguinário) e *grogneur* (resmungão), ou empréstimos entre línguas, como *le fair-play anglais* e *French finesse* (finura francesa), ou insultos interculturais, como *French leave* (saída à francesa) e *capote anglaise* (preservativo). Os antropólogos podem ter abusado do conceito de cultura como linguagem, mas isto fornece uma tônica aos historiadores. Porque se a cultura é idiomática, ela é resgatável. E se sobreviverem textos seus em número suficiente, ela pode ser escavada dos arquivos. Podemos parar com os esforços para perceber a maneira como os documentos "refletem" seu ambiente social, porque estão encaixados num universo simbólico que é, ao mesmo tempo, social e cultural.

Mas como podemos sintetizar universos simbólicos que desapareceram séculos atrás? Este livro é uma tentativa de fazer exatamente isto. Só o leitor pode pronunciar-se sobre seu sucesso. Mas como fui tão livre em minhas críticas aos outros, devo confessar algumas de minhas próprias falhas metodológicas. Preocupo-me especialmente com duas: minha incapacidade de resolver o problema da prova e o problema da representatividade. A primeira parte deste livro — e o primeiro capítulo, em particular — é desagradavelmente imprecisa, em seu desenvolvimento de evidências (palavra que prefiro a *provas*). O folclore pode ser uma ciência legítima, mas opera melhor no presente, quando os contadores de histórias podem ser ouvidos, gravados, filmados e entrevistados. Jamais podemos formar mais que uma ideia aproximada de como eram narradas as histórias, no passado. Sequer sabemos, exatamente, quando e onde foram contadas, ou o que eram seus textos. A evidência é tão vaga que alguns desistiriam de todo o empreendimento, mas acho que seria um erro maior rejeitar o uso do folclore do que arriscar-se a uma interpretação inadequada de seu material. Os registros imperfeitos de contos de fadas são quase tudo que resta das tradições orais do Antigo Regime, e elas são a fonte mais rica à nossa disposição, se queremos entrar em contato com o universo mental dos camponeses do passado. Com o risco de provocar uma reação rankiana, eu até argumentaria que este tipo de história cultural não deveria ser submetido aos mesmos padrões de evidência que são a norma na história das relações ou da política internacional. Visões do mundo não podem ser sujeitas a "prova". Estão destinadas a se esfiaparem nas beiradas, e escorregam pelos dedos, se alguém as agarra, como se fossem páginas do *Congressional Record* (Anais do Congresso).

Ao tentar evitar o perigo de um positivismo deslocado, não deveríamos incorrer no erro oposto de pensar que tudo é permitido na história antropológica. Podemos nos equivocar com relação a culturas, da mesma maneira como podemos cometer erros na fala. As visões de mundo não são vazias de evidências, de maneira que deveríamos ser capazes de abrir caminho até elas, não dando saltos intuitivos dentro de etéreos climas de opinião, mas meditando sobre as fontes. No caso do folclore histórico, podemos estudar todas as versões de um conto, em uma tradição, e compará-las sistematicamente com contos de outras tradições. Podemos não ser capazes de ir muito além das considerações gerais sobre o estilo cultural — e temo que minhas generalizações possam parecer exageradamente impressionistas —, mas deveríamos entrar em contato com a especificidade das outras culturas.

Minha própria sugestão sobre uma maneira de fazer contato é buscar a opacidade nos textos. Como tentei ilustrar, ao explicar o massacre de gatos na rua Saint-Séverin, o momento mais promissor da pesquisa pode ser o de maior perplexidade. Quando deparamos com alguma coisa que nos parece inconcebível, podemos ter tropeçado num meio de acesso válido a uma mentalidade estranha. E, quando vencermos a perplexidade e alcançarmos o ponto de vista nativo, deveremos ser capazes de perambular através de seu universo simbólico. Entender qual é a piada, no caso de uma coisa tão pouco engraçada como uma matança ritual de gatos, é um primeiro passo no sentido da "captação" da cultura.

Entretanto, este procedimento dá lugar ao segundo problema: não existe algo arbitrário na seleção desse material, e algo abusivo em tirar dele conclusões de ordem geral? Como posso saber se toquei na corda sensível de toda a sensibilidade que está disseminada numa cultura, em vez de uma corda de idiossincrasia individual — o delírio de um tipógrafo peculiarmente cruel, ou as obsessões de um montpelierense exageradamente prolixo? Devo admitir que essas objeções me fazem sentir pouco à vontade. Minha primeira inclinação é evitar as críticas com negativas: não pretendo apresentar um camponês, artesão, burguês, burocrata, *philosophe* ou romântico típico. Os capítulos visam a uma interconexão, mas não a uma interligação como a que existe entre as partes de um tratado sistemático. Foram escritas como ensaios — para ensaiar ideias e experimentar diferentes direções de interpretação cultural. Tentei escrever de maneira informal e expor minhas crenças teóricas, mesmo com o risco de parecer pretensioso e de abusar da primeira pessoa do singular, forma que, geralmente, tenho evitado.

Dito isto, confesso que não vejo uma maneira clara de distinguir língua de individualidade. Só posso testemunhar a importância de se trabalhar com avanços e recuos, entre textos e contextos. Talvez não seja uma grande metodologia, mas tem vantagens. Não suprime o elemento idiossincrático da história e permite considerações no campo comum da experiência. Proceder de maneira contrária, estabelecendo primeiro peculiaridades estilísticas e, em seguida, explicando a expressão individual, não parece viável. Jamais encontramos pura linguagem. Interpretamos textos. Mas a gramática geral de outras culturas deve ser encaixada nos documentos que seus integrantes deixaram, e devemos ser capazes de desenterrá-la. Talvez outros cavadores tenham sucesso onde eu falhei.

Mas duvido que qualquer um de nós chegue às respostas definitivas. As perguntas mudam incessantemente e a história nunca para. Não nos são concedidos "limites finais", ou últimas palavras; mas, se existissem, seriam de Marc Bloch, pois ele sabia que, quando os historiadores se aventuram no passado, procuram entrar em contato com a humanidade desaparecida. Seja qual for sua bagagem, devem seguir seu instinto e confiar em seu faro: "Um bom historiador se assemelha ao ogre da lenda. Sempre que fareja carne humana, sabe que ali encontrará sua presa."[5]

Notas

Capítulo 1

1 Este texto e os dos outros contos populares franceses analisados neste ensaio foram extraídos de Paul Delarue e Marie-Louise Tenèze, *Le Conte populaire français*, (Paris: 1976. 3 v.), a melhor coletânea de contos populares franceses, porque oferece todas as versões recolhidas de cada conto, juntamente com informações retrospectivas de como foram tomados de fontes orais. Delarue e Tenèze também arrumam os contos de acordo com o esquema classificatório padrão, de Aarne-Thompson, de maneira que podem ser comparados com versões do mesmo "tipo de conto" em outras tradições orais. Ver Antti Aarne e Stith Thompson, *The Types of the Folktale: a Classification and Bibliography*. 2ª rev. Helsinki: 1973. As referências, de agora em diante, são às designações de Aarne-Thompson, que podem ser utilizadas para localizar os textos em Delarue-Tenèze. Neste caso, por exemplo, o conto pertence ao tipo de conto 333, "O glutão", e 35 versões dele aparecem em *Le Conte populaire français*, v. 1, pp. 373-81. Escolhi as versões mais comuns, para minha tradução. Para mais informações sobre contos populares como fonte histórica, ver Stith Thompson, *The Folktale* [1946]. Berkeley e Los Angeles: University of California Press, 1977; e as referências nas notas 7 e 8 a este capítulo.

2 Erich Fromm, *A linguagem esquecida: uma introdução à compreensão dos sonhos, contos de fadas e mitos*. 8ª ed. Rio de Janeiro: Guanabara, 1983.

3   Sobre as fontes e a transmissão de "Chapeuzinho Vermelho", ver Johannes Bolte e Georg Polívka, *Anmerkungen zu
den Kinder — und Hausmärchen der Brüder Grimm*, v. 1, Leipzig:
1913-1932, pp. 234-7, e v. 4, pp. 431-4, 5 v.; e, para obra mais
recente, Wilhelm Schoof, *Zur Entstehungsgeschichte der Grimms-
chen Märchen*. Hamburgo: 1959, pp. 59-61 e pp. 74-7. Minha
leitura das evidências apoia as interpretações de H.V. Velten,
"The influence of Charles Perrault's *Contes de ma mère l'Oie*".
The Germanic Review V, 1930, pp. 4-18, e Paul Delarue, "Les
Contes merveilleux de Perrault et la tradition populaire". *Bulletin folklorique d'Île-de-France*, nova série, julho-outubro de 1951,
pp. 221-8 e pp. 251-60. Os Grimm também publicaram uma segunda versão do conto, que termina como o conto conhecido
como "Os três porquinhos" (conto do tipo 124). Recolheram-
-no de Dorothea Wild, a futura esposa de Wilhelm Grimm.
Ela, por sua vez, aprendeu-o com sua criada, "die alte Marie",
a quem Schoof identificou como Marie Müller, a viúva de um
ferreiro morto na Guerra Revolucionária Americana: Schoof,
Zur Entstehungsgeschichte, pp. 59-61. Embora os Grimm se esfor-
çassem para fazer transcrições exatas dos contos que lhes eram
narrados, reescreviam bastante os textos, à medida que passavam de uma edição para outra. Sobre a maneira como reescre-
veram "Chapeuzinho Vermelho", ver J. Bolte e G. Polívka, op.
cit., v. 4, p. 455.

4   Bruno Bettelheim, *Psicanálise dos contos de fadas*. 21ª ed.
Paz e Terra, 2007.

5   A interpretação dos contos populares feita por Bettelheim pode ser reduzida a quatro falsas proposições: que os
contos usualmente eram dirigidos às crianças (ibid.), que precisam ter sempre um final feliz (ibid.), que são "atemporais"
(ibid.) e que eles podem ser aplicados, em versões familiares aos norte-americanos modernos, a "qualquer sociedade"
(ibid.). Ao criticar a leitura psicanalítica dos contos populares,

não pretendo sugerir que os contos não contêm nenhum elemento subconsciente ou irracional. Pretendo, sim, questionar o emprego anacrônico e reducionista das ideias de Freud. Para mais exemplos, ver as interpretações de "O Rei Sapo" (uma fantasia fálica), "Aladdin" (uma fantasia masturbatória), "Joãozinho e o pé de feijão" (fantasia edipiana, embora exista alguma confusão quanto a quem é castrado, se o pai ou o filho, quando Joãozinho derruba o pé de feijão), e outros contos em Ernest Jones, "Psychoanalysis and Folklore", e William H. Desmonde, "Jack and the Beanstalk", in Alan Dundes (org.), *The Study of Folklore*. Englewood Cliffs: 1965, pp. 88-102 e pp. 107-9, e Sigmund Freud e D.E. Oppenheim, *Dreams in Folklore*. Nova York: 1958.

6   Para exemplos de trabalho que combina sensibilidade com linguística, modos de narrar e contexto cultural, ver Melville Herskovits e Frances Herskovits, *Dahomean Narrative: a Cross-cultural Analysis*. Evanston: 1958; Linda Dégh, *Folktales and Society: Story-telling in a Hungarian Peasant Community*. Bloomington, 1969); J. David Sapir e J. Christopher Crocker (orgs.), *The Social Use of Metaphor: Essays on the Anthropology of Rhetoric*. Filadélfia: 1977; e Keith H. Basso, *Portraits of "the Whiteman": Linguistic Play and Cultural Symbols among the Western Apache*. Nova York: 1979. Um estudo exemplar da narrativa numa tradição oral que se extinguiu é, de Dell H. Hymes, "The 'Wife' who 'Goes Out' Like a Man: Reinterpretation of a Clackamas Chinook Myth", in Pierre Maranda e Elli Köngäs Maranda (org.), *Structural Analysis of Oral Tradition*. Filadélfia: 1971.

7   Ver Aarne e Thompson, *The Types of the Folktale*, op. cit.; Thompson, *The Folktale*; e Vladimir Propp, *Morfologia do conto maravilhoso*, trad. Jasna Paraveich Sarban. Rio de Janeiro: Forense – Universitária, 2006. Aarne e Thompson usaram o método "histórico-geográfico", ou "finlandês",

desenvolvido por Kaarle Krohn, para produzir um levantamento e classificação mundial de contos folclóricos. Outros estudiosos que trabalharam na mesma linha fizeram monografias sobre contos individualmente, ou ciclos de contos. Ver, por exemplo, de Marian R. Cox, *Cinderella: Three Hundred and Forty-Five Variants*. Londres: 1893; e Kurt Ranke, *Die Zwei Brüder: eine Studie zur Vergleichenden Märchenforschung*, FF (Folklore Fellows) Communications, n. 114. Helsinki: 1934. O mais importante estudo geral dos contos folclóricos europeus ainda é o *Anmerkungen*, de Bolte e Polívka. Obras mais recentes, especialmente nos Estados Unidos, tendem a enfatizar os aspectos linguísticos e etnográficos dos contos folclóricos, para relacioná-los com outras formas de folclore, e a interpretá-los como *performances*, em vez de textos escritos. Ver A. Dundes, op. cit.; Alan Dundes, *Interpreting Folklore*. Bloomington: 1980; e Américo Paredes e Richard Bauman (orgs.), *Toward New Perspectives in Folklore*. Austin: 1972.

8 Esta informação vem da introdução de Paul Delarue a *La Conte populaire français*, op. cit., v. 1, pp. 7-99, que é a melhor descrição geral da pesquisa folclórica na França e também contém uma bibliografia extensiva. As mais importantes coletâneas de contos folclóricos franceses, além da organizada por Delarue e Tenèze, são as de Emmanuel Cosquin, *Contes populaires de Lorraine*. Paris: pp. 1-886, 2 v.; Paul Sébillot, *Contes populaires de la Haute Bretagne*. Paris: 1880-82, 3 v.; e J. F. Bladé, *Contes populaires de la Gascogne*. Paris: 1886, 3 v. Textos e estudos de contos também apareceram em jornais dedicados ao folclore francês, especialmente *Arts et traditions populaires*, *Mélusine*, e *Bulletin folklorique de l'Île-de-France*. Sempre recorri a todas essas fontes, mas apoiei-me basicamente em *Le Conte populaire français*, de Delarue e Tenèze.

9 Delarue, "Les contes merveilleux de Perrault".

10 William Thoms lançou a expressão *"folklore"* em 1846, duas décadas antes de Edward Tylor introduzir um termo similar, "cultura", entre os antropólogos de idioma inglês. Ver

Thoms, "Folklore" e William R. Bascom, "Folklore and Anthropology", in Alan Dundes, *The Study of Folklore*, pp. 4-6 e pp. 25-33.

11   Noël du Fail, "Propos rustiques de Maistre Leon Ladulfi Champenois", cap. 5, in Pierre Jourda (org.), *Conteurs français du XVIe siècle*. Paris: 1956, pp. 620-1.

12   O folclore francês poderia ser submetido a uma análise estruturalista ou formalista do tipo utilizado por Claude Lévi-Strauss e Vladimir Propp. Experimentei esses métodos em vários contos, mas abandonei-os em favor do estudo mais solto de estrutura que é apresentado na última parte deste ensaio. Para um exemplo de análise estruturalista aplicado com sucesso a contos que só puderam ser conhecidos através de textos escritos, muito tempo depois de recolhidos, ver D.H. Hymes, op. cit.

13   Albert B. Lord, *The Singer of Tales*. Cambridge: 1960.

14   V. Propp, op. cit.

15   A observação de Lowie é citada por Richard Dorson, em "The Debate over the Trustworthiness of Oral Traditional History", in Dorson, *Folklore: Selected Essays*, p. 202.

16   Sobre as diferentes questões de historicidade e continuidade nas narrativas orais, ver Dorson, Ibid.; Robert Lowie, "Some Cases of Repeated Reproduction", in Dundes, *Study of Folklore*, pp. 259-64; Jan Vansina, *Oral Tradition: A Study in Historical Methodology*. Chicago: 1965; e, de Herbert T. Hoover, "Oral History in the United States", in Michael Kammen (org.), *The Past Before Us: Contemporary Historical Writing in the United States*. Ithaca e Londres: 1980, pp. 391-407.

17   Frank Hamilton Cushing, *Zuni Folk Tales*. Nova York e Londres: 1901, pp. 411-22. Embora Cushing fosse um dos primeiros pesquisadores a dominar a linguagem Zuni e a registrar os contos Zuni, suas traduções devem ser lidas com algumas reservas quanto à exatidão: contêm uma mescla de religiosidade vitoriana. Ver Dennis Tedlock, "On the Translation of Style in Oral Narrative", in A. Paredes e R. Bauman (orgs.), pp. 115-8.

18   Jack Goody, *The Domestication of the Savage Mind*. Cambridge: 1977. Ver também os estudos publicados por Goody, como *Literacy in Traditional Societies*. Cambridge: 1968. Embora alegue não ter uma visão da história em termos de "grande linha divisória", Goody distingue todas as sociedades que adquiriram escritas de todas que não o fizeram. A maioria dos folcloristas e antropólogos rejeita essa dicotomia — ou-ou, antes e depois — e atribuem considerável estabilidade às tradições orais, mesmo depois da disseminação da alfabetização. Ver, por exemplo, S. Thompson, *The Folktale*, op. cit., p. 437; Francis Lee Utley, "Folk Literature, An Operational Definition", in Dundes, *The Study of Folklore*, p. 15; e Alan Dundes, "The Transmission of Folklore", in ibid., p. 217.

19   Raymond D. Jameson, *Three Lectures on Chinese Folklore*. Pequim: 1932.

20   Esta observação ocorre na versão de Perrault, que contém uma sofisticada reelaboração do diálogo, nas versões camponesas. Ver Delarue e Tenèze, op. cit., v. 1, pp. 306-24.

21   "Jean de l'Ours", conto do tipo 301B.

22   Ver "Le Conte de Parle", conto do tipo 328, e "La Belle Eulalie", conto do tipo 313.

23   "Pitchin-Pitchot", conto do tipo 327C.

24   Entre as outras obras gerais que tratam o Antigo Regime como uma ordem social peculiar existente na França entre o Renascimento e a Revolução, ver Pierre Goubert, *L'Ancien Régime*. Paris: 1969 e 1973, 2 v.; e Roland Mousnier, *Les Institutions de la France sous la monarchie absolue, 1598-1789*. Paris: 1974. Esses livros contêm guias bibliográficos adequados para a vasta literatura sobre a história social francesa durante esse período.

25   Le Roy Ladurie, "Histoire immobile". *Annales: Economies, societés, civilisations*, 29, 1974, pp. 673-92. Ver também os comentários de Fernand Braudel sobre "une histoire quasi immobile", no prefácio a *La Méditerranée et le monde méditerranéen à*

l'époque de Philippe II, republicado em Braudel, *Écrits sur l'histoire*. Paris: 1969, p. 11. A noção de uma França "imóvel" do início dos tempos modernos deveu muito à interpretação malthusiana da história social desenvolvida por Jean Meuvret nas décadas de 1940 e 1950. Ver especialmente seu influente artigo, "Les Crises de subsistances et la démographie de la France d'Ancien Régime". *Population*, 2, 1947, pp. 643-7. Os demógrafos históricos agora começaram a rejeitar esse ponto de vista. Ver, por exemplo, de Jacques Dupâquier, "Révolution française et révolution démographique", in Ernst Hinrichs, Eberhard Schmitt e Rudolf Vierhaus (orgs.), *Vom Ancien Régime zur Französischen Révolution: Forschungen und Perspecktiven*. Göttingen: 1978, pp. 233-60.

26   Para exemplos da vasta literatura sobre o campesinato e os pobres rurais e urbanos, ver Pierre Goubert, *Beauvais et le Beauvaisis de 1600 a 1730: Contribution à l'histoire sociale de la France du XVIIe siècle*. Paris: 1960; e, de Olwen H. Hufton, *The Poor of Eighteenth-Century France, 1750-1789*. Oxford: 1974.

27   Para pesquisas de história demográfica, ver Dupâquier, op. cit.; Pierre Guillaume e Jean-Pierre Poussou, *Démographie historique de la France*. Paris: 1970, pp. 3-158.

28   Delarue e Tenèze, op. cit., v. 2, p. 143.

29   Ibid., v. 2, p. 145.

30   Ibid., v. 1, p. 279.

31   Ibid., v. 1, p. 289.

32   Citações de ibid., v. 1, p. 353, p. 357, p. 358 e p. 360.

33   Ibid., v. 2, p. 398.

34   Ibid., v. 2, p. 394.

35   Ibid., v. 2, p. 269.

36   Ibid., v. 1, p. 275.

37   Ibid., v. 2, p. 480; v. 2, p. 53; v. 2, p. 182; e v. 1, p. 270.

38   Poderia objetar-se que essas duas estruturas exaurem as possibilidades. Mas as histórias podiam organizar-se em torno de outras dualidades: cidade-campo, norte-sul, terra-mar, pre-

sente-passado. A oposição da vila e da estrada aberta parece especialmente apropriada para contos narrados por camponeses nos tempos do Antigo Regime.

39 Delarue e Tenèze, op. cit., v. 2, p. 216.

40 "Jean de Bordeaux", conto do tipo 506A; "L'Amour des trois oranges", conto do tipo 408; "Courbasset", conto do tipo 425A.

41 Delarue e Tenèze, op. cit., v. 2, p. 569.

42 Assim, o início de "Les Trois Fils adroits", conto do tipo 654 (ibid., v. 2, p. 562): "Um pobre tinha três filhos. Quando estavam crescidos, ele lhes disse que não tinha trabalho para oferecer-lhes e que precisavam ir embora, para aprender algum ofício e se sustentarem."

43 Ver "Maille-chëne", conto do tipo 650; "Le Vieux Militaire", conto do tipo 475; "Le Rusé voleur", conto do tipo 653; e "La Mort dans une bouteille", conto do tipo 331.

44 Citações de Delarue e Tenèze, op. cit., v. 2, p. 415.

45 Neste ponto, foi abandonada a argumentação, nas poucas tentativas feitas, até agora, para unir folclore e história social. Ver, por exemplo, Lutz Rörich, *Märchen und Wirklichkeit: Eine Volkskundliche Untersuchung*. Wiesbaden: 1956; Charles Phytian--Adams, *Local History and Folklore: A New Framework*. Londres: 1975; Hugen Weber, "The Reality of Folktales". *Journal of the History of Ideas*, 42, 1981, pp. 93-113; e Peter Taylor e Hermann Rebel, "Hessian Peasant Women, Their Families, and the Draft: A Social-Historical Interpretation of Four Tales from the Grimm Collection". *Journal of Family History*, 1981, pp. 347-8.

46 Iona Opie e Peter Opie examinam as origens e a historicidade dos versos infantis ingleses, em sua autorizada pesquisa de todos os textos, *The Oxford Dictionary of Nursery Rhymes*. Londres: 1975. Fornece a base para a discussão seguinte.

47 O primeiro volume de *Tommy Thumb's Pretty Song Book* está faltando no exemplar da Biblioteca Britânica, o único existente. Um seguimento, *The Famous Tommy Thumb's Little Story-Book* co-

meça com o conto do Pequeno Polegar e termina com uma seleta de versos infantis. Outras coletâneas, em geral, não se referem a Pequeno Polegar, a não ser indiretamente, como em "I had a little husband" e "Dance, thumbkin, dance". O título Mamãe Ganso estava relacionado com os versos através de *Mother Goose's Melody, or Sonnets for the Gradle*, publicado inicialmente na década de 1760 e republicado muitas vezes, daí em diante. Ver Opie e Opie, *Oxford Dictionary of Nursery Rhymes*, pp. 32-5.

48 Katharine M. Briggs, *A Dictionary of British Folk-Tales in the English Language*. Londres: 1970-71, v. 1, p. 531, 4 v. Esta coletânea, que é comparável à de Delarue-Tenèze, de contos folclóricos franceses, é a principal fonte para a discussão a seguir. Também recorri, com frequência, a *Anmerkungen*, de Bolte e Polívka.

49 R. M. Briggs, ibid., v. 1, p. 331.

50 As citações vêm da versão que está em Delarue e Tenèze, op. cit., v. 1, pp. 330-4 e foram postas em ordem, para ilustrar o tipo de diálogo que caracteriza os contos franceses. Não é preciso dizer que não se pode saber, com exatidão, quais as palavras usadas pelos narradores do século XVIII.

51 A versão inglesa do conto está em K. M. Briggs, op. cit., v. 1, pp. 391-3; a francesa está em Delarue e Tenèze, op. cit., v. 1, pp. 110-2. Não existe nenhuma coletânea comparável de contos italianos, embora haja alguns bons trabalhos sobre certas regiões da Itália, como Giuseppe Pitrè, *Novelle popolare toscane*. Florença: 1885. A antologia italiana de Italo Calvino, *Fábulas italianas*, trad. Nilson Moulin. São Paulo: Campanhia das Letras, 2006. Calvino não pode ser acusado de ignorância dos estudos folclóricos universitários, mas algumas vezes ele modifica os contos, com objetivos literários. Ainda assim, indica as modificações em suas notas, e é preciso admitir-se que os próprios Grimm não paravam de mexer em seus textos. Sempre que possível, voltei à grande coletânea de contos do século XVII de Giambattista Basile. Entretanto, não sei ler o complicado dialeto napo-

litano de Basile e tive de recorrer às traduções de Benedetto Croce, *Il pentamerone ossia la fiaba delle fiabe*. Bari: 1925, 2 v.; e de N.M. Penzer, *The Pentamerone de Giambattista Basile*. Londres: 1932, 2 v. Embora a versão inglesa seja, na verdade, uma retradução da italiana de Croce, contém alguns excelentes "adendos folclóricos". Neste caso, o texto dos contos vem de Calvino, *Fábulas italianas*.

52 Os contos de Grimm são numerados de acordo com uma ordem padronizada e, assim, podem ser localizados em qualquer edição. Usei o *Anmerkungen*, de Bolte e Polívka, na busca de variações e informações suplementares, mas, por razões de conveniência, refiro-me à tradução inglesa mais acessível, de Margaret Hunt e James Stern, *The Complete Grimm's Fairy Tales*. Nova York: 1972. A versão italiana desse tipo de conto está em Calvino, op. cit.

53 Calvino, op. cit.

54 Ibid.

55 M. Hunt e J. Stern, op. cit., p. 217.

56 K. M. Briggs, op. cit., v. 1, pp. 446-7.

57 M. Hunt e J. Stern, op. cit., p. 209.

58 Delarue e Tenèze, op. cit., v. 2, p. 456.

59 Ver, por exemplo, "La Tige de fève", conto do tipo 555; e "De Fischer un sine Fru", Grimm 19.

60 Delarue e Tenèze, op. cit., v. 1, p.181.

61 Vinte das 39 versões do conto recolhidas na França mencionam a dança nos espinhos. O vilão é o padre em treze versões. Apenas uma vez, num conto da Lorena, ele é judeu.

62 "Il faut hurler avec les loups", in A.J. Panckoucke, *Dictionnaire des proverbes français, et des façons de parler comiques, burlesques et familières*. Paris: 1749, p. 194.

63 Ver Paul Radin, *The Trickster: A Study in American Indian Mythology*. Nova York: 1956; e Lawrence Levine, *Black Culture and Black Consciousness: Afro-American Folk Thought, from Slavery to Freedom*. Nova York: 1977.

64   Delarue e Tenèze, op. cit., v. 1, p. 374.

65   Ver Jan de Vries, *Die Märchen von klugen Rätselläsern und das kluge Mädchen*. Helsinki: 1928; e Albert Wesselski, *Der Knabenkönig und das kluge Mädchen*. Praga: 1929.

66   Delarue e Tenèze, op. cit., v. 1, p. 110. Para um exemplo de conto que opõe camponês a *seigneur*, de uma maneira que sugere algo assemelhado a uma guerra de classes, ver "René et son seigneur", in E. Cosquin, op. cit., v. 1, pp. 108-11. Não tem nenhuma aura de magia ou faz de conta. O *seigneur* não está disfarçado de gigante; e ele tem seus bens tomados e depois é assassinado por um herói camponês, que não usa nada além da esperteza e do logro.

67   Delarue e Tenèze, op. cit., v. 1, p. 331.

68   Ibid., v. 1, p. 346.

69   Os provérbios seguintes foram escolhidos no *Dictionnaire de proverbes français*, de 1749, e do verbete de "Proverbe", no *Nouveau Petit Larousse* de 1968, a fim de ilustrar a continuidade e a peculiaridade do estilo francês de proverbialismo, no curso dos últimos dois séculos. Naturalmente, muitos provérbios remontam à Idade Média e foram reunidos por peritos, desde o Renascimento. Ver Natalie Z. Davis, "Proverbial Wisdom and Popular Errors", in Davis, *Society and Culture in Early Modern France*. Stanford: 1975.

70   Ver Marc Soriano, *Les Contes de Perrault: Culture savante et traditions populaires*. Paris: 1968; e, de Soriano, *Le Dossier Perrault*. Paris: 1972.

71   Os problemas da interpretação da base social e da transmissão da cultura na França do início dos tempos modernos foram debatidos extensamente no fluxo de estudos sobre a história da cultura popular. Meus próprios pontos de vista são muito mais próximos dos que foram expostos por Peter Burke em seu excelente levantamento da literatura, *Popular Culture in Early Modern Europe*. Londres e Nova York: 1978, do que dos pontos

de vista de Robert Muchembled, em sua síntese geral, *Culture populaire et culture des élites dans la France moderne, XVe-XVIIe siècles*. Paris: 1968.

72 Essa noção de estilo cultural deriva da veia interpretativa na antropologia cultural. Ver, por exemplo, Edward Sapir, "Culture Genuine and Spurious", in Sapir, *Culture, Language and Personality*. Berkeley: 1964.

Capítulo 2

1 Nicolas Contat, Giles Barber (orgs.), *Anecdotes typographiques ou l'on voit la description des coutumes, moeurs et usages singuliers des compagnons imprimeurs*. Oxford: 1980. O manuscrito original está datado de 1762. Barber fornece uma descrição completa dos antecedentes do livro e da carreira de Contat, em sua introdução. O relato do massacre de gatos ocorre nas pp. 48-56.

2 Contat, ibid., p. 53.

3 Ibid., pp. 52 e 53.

4 Ver, por exemplo, Albert Soboul, *La France à la veille de la Révolution*. Paris: 1966, p. 140; e Edward Shorter, "The History of Work in the West: An Overview", in Edward Shorter (org.), *Work and Community in the West*. Nova York: 1973.

5 A exposição seguinte baseia-se em Henri-Jean Martin, *Livre, pouvoirs et société à Paris, au XVIIe siècle (1598-1701)*. Genebra: 1969; e em Paul Chauvet, *Les Ouvriers du livre en France, des origines à la Révolution de 1789*. Paris: 1959. As estatísticas vêm de investigações das autoridades do Antigo Regime, como foram relatadas por Martin (v. 2, pp. 699-700) e Chauvet (pp. 126 e 154).

6 Para uma discussão mais detalhada deste material, ver Robert Darnton, "Work and Culture in an Eighteenth-Century Printing Shop". *Quarterly Journal of The Library of Congress*, 1982.

7   N. Contat, op. cit., pp. 68-73.

8   Christ à STN, 8 de janeiro de 1773, papéis da Société typographique de Neuchâtel, Bibliothèque de la Ville de Neuchâtel, Suíça, daqui em diante citada como STN.

9   STN a Joseph Duplain, 2 de julho de 1777.

10   STN a Louis Vernange, 26 de junho de 1777.

11   Joseph Duplain à STN, 10 de dezembro de 1778.

12   N. Contat, op. cit., pp. 30-1.

13   Ibid., p. 52.

14   Para uma visão geral da vasta literatura sobre folclore e história francesa e referências bibliográficas, ver Nicole Belmont, em *Mythes et croyances dans l'ancienne France*. Paris: 1973. A discussão seguinte baseia-se fundamentalmente no material recolhido em Eugène Rolland, *Faune populaire de la France*. Paris: 1881, t. 4; Paul Sébillot, *Le Folklore de France*. Paris: 1904-1907, 4 v., especialmente v. 3, pp. 72-155 e v. 4, pp. 90-98; e, em nível menor, Arnold van Gennep, *Manuel de folklore français contemporain*. Paris: 1937-1958, 9 v.

15   Na Alemanha e na Suíça, *Katzenmusik* algumas vezes incluía pretensos julgamentos e execuções. A etimologia do termo não é clara. Ver E. Hoffmann-Krayer e Hanns Bächtold-Stäubli, *Handwörterbuch des deutschen Aberglaubens*, v. 4. Berlim e Leipzig: 1931-1932, pp. 1125-32; e Paul Grege et al. *Duden Etymologie: Herkinftswörterbuch der deutschen Sprache*. Mannheim: 1963, p. 317.

16   As informações, sobre a queima de gatos em Saint--Chamond vêm de uma carta que me foi gentilmente enviada por Elinor Accampo, da Universidade do Colorado. A cerimônia de Metz é descrita em A. Benoît, "Traditions et anciennes coutumes du pays messin". *Revue des traditions populaires*, 15, 1900, 14.

17   Contat, op. cit., p. 30 e pp. 66-7; e Chauvet, *Les Ouvriers du livre*, pp. 7-12.

18   Contat, op. cit., pp. 65-67.

19   Ibid., pp. 37-41, citação das pp. 39-40.

20   Um bom exemplo do gênero, *La Misère des apprentis imprimeurs* (1710), foi publicado como apêndice ao *Anecdotes typographiques* de Contat, pp. 101-10. Para outros exemplos, ver A.C. Cailleau, *Les Misères de ce monde, ou complaintes facétieuses sur les apprentissages des différents arts et métiers de la ville et faubourgs de Paris*. Paris: 1783.

21   O clássico estudo deste processo é *Les Rites de passage* (Paris: 1908), de Arnold van Gennep. Foi ampliado pela pesquisa etnográfica subsequente, especialmente a de Victor Turner: *The Forest of Symbols: Aspects of Ndembu Ritual*. Ithaca e Nova York: 1967; e *The Ritual Process*. Chicago: 1969. A experiência de Jerome se ajusta muito bem ao modelo de Van Gennep-Turner exceto quanto a alguns aspectos. Não era considerado sagrado e perigoso, embora a capela pudesse multar assalariados por beberem com ele. Não vivia fora da sociedade adulta, embora tivesse saído de casa para ir morar num cômodo improvisado, perto da casa do patrão. E não estava exposto a *sacra* secretos, embora precisasse adquirir uma gíria esotérica e assimilar o *ethos* de um ofício, depois de uma porção de tribulações, cujo clímax foi uma refeição comunitária. Joseph Moxon, Thomas Gent e Benjamin Franklin mencionam práticas parecidas na Inglaterra. Na Alemanha, o rito de iniciação era muito mais elaborado e tinha similaridades estruturais com os ritos das tribos da África, Nova Guiné e América do Norte. O aprendiz usava uma suja cobertura para a cabeça, enfeitada com chifres de bode, e uma cauda de raposa, indicando que revertera ao estado animal. Como um *Cornut* ou *Mittelding*, parte homem, parte animal, era submetido a torturas rituais, inclusive tendo as pontas dos dedos limadas. Na cerimônia final, o líder da oficina derrubava o chapéu e esbofeteava-o. Ele surgia,

então, como um recém-nascido — algumas vezes, com um novo nome e até batizado — um trabalhador assalariado, plenamente habilitado. Esta, pelo menos, era a prática descrita nos manuais tipográficos alemães, especialmente os de Christian Gottlob Täubel, *Praktisches Handbuch der Buchdruckerkunst für Anfänger*. Leipzig: 1791; de Wilhelm Gottlieb Kircher, *Anweisung in der Buchdruckerkunst so viel davon das Drucken betrifft*. Brunswick: 1793; e de Johann Christoph Hildebrand, *Handbuch für Buchdrucker-Lehrlinge*. Eisenach: 1835. O rito estava relacionado com uma antiga peça popular, o *Depositio Cornuti typographici*, que foi publicado por Jacob Redinger em seu *Neu aufgesetztes Format Büchlein*. Frankfurt-am-Main: 1679.

22   Contat, op. cit., pp. 65-6.

23   O texto não dá o último nome de Jerome, mas enfatiza a mudança de nome e a aquisição do *"Monsieur"*: "Só depois do fim da aprendizagem se é chamado de *Monsieur*; esta qualidade pertence apenas aos assalariados e não aos aprendizes" (p. 41). No livro de salários da STN, os assalariados sempre aparecem com seu *"Monsieur"*, mesmo quando são chamados por apelidos, como *"Monsieur* Bonnemain".

24   O gato preto da *Olympia* de Manet representa um tema comum, o animal "familiar" de um nu. Sobre os gatos de Baudelaire, ver Roman Jakobson e Claude Lévi-Strauss, "Les Chats de Charles Baudelaire", *L'Homme*, v. 2, 1962, pp. 5-21; e, de Michel Rifaterre, "Describing Poetic Structures: Two Approaches to Baudelaire's *Les Chats*", in Jacques Ehrmann (org.), *Structuralism*. New Haven: 1966.

25   Mary Douglas, *Purity and Danger: An Analysis of Concepts of Pollution and Taboo*. Londres: 1966; e E.R. Leach, "Anthropological Aspects of Language: Animal Categories and Verbal Abuse", in E.H. Lenneberg (org.), *New Directions in the Study of Language*. Cambridge: 1964.

26   Cervantes e Zola adaptaram as lendas tradicionais em torno dos gatos aos temas de seus romances. Em *Don Quixote* (segunda parte, capítulo 46), um saco cheio de gatos uivando interrompe a serenata do herói para Altisidora. Confundindo-os com demônios, ele tenta exterminá-los com sua espada, mas acaba derrotado por um deles, em combate individual. Em *Germinal* (5ª parte, capítulo 6), o simbolismo funciona de maneira oposta. Uma multidão de operários persegue Maigrat, o inimigo de sua classe, como se ele fosse um gato tentando escapar pelos telhados. Gritando "Peguem o gato! Peguem o gato!", eles castram seu corpo, depois que ele cai do telhado. Para um exemplo de matança de gatos como sátira do legalismo francês, ver o plano de John Friar de massacrar os *Furry Lawcats* (Peludos Gatos da Lei), em Gargântua e Pantagruel, de Rabelais, livro 5, capítulo 15.

27   Mikhail Bakhtin, *Rabelais and His World,* trad. Helene Iswolsky. Cambridge: 1968. A mais importante versão das lendas dos gatos que apareceu no tempo de Contat foi *Les Chats* (Roterdã: 1728), de François Augustin Paradis de Moncrif. Embora fosse um suposto tratado, visando a uma plateia sofisticada, aludia a uma longa série de superstições e provérbios populares, muitos dos quais apareceram nas coletâneas dos folcloristas um século e meio depois.

28   C.S.L. Davies, *Peace, Print and Protestantism.* St. Albans, Herts: 1977. As outras referências vêm das fontes citadas na nota 14. Entre os muitos dicionários de provérbios e gíria, ver o de André-Joseph Panckoucke, *Dictionnaire des proverbes français et des façons de parler comiques, burlesques, et familières.* Paris: 1748; e Gaston Esnault, *Dictionnaire historique des argots français.* Paris: 1965.

29   Rolland, *Faune populaire,* p. 118. Ver nota 14 para as outras fontes nas quais se baseia este relato.

30   Émile Chautard, *La Vie étrange de l'argot.* Paris: 1931, pp. 367-8. As expressões seguintes vêm de Panckoucke, *Dic-*

tionnaire des proverbes français; Esnault, *Dictionnaire historique des argots français*; e *Dictionnaire de l'Académie française* (Paris: 1762), que contém uma surpreendente quantidade de refinadas lendas de gatos. As lendas grosseiras foram transmitidas, em grande medida, pelos jogos e versos infantis, alguns datando do século XVI: Claude Gaignebet, *Le Folklore obscène des enfants*. Paris: 1980, p. 20.

31 Sébillot, op. cit., v. 3, pp. 93-4.

32 Panckoucke, op. cit., p. 66.

33 Esta citação e as seguintes vêm do relato de Contat do massacre de gatos, op. cit., pp. 48-56.

34 Segundo Giles Barber (op. cit., pp. 7 e 60), o próprio Jacques Vincent para quem Contat trabalhava começou sua aprendizagem em 1690; então, provavelmente nasceu por volta de 1675. Sua esposa nasceu em 1684. Assim, quando Contat entrou na loja, o patrão tinha cerca de 62 anos, a patroa cerca de 53 e o devasso jovem padre estava na casa dos vinte. Este modelo era bastante comum na indústria da impressão, em que os velhos patrões, muitas vezes, deixavam seu negócio para esposas mais jovens, que, por sua vez, punham-se de amores com assalariados ainda mais jovens. Era um modelo clássico para pândegas que, muitas vezes, zombavam de disparidades de idade entre recém-casados, bem como das humilhações de um corno.

35 Pierre Caron, *Les Massacres de septembre*. Paris: 1935.

Capítulo 3

1 O manuscrito foi publicado por Joseph Berthelé, com o título "Montpellier en 1768 d'après un manuscrit anonyme inédit" (citado, daqui em diante, como *Description*, a partir do título que lhe foi dado por seu autor), in *Archives de la ville de Montpellier*, v. 4. Montpellier: 1909. No gênero das "descrições" urbanas, ver Hugues Neveux, com seu "Les Discours de la vil-

le", in Roger Chartier (org.), *La Ville classique de la Renaissance aux révolutions*; Guy Chaussinand-Nogaret, Hugues Neveux e Emmanuel Le Roy Ladurie (Paris, 1981), que é volume 3 na *Histoire de la France urbaine*, publicado sob a direção de Georges Duby. No caso de Montpellier, nosso autor — infelizmente, este termo desajeitado é o melhor que posso encontrar para ele — pôde consultar duas obras anteriores: de Pierre Gariel, *Idée de la ville de Montpellier* (sic), *recherchée et présentée aux honestes gens*. Montpellier: 1665; e, de Charles d'Aigrefeuille, *Histoire de la ville de Montpellier depuis son origine jusqu'à notre temps*. Montpellier: 1737-1739, 2 v. Embora ele citasse essas obras em vários momentos, seu texto difere delas consideravelmente. Na forma geral, está muito mais próximo do contemporâneo *Almanach historique et chronologique de la ville de Montpellier* (Montpellier: 1759), de Dominique Donat, advogado local. Num "Avertissement" para o *Almanach*, Donat propôs lançar um seguimento para ele, um livro geral sobre Montpellier; então, pode muito bem ter sido o autor da *Description*. Mas todas as tentativas de encontrar evidências mais sólidas sobre a identidade do autor falharam.

2 *Description*, p. 9. Trechos posteriores do texto contêm sugestões para melhorar as instituições locais, escritas num estilo que sugere um administrador esclarecido, em vez de um Baedeker do século XVIII; então, parece improvável que a *Description* pretendesse ser, simplesmente, um guia.

3 Charles Dickens, *Bleak House*. Londres: 1912, p. 1.

4 Essa frase aparece tanto em Fernand Braudel como em Ernest Labrousse, *Histoire économique et sociale de la France*, v. 2. Paris: 1970, p. 716; e em Robert Mandrou, *La France aux XVIIe e XVIIIe siècles*. Paris: 1970, p. 178. Para versão parecida deste tema padrão, ver um terceiro compêndio, que apareceu no mesmo ano: de Albert Soboul, *La Civilisation et la Révolution française*. Paris: 1970, capítulos 17 e 18, e as observações sobre *"le take-*

-off", nas pp. 342-43. "Le take-off" também aparece em Pierre Chaunu, no seu La Civilisation de l'Europe des Lumières (Paris: 1971), pp. 28-9, mas numa formulação menos dogmática. Seria um exercício interessante rastrear a transmissão de fórmulas de um compêndio para outro, passando através das barreiras ideológicas que dividem os autores.

5   Sobre o surgimento da "histoire totale" na França, ver Jacques Le Goff, "L'Histoire nouvelle", in Jacques Le Goff, Roger Chartier e Jacques Revel, La Nouvelle histoire. Paris: 1978. Para exemplos do ponto de vista ortodoxo da mudança econômico-social-cultural na França do século xviii, ver os conclusivos artigos de Labrousse, em Histoire économique et sociale de la France, pp. 693-740; e Soboul, La Civilisation et la Révolution française, pp. 459-80. Para encontrar outros pontos de vista, ver Roland Mousnier, Les Institutions de la France sous la monarchie absolue 1598-1789. Paris: 1974-1980, 2 v.; e Régine Robin, La Société française en 1789: Sémur en Auxois. Paris: 1970.

6   Apesar de umas poucas tentativas de esboçar um quadro geral da burguesia do século xviii, a literatura sobre o assunto continua surpreendentemente pouco desenvolvida. De Elino Barber, The Bourgeoisie in 18th Century France (Princeton: 1955) é superficial, e o melhor estudo isolado é ainda o de Bernhard Groethuysen, Origines de l'esprit bourgeois en France (Paris: 1956), embora aborde principalmente a história intelectual. Para trabalho monográfico de historiadores sociais, ver especialmente o de Ernest Labrousse, "Voies nouvelles vers une histoire de la bourgeoisie occidentale au xviiie et xixe siècles (1700-1850)", X Congresso internazionale di Scienze Storiche: Roma, Relazioni, Florença, 4, 1955, pp. 365-96; Adeline Daumard, "Une référence pour l'étude des sociétés urbaines aux xviiie et xixe siècles: Projet de code socio-professionnel", in Revue d'histoire moderne et contemporaine, 10, julho-setembro de 1963, pp. 184-210; de Roland Mousnier, "Problèmes

de método dans l'étude des structures sociales des XVIe, XVII^{e,} XVIIIe siècles", in *Spiegel der Geschichte: Festgabe für M. Braubach* (Münster: 1964), pp. 550-64; *L'Histoire sociale: sources et métho-des: Colloque de l'École Normale Supérieure de Saint-Cloud (15-16 mai 1965)*, trabalho coletivo publicado pelas Presses Universi-taires de France, Paris, 1967; de Adeline Daumard e François Furet, "Structures et relations sociales à Paris au XVIIIe siècle", Paris, 1961; de Daniel Roche e Michel Vovelle, "Bourgeois, rentiers, propriétaires: élements pour la définition d'une caté-gorie sociale à la fin du XVIIIe siècle", in *Actes du Quatre-Vingt--Quatrième Congrès National des Sociétés Savantes*, Dijon, 1959; *Section d'Histoire Moderne et Contemporaine*, Paris, 1960; e Jean--Claude Perrot, *Genèse d'une ville moderne: Caen au XVIIIe siècle*, 2 v. Paris e Haia: 1975. Para diferentes reavaliações da nobreza, ver de Guy Chaussinand-Nogaret, *La noblesse au XVIIIe siècle: De la Féodalité aux Lumières*. Paris: 1976; e, de Patrice Higonnet, *Class, Ideology, and the Rights of Nobles During the French Revolu-tion*. Oxford: 1981.

7 As séries de volumes sobre cidades consideradas indi-vidualmente, que foram publicadas por Privat, já incluem Le Mans, Toulouse, Brest, Lyon, Rouen, Angers, Nantes, Marse-lha, Nice, Toulon, Grenoble, Bordeaux e Nancy; e a *Histoire de la France urbaine* proporciona uma excelente síntese desta florescente literatura. Até Lille, que, em geral, sempre foi con-siderada uma pioneira da industrialização urbana, agora parece mais arcaica em sua economia — um centro da indústria de produção doméstica, nos campos adjacentes, e de "protoindus-trialização"; ver Pierre Deyon et al., *Aux origines de la révolution industrielle, industrie rurale et fabriques*, edição especial da *Revue du Nord*, em janeiro-março de 1979. Michel Morineau defendeu a teoria do não crescimento, em vários artigos e em *Les Faux--Semblants d'un démarrage économique: Agriculture et démographie en France au XVIIIe siècle*. Paris: 1971.

8   Daniel Roche, *Le Siècle des Lumières en province: Acadé-mies et académiciens provinciaux, 1680-1789*. Paris e Haia: 1978; de Robert Darnton, *The Business of Enlightenment: A Publishing History of the Encyclopédie, 1775-1800*. Cambridge: 1979; John Lough, *Paris Theatre Audiences in the Seventeenth and Eighteenth Centuries*. Londres: 1957; e, como exemplo de sociologia redu-cionista na interpretação da literatura, Lucien Goldmann, "La Pensée des Lumières". *Annales: Economies, sociétés, civilisations*, 20, 1967, pp. 752-70.

9   Esses exemplos são citados do *Dictionnaire universel fran-çais et latin, vulgairement appelé Dictionnaire de Trévoux*, Paris, 1771, v. 2, pp. 11-2; mas exemplos parecidos, de uso contem-porâneo, podem ser encontrados em outros dicionários do século xviii, especialmente nos verbetes com a rubrica "bur-guês" no *Dictionnaire de l'Académie française*. Paris: 1762; Antoi-ne Furetière, *Dictionnaire universel contenant généralement tous les mots français, tant vieux que modernes, et les termes des sciences et des arts*. Haia: 1727; Jacques Savary des Bruslons, *Dictionnaire universel de commerce, d'histoire naturelle, et des arts et métiers*. Copenhague: 1759, ampliado por Philemon-Louis Savary; e a *Encyclopédie ou dictionnaire raisonné des sciences, des arts et des métiers*. Paris: 1751-1772, editado por Diderot e d'Alembert. Os dicionários registram certos usos técnicos: os burgueses que eram isentos de tribunais senhoriais na Champanha e na Bor-gonha; os burgueses que possuíam embarcações comerciais; e os burgueses que empregavam operários. Estes últimos, se-gundo a definição do *Dictionnaire de Trévoux*, correspondem de perto aos burgueses da tipografia de Contat: "Os operários chamam o homem para quem trabalham de *le bourgeois*. (Por exemplo) 'Deve-se servir *le bourgeois*'; 'Pedreiros, artesãos, sem-pre tentam enganar *le bourgeois*.'" As nuanças de distinções so-ciais também aparecem nas definições. A *Encyclopédie* enfatiza a conexão entre "burguês" e "cidadão" e termos que sugerem

O GRANDE MASSACRE DE GATOS | 359

Rousseau, enquanto o *Dictionnaire de l'Académie française* registra o uso pejorativo da palavra: "Burguês também se diz de maneira zombeteira, como um vitupério a um homem que não é um cavalheiro, ou que não tem familiaridade alguma com o comportamento da alta sociedade. 'Ele é apenas um burguês.' 'Isso cheira ao burguês.'" Savary coloca o burguês, inequivocamente, entre a nobreza e as pessoas comuns, mas a uma luz favorável: "Burguês. É geralmente aplicado a um cidadão que mora numa cidade. Mais particularmente, designa os cidadãos que não se incluem no clero nem na nobreza; e, ainda mais particularmente, aqueles que, embora não ocupem as mais elevadas posições nos tribunais ou em outras funções de destaque, estão, não obstante, bem acima dos artesãos e das pessoas comuns, por causa de sua fortuna, sua profissão honrosa ou seu comércio. É neste sentido que se diz, de um homem que se quer elogiar, que ele é um bom burguês." Finalmente, os dicionários mostram como a palavra evocava um estilo de vida. Como diz o *Dictionnaire de Trévoux:* "Uma casa burguesa é uma casa construída com simplicidade e sem magnificência, mas de maneira confortável e habitável. Opõe-se, em igual proporção, a um palácio ou mansão e a uma cabana ou chalé do tipo em que moravam os camponeses e artesãos [...] Também se diz, na conversa informal, uma sopa burguesa, querendo dizer que é uma boa sopa [...] Um vinho burguês (é) [...] vinho que não foi falsificado, que a pessoa guarda na própria adega, ao contrário do vinho de cabaré."

10 A discussão a seguir baseia-se em obras de Louis Thomas, *Montpellier ville marchande: Histoire économique et sociale de Montpellier des origines à 1870.* Montpellier: 1936; Albert Fabre, *Histoire de Montpellier depuis son origine jusqu'à la fin de la Révolution.* Montpellier: 1897; e Philippe Wolff (org.), *Histoire du Languedoc.* Toulouse: 1967, bem como as fontes citadas na nota 1.

11 *Description*, p. 35.

12 Ibid., p. 35.

13 Ibid., p. 29.

14 Ibid., p. 52.

15 Ibid., p. 18.

16 Louis Dumont, *Homo hierarchicus; Essai sur le système des castes.* Paris: 1966.

17 *Description*, p. 157.

18 Ibid., p. 67.

19 Ibid., p. 67.

20 Ibid., p. 67.

21 Ibid., pp. 35 e 99.

22 Ibid., p. 99.

23 Ibid., p. 98.

24 Ibid., p. 70.

25 Ibid., p. 156.

26 Ibid., p. 38.

27 Ibid., p. 68.

28 Ibid., p. 110.

29 Ibid., p. 158.

30 Ibid., p. 110.

31 Ibid., p. 158.

32 Ibid., p. 151.

33 Ibid., p. 151.

34 Ibid., p. 154.

35 Ibid., p. 155.

36 Ibid., p. 154.

37 Ibid., p. 68.

38 Ibid., p. 54.

39 Ibid., p. 58.

40 Ibid., pp. 57-8.

41 Ibid., p. 69.

42 Ibid., p. 68.

43 Ibid., p. 150.

44 Ibid., p. 149.

45 Ibid., p. 54.

46 Ver Roche, *Le Siècle des Lumières en province*, no qual o tema é discutido sob todos os seus aspectos.

47 *Description*, p. 59.

48 Ibid., p. 27.

49 Ibid., p. 21.

50 Ibid., p. 150.

Capítulo 4

Uma versão anterior do capítulo 4, intitulada "O policiamento dos escritores em Paris, por volta de 1750", foi publicada no volume 5 de *Studies in the Eighteenth Century Papers*, apresentado ao Quinto Seminário em Memória de David Nichol Smith, Canberra, 1980, editado por J.P. Hardy e J.C. Eade (Oxford: 1983, pp. 143-55).

1 Este estudo baseia-se nos relatórios manuscritos de Joseph d'Hémery, na Bibliothèque Nationale de Paris, nouv. acq. fr. 10781-10783. Todas as citações vêm dessa fonte e podem facilmente ser identificadas no manuscrito, porque os relatórios são ordenados alfabeticamente, de acordo com os nomes dos autores sob investigação. Planejo publicar os textos completos de um relatório num volume a ser editado em colaboração com Robert Shackleton e, finalmente, usá-lo para um livro sobre a ascensão do intelectual na França. Embora jamais tenham sido estudados em conjunto, os relatórios foram consultados para alguns poucos trabalhos biográficos, especialmente *Jeunesse de Diderot 1713-1753* (Paris: 1939), de Franco Venturi, que cita a maior parte do relatório sobre Diderot (p. 379).

2 Jacques Hébrail e Joseph de La Porte, *La France littéraire*. Paris: 1756. Os autores explicaram a natureza e o objetivo de

seu trabalho num *avertissement*, que continha um apelo geral por informações bibliográficas, a serem enviadas por qualquer pessoa e, especialmente, por escritores desconhecidos. As novas informações foram publicadas sob a forma de *additions*, na edição de 1756, e *suppléments* foram publicados em 1760, 1762, 1764 e 1784. Na edição de 1762, p.v., os autores calcularam que um pouco mais de 1.800 *auteurs* estavam vivos, na ocasião, na França. Considerando o crescimento da população, com o prestígio da condição de autor, e da produção de livros, parece provável que cerca de 1.500 franceses tivessem publicado um livro ou panfleto, em 1750.

3   Sobre as questões — intensamente debatidas — referentes a gerações, movimentos e outros grupos etários, ver Clifton Cherpack, "The Literary Periodization of Eighteenth-Century France". *Publications of the Modern Language Association of America*. 74, 1969, pp. 321-8; e Alan B. Spitzer, "The Historical Problem of Generations". *The American Historical Review*, 78, 1973, pp. 1353-83.

4   Sobre a linha Saint-Malo-Genebra, como demarcação histórica, ver Roger Chartier, "Les Deux Frances: Histoire d'une géographie". *Cahiers d'histoire*, 24, 1979, pp. 393-415. Para uma discussão sobre a questão Paris-província, ver Robert Escarpit, *Sociologie de la littérature*. Paris: 1968, pp. 41-4. Naturalmente, como Paris está localizada no norte, é de esperar que um mapa de locais de nascimento de autores morando em Paris represente pouco o sul. Também não parece muito razoável esperar uma íntima correlação entre os locais de nascimento dos autores e os indicadores aproximados de alfabetização, como os que são discutidos em *Lire et écrire: L'Alphabétisation des Français de Calvin à Jules Ferry*. Paris: 1977, 2 v.

5   Ver o artigo sobre Favart em J.-F. e L.-G. Michaud (orgs.), *Biographie universelle*, Paris, 1811-1852, 13, 440-42; bem como os estudos mais eruditos de Georges Desnoireterres, *Epicuriens et*

lettrés. Paris: 1879; e de Auguste Font, Favart, *l'Opéra-Comique et la comédie-vaudeville aux xviie e xviiie siècles*. Paris: 1894.

6 Em quase metade dos casos, o *embastillement* ocorreu depois que o relatório de d'Hémery ficou completo. Apesar de sua vigilância em torno das figuras suspeitas, a polícia não orientou sua investigação para o elemento criminoso da república das letras, mas tentou, em vez disso, fazer um levantamento geral de todos os escritores que pôde encontrar.

7 As tentativas das autoridades de aumentarem o poder do estado, através de estudos sistemáticos de seus recursos, remonta a Maquiavel e ao desenvolvimento da "razão de estado", como um princípio de governo. Embora esta tendência tenha sido tratada, habitualmente, como um aspecto da teoria política, também pertence à história da burocracia e à disseminação da "racionalização" (em vez do Iluminismo), como Max Weber o entendia. Para um levantamento recente da literatura, sob o lado da questão da história intelectual, ver Michael Stolleis, "*Arcana imperii* und *Ratio status*: Bemerkungen zur politischen Theorie des frühen 17 Jahrhunderts", *Veröffentlichung der Joachim-Jungius- -Gesellschaft der Wissenschaften*, n. 39, Göttingen, 1980, pp. 5-34.

8 Diz o relatório sobre Jean-François de Bastide: "É um provençal, espirituoso, mas sem talento, e trepa com Madame de Valence, amante de M. Vanoé, embaixador da Holanda."

9 Ver Robert Mandrou, *De la Culture populaire aux xviie e xviiie siècles: La Bibliothèque bleue de Troyes*. Paris: 1964.

10 Para mais informações sobre todas essas intrigas, ver as obras citadas na nota 5.

11 A natureza da poesia de Laurès, agora merecidamente esquecida, pode ser apreciada com uma olhada em seu *Epître à M. le comte de Bernis* (Paris: 1752) e seu *Epître à Madame la marquise de Pompadour*, nenhum local ou data de publicação.

12 Ver d'Alembert, *Essai sur la société des gens de lettres et des grands, sur la réputation, sur les mécènes et sur les récompenses*

littéraires, in *Mélanges de littérature, d'histoire et de philosophie, de d'Alembert* [1952]. Amsterdam: 1773.

13 Este tema aparece com maior proeminência em d'Alembert, ibid.; Voltaire, *Lettres philosophiques*, 1734; o opúsculo anônimo *Le Philosophe*, de 1743, e o verbete PHILOSOPHE, no v. 13 da *Encyclopédie*. Para mais detalhes, ver o capítulo seguinte.

14 O verso vem de E.J.B. Rathery (org.), *Journal et mémoires du marquis d'Argenson*. Paris: 1863, p. 402. D'Hémery mencionou esta canção e muitas parecidas, mas não as transcreveu em seus relatórios.

15 Usei o termo "intelectual" sem defini-lo porque tentei estabelecer suas fronteiras reconstruindo o contexto contemporâneo de "autores". Devo explicar, no entanto, que não acho que intelectuais e autores sejam a mesma coisa e tiro meu conceito do intelectual de sociólogos como Karl Mannheim, Edward Shils e Pierre Bourdieu. Ver especialmente Bourdieu, *Questions de sociologie*. Paris: 1980.

Capítulo 5

O capítulo 5 foi apresentado primeiro como uma conferência na Herzog August Bibliothek Wolfenbütel, em maio de 1981.

1 John Lough, *The 'Encyclopédie'*. Nova York: 1971, p. 61.

2 Michel Foucault, *The Order of Things: An Archeology of the Human Sciences*. Nova York: 1973, p. xv.

3 Ver Roger Shattuck, *The Forbidden Experiment: The Story of the Wild Boy of Aveyron*. Nova York: 1980.

4 Para mais comentários sobre essa discussão, ver E.R. Leach, "Anthropological Aspects of Language: Animal Categories and Verbal Abuse", in E.H. Lenneberg (org.), *New Directions in the Study of Language*. Cambridge: 1964; Mary Douglas, *Purity and Danger: An Analysis of Concepts of Pollution*

and Taboo. Londres: 1966; R.N.H. Bulmer, "Why is the Casso-wary Not a Bird? A Problem of Zoological Taxonomy Among the Karam of the New Guinea Highlands". *Man,* v. 2, 1967, pp. 5-25; e, S.J. Tambiah, "Animals Are Good to Think and to Prohibit". *Ethnology,* 8, 1969, pp. 423-59.

5   Sobre "método" e os primeiros esquemas para orde-nar as artes e as ciências, ver Walter Ong, *Ramus, Method, and the Decay of Dialogue: From the Art of Discourse to the Art of Reason.* Cambridge: 1958; Neal W. Gilbert, *Renaissance Concepts of Method.* Nova York: 1960; Paul Oskar Kristeller, "The Modern System of the Arts", in Kristeller, *Renaissance Thought ii: Papers on Humanism and the Arts.* Nova York: 1965, pp.163-227; Frances Yates, *The Art of Memory.* Londres: 1966; Leroy E. Loemker, *Struggle for Synthesis: The Seventeenth Cen-tury Background of Leibniz's Synthesis of Order and Freedom.* Cambridge: 1972; e Paolo Rossi, *Philosophy, Technology and the Arts in the Early Modern Era.* Nova York: 1970. Sobre as enciclopédias anteriores à *Encyclopédie* de Diderot, ver Robert Collison, *Encyclopaedias: Their History throughout the Ages.* Nova York: 1964; e Frank A. Kafker (org.), *Notable Encyclope-dias of the Seventeenth and Eighteenth Centuries: Nine Predeces-sors of the Encyclopédie, Studies on Voltaire and the Eighteenth Century,* 194, Oxford, 1981. Para uma visão geral, recente, mas um tanto superficial, dos sistemas para a classificação do conhecimento, ver Fritz Machlup, *Knowledge: The Branches of Learning.* Princeton: 1981. Estou grato a Anthony Grafton por sua orientação bibliográfica e críticas a minhas tentativas de entender esses assuntos.

6   *Discours préliminaire,* na *Encyclopédie,* ou *Dictionnaire raisonné des sciences, des arts et des métiers, par une société de gens de lettres.* Paris: 1751-1752, 1, i. Todas as referências sub-sequentes ao *Discours préliminaire* vêm da primeira edição da *Encyclopédie.*

7   *Prospectus de l'Encyclopédie*, in Denis Diderot, *Oeuvres complètes*, v. 2. Paris: 1969, p. 281. Sobre a noção de uma enciclopédia como um círculo, ou grande cadeia de conhecimento, ver também o verbete-chave de Diderot, ENCYCLOPÉDIE, na *Encyclopédie*, v. 5, republicado em *Oeuvres complètes* de Diderot, v. 2., pp. 365-463.

8   *Discours préliminaire*, p. xv.

9   *Prospectus*, p. 285-6.

10 *Prospectus*, p. 285.

11 Ephraim Chambers, *Cyclopaedia: or an Universal Dictionary of Arts and Sciences*, 5ª ed., v. 1. Londres: 1741, p. ii.

12 Ibid., p. iii.

13 *Discours préliminaire*, p. xxiv.

14 Ver os artigos nas *Mémoires de Trévoux*, janeiro e fevereiro de 1751, republicados nas *Oeuvres complètes* de Diderot, v. 2, pp. 325-32 e pp. 352-5.

15 Francis Bacon, *The Advancement of Learning*, W. A. Wright (org.). Oxford: 1876, p. 268.

16 Ibid., p. 99.

17 Ibid., p. 86.

18 *Discours préliminaire*, p. xvii.

19 Bacon, *Advancement of Learning*, p. 86.

20 Ibid., p. 85.

21 *Discours préliminaire*, p. xlvii.

22 *Lettre de M. Diderot au R. P. Berthier, jésuite*, nas *Oeuvres complètes de Diderot*, v. 2, 334.

23 *Discours préliminaire*, p. li.

24 *Encyclopédie*, v. 1, p.498.

25 Bacon, op. cit., pp. 109-10. Bacon reconheceu a força do raciocínio indutivo a respeito de Deus, mas considerou-o perigoso: "Da contemplação da natureza, ou do terreno dos saberes humanos, induzir qualquer verdade ou persuasão referente aos pontos da fé, segundo meu julgamento, não é seguro" (p. 109).

26 *Discours préliminaire*, p. xvii.

27 Ibid., p. xlviii. Para a versão de Locke sobre essa discussão, ver A.S. Pringle-Pattison (org.), *An Essay Concerning Human Understanding*. Oxford: 1960, livro 2, capítulo 23, pp. 154-74.

28 *Discours préliminaire*, p. iii.

29 Ibid., p. iv.

30 Ibid., p. iv.

31 Ibid., p. iii.

32 Ibid., p. ix.

33 Ibid., p. xiv.

34 Ibid., p. ix.

35 Ibid., p. xiv.

36 Ibid., p. xvii.

37 Ver também o "Avertissement" de d'Alembert para o terceiro volume da *Encyclopédie* (3, iv): "Neste trabalho, não se encontrarão [...] os conquistadores que devastaram a terra, mas, em vez disso, os gênios imortais que a iluminaram. Tampouco (se encontrará) uma multidão de soberanos que deveriam ter sido proscritos da história. Mesmo os nomes de príncipes e grandes personagens não têm direito algum a um lugar na *Encyclopédie*, exceto em virtude do bem que tenham feito à ciência, porque a *Encyclopédie* deve tudo ao talento e nada aos títulos. É a história do espírito humano, não da vaidade da humanidade."

38 *Discours préliminaire*, p. xxvi.

39 Ibid., p. xxvi.

40 Ibid., p. xxvii.

41 Ibid., p. xxvi.

42 D'Alembert, *Essai sur la société des gens de lettres et des grands, sur la réputation, sur les Mécènes, et sur les récompenses littéraires*, em *Mélanges de littérature, d'histoire et de philosophie* [1752]. Amsterdam: 1773, p. 330.

43 *Encyclopédie*, v. 7, p. 599.

44 Sobre as metamorfoses desse ensaio, que Voltaire também republicou em *Les Lois de Minos* (1773), ver Herbert Dieckmann, *Le Philosophe: Texts and Interpretation*. Saint-Louis: 1948.

45 Para documentação sobre este tema, que ainda precisa de mais exploração, ver Ira Wade, *"The Philosophe" in the French Drama of the Eighteenth Century*. Princeton: 1926.

46 Para uma pesquisa preliminar do *philosophe* e *Encyclopediste* como termos em voga durante o século xviii, ver Ferdinand Brunot, *Histoire de la langue française des origines à nos jours*, v. 6. Paris: 1966, parte 1, pp. 3-27.

47 D'Alembert também enfatizou isso no "Avertissement" (*Encyclopédie*, v. 3, p. iv): "É, portanto, principalmente através de seu espírito filosófico que tentaremos fazer o dicionário sobressair."

Capítulo 6

1 Este ensaio é uma tentativa de combinar a história tradicional, baseada em pesquisa de arquivos, com a interpretação de textos do tipo desenvolvido por críticos literários com o Wolfgang Iser, Hans Robert Jauss, Wayne Booth, Stanley Fish, Walter Ong, Jonathan Cutler, Louis Marin e outros. Para um levantamento do trabalho neste campo e uma bibliografia completa, ver — editado por Susan R. Suleiman e Inge Corsman — *The Reader in the Text: Essays on Audience and Interpretation*. Princeton: 1980. Como exemplos de trabalhos referentes a Rousseau, ver: Robert J. Ellrich, *Rousseau and His Reader: The Rhetorical Situation of the Major Works*. Chapel Hill: 1969; Harald Weinrich, *Muss es Romanlektüre geben? Anmerkungen zu Rousseau und zu den Lesern der Nouvelle Héloïse*, in Rainer Gruenter (org.), *Leser und Lesen im 18. Jahrhundert*. Heidelberg: 1977, pp. 28-32; Roger Bauer, "Einführung in einige Texte von Jean-Jacques Rousseau", in *Leser und Lesen*, pp. 33-9; e Hans Robert Jauss,

Ästhetische Erfahrung und literarische Hermeneutik. Frankfurt am Main: 1982, pp. 585-653.

2 Devo minha informação a A.L. Becker, que observou muitos funerais balineses, como linguista e etnógrafo.

3 Referências ao dossiê de Ranson, na Bibliothèque de la ville de Neuchâtel, ms. 1204, serão indicadas, daqui em diante, pela abreviatura STN. Alguns excertos dele serão publicados por R.A. Leigh, nos volumes 40 e 41 da *Correspondance complète* de Jean-Jacques Rousseau. A informação sobre Ranson, de La Rochelle, vem de seus contratos de casamento, de 24 de junho de 1777, e 29 de novembro de 1788, Archives départamentales de la Charente-Maritime, Minutes Crassous 3 E 776 e Minutes Roy 3 E 89, que me foram enviados em fotocópia, por extrema gentileza de Mlle O. de Saint-Affrique.

4 Ranson fez a estimativa de sua riqueza em seu contrato de casamento, de 29 de novembro de 1778. Numa carta para a STN, de 16 de março de 1779, ele comentou que a guerra prejudicara severamente o comércio em La Rochelle, embora não tivesse prejudicado seu próprio negócio. A *livre tournois* não pode ser convertida, de maneira adequada, para moedas modernas; mas, como exemplo de seu valor no século XVIII, um artesão habilitado muitas vezes ganhava cerca de quinhentas libras por ano.

5 Para uma pesquisa da literatura sobre as bibliotecas e os hábitos de leitura, em geral, no século XVIII, ver Robert Darnton, "Reading, Writing and Publishing in Eighteenth-Century France: A Case Study in the Sociology of Literature". *Daedalus*, inverno de 1971, pp. 214-56. O mais recente estudo é o de Michel Marion, *Recherches sur les bibliothèques privées à Paris au milieu de XVIII*ͤ *siècle (1750-1759)*. Paris: 1978.

6 Ranson para a STN, 29 de abril de 1775.

7 Ranson para a STN, 27 de setembro de 1780.

8 Ranson para a STN, 17 de outubro de 1775.

9   Ranson para a STN, 8 de março de 1777.

10 Ranson para a STN, 27 de dezembro de 1774.

11 Ranson para a STN, 30 de agosto de 1785.

12 Ranson para a STN, 10 de junho de 1777.

13 Pavie para a STN, 4 de março de 1772.

14 Por exemplo, "Falsas religiões. Chamam-se de heréticos a todos aqueles que não acreditam em tudo que a religião católica nos manda acreditar. É o caso dos luteranos, calvinistas e de muitos outros": N.-A. Viard, *Les vrais principes de la lecture...* Paris: 1763, p. 76.

15 Ranson para a STN, 9 de agosto de 1775.

16 Ranson para a STN, 17 de outubro de 1775.

17 Viard, *Les vrais principes de la lecture*, p. i.

18 Ibid., p. xi.

19 Ibid., p. 26.

20 Ibid., p. x.

21 J.-J. Rousseau, *Émile ou de l'éducation*, v. 4. Bibliothèque de la Pléiade: Paris, 1960, p. 358.

22 J.-J. Rousseau, "Les Confessions de J.-J. Rousseau", in *Oeuvres complètes*, v. 1. Paris: 1959, p. 8.

23 Ibid., pp. 8-9.

24 J.-J. Rousseau, *Julie, ou la Nouvelle Héloïse*, in *Oeuvres complètes*, v. 2. Paris: 1961, pp. 57-8.

25 Ibid., v. 2, pp. 56-7.

26 Rousseau, *Confessions*, v. 1, pp. 111-2.

27 Rousseau, *La Nouvelle Héloïse*, v. 2, p. 5.

28 Ibid., v. 2, p. 12.

29 Ibid., v. 2, p. 5.

30 Ibid., v. 2, p. 5.

31 Ibid., v. 2, p. 6.

32 Rousseau usou seu título "cidadão de Genebra" desafiadoramente nas folhas de rosto das obras que escreveu durante esse período, especialmente suas cartas abertas para d'Alembert

e para Christophe de Beaumont. A última ofereceu um provocativo contraste entre o simples republicano suíço e o poderoso arcebispo de Paris: *Jean-Jacques Rousseau, citoyen de Genève, à Christophe de Beaumont, archevéque de Paris, duc de S. Cloud, pair de France, commandeur de l'ordre du Saint-Esprit, proviseur de Sorbonne etc.* Rousseau não colocou "cidadão de Genebra" na folha de rosto de *La Nouvelle Héloïse* porque não queria "profanar" o nome de sua terra natal, associando-o com um romance: *La Nouvelle Héloïse*, v. 2, p. 27. No século XVIII, os romances eram, com frequência, considerados moralmente suspeitos, ou uma forma inferior de literatura, e os romancistas, em geral, não punham seus nomes nas folhas de rosto de seus livros. Na verdade, as pessoas raramente usavam primeiros nomes em suas atividades cotidianas, exceto, talvez, os camponeses. Identificando-se como Jean-Jacques, Rousseau convidou seus leitores a entrarem numa relação incomum, íntima.

33   Rousseau, *La Nouvelle Héloïse*, v. 2, pp. 18-19.

34   Sobre a divergência com Diderot e as circunstâncias nas quais Rousseau escreveu *La Nouvelle Héloïse*, ver o estudo crítico de Bernard Guyon, in *Oeuvres complètes*, v. 2, pp. xviii-lxx.

35   Rousseau, *La Nouvelle Héloïse*, v. 2, p.16.

36   Ibid., v. 2, p. 16.

37   Ibid., v. 2, p. 15.

38   Ibid., v. 2, p. 11.

39   Ibid., v. 2, p. 29.

40   Ibid., v. 2, pp. 26-27.

41   Ibid., v. 2, p. 27.

42   Rousseau, *Émile*, v. 4, p. 357.

43   Ranson à STN, 9 de agosto de 1775.

44   Ranson à STN, 25 de janeiro de 1777.

45   Ranson à STN, 8 de março de 1777.

46   Ranson à STN, 10 de junho de 1777.

47   Ranson à STN, 12 de julho de 1777.

48 Ranson à STN, 27 de setembro de 1777.

49 Ranson à STN, 29 de novembro de 1777.

50 Ranson à STN, 16 de maio de 1778.

51 Ranson à STN, 1º de agosto de 1778.

52 Ranson à STN, 12 de setembro de 1778.

53 Os Ranson haviam batizado sua filha Elisabeth por causa da mãe de Ranson. As informações sobre os nascimentos das crianças e os nomes de família vêm, sobretudo, do contrato do segundo casamento de Ranson, datado de 29 de novembro de 1788. Sua primeira esposa, Madeleine Raboteau, morrera no espaço dos três anos anteriores, e Ranson casou-se com sua prima, Jeanne Françoise Raboteau.

54 Ranson à STN, 27 de dezembro de 1778.

55 Ranson à STN, 16 de março de 1779.

56 Ver Philippe Ariès, *L'Enfant et la vie familiale sous l'Ancien Régime*. Paris: 1960.

57 Rousseau, *La Nouvelle Héloïse*, v. 2, p. 23.

58 Ranson à STN, 16 de setembro de 1780.

59 A última carta do dossiê de Ranson está datada de 30 de agosto de 1785. Ranson, quase com certeza, continuou a escrever a Ostervald depois dessa data, mas as cartas não são encontradas nos documentos da STN, porque Ostervald retirou-se da direção dos negócios da STN em 1784-1785. Deste modo, não se pode acompanhar a carreira e a vida familiar de Ranson até a morte de sua primeira esposa, seu novo casamento e o que aconteceu com ele durante a Revolução. Como foi mencionado acima, ele desempenhou um papel subalterno e moderado na política revolucionária local, e morreu em 5 de agosto de 1823, com a idade de 75 anos, tendo sobrevivido à sua segunda esposa.

60 Para uma visão geral da reação a *La Nouvelle Héloïse*, que inclui um breve estudo da correspondência recebida por Rousseau, ver Daniel Mornet, *La Nouvelle Héloïse*, v. 1. Paris: 1925, pp. 247-67. As descobertas de Mornet foram ampliadas na análise

mais sistemática e sociológica feita por Daniel Roche, "Les primitifs du Rousseauisme: une analyse sociologique et quantitative de la correspondance de J.-J. Rousseau". *Annales: Economies, sociétés, civilisations*, janeiro-fevereiro, 1971, xxvi, pp. 151-72. Os textos das cartas recebidas por Rousseau podem agora ser lidos na esplêndida edição da correspondência de Rousseau feita por R.A. Leigh: *Correspondance complète de Jean-Jacques Rousseau*, v. 8-10. Genebra: 1969.

61 As citações e outras referências, na ordem de seu aparecimento, vêm da *Correspondance complète* de Rousseau: C.-J. Panckoucke a Rousseau, fevereiro de 1761, v. 8, pp. 77-8; J.-L. Buisson a Rousseau, 11 de fevereiro de 1761, v. 8, p. 88; A.-J. Loyseau de Mauléon a Rousseau, 18 de fevereiro de 1761, v. 8, p. 130; Charlotte Bourette a Rousseau, 21 de fevereiro de 1761, v. 8, p. 148; J.-J.-P. Fromaget a Rousseau, 5 de junho de 1761, v. 9, p. 3; *abbé* Cahagne a Rousseau, 27 de fevereiro de 1761, v. 8, pp. 187 e 191; J.-F. Bastide a Rousseau, 12 de fevereiro de 1761, v. 8, pp. 91-2; Daniel Roguin a Rousseau, 27 de fevereiro de 1761, v. 8, p. 181; A.-P. de Gingins, baron de La Serraz a Rousseau, março (?) de 1761, v. 8, p. 263; Jacques Pernetti e Jean-Vincent Capperonnier de Gauffecourt a Rousseau, 26 de fevereiro de 1761, v. 8, p. 178; D.-M.-Z.-A. Mazarini-Mancini, *marquise* de Polignac a M.-M. de Brémond d'Ars, *marquise* de Verdelin, 3 de fevereiro de 1761, v. 8, p. 56; Charlotte de La Taille a Rousseau, 10 de março de 1761, v. 8, pp. 239-40; Louis François a Rousseau, 24 de março de 1761, v. 8, pp. 278-9; e o exemplar do *Journal helvétique* de fevereiro de 1761, citado em v. 8, p. 73.

62 D.-M.-Z. Mazarini-Mancini, *marquise* de Polignac a M.-M. de Brémond d'Ars, *marquise* de Verdelin, 3 de fevereiro de 1761, em *Correspondance complète*, v. 8, pp. 56-57.

63 Louis François a Rousseau, 7 de março de 1761, em *Correspondance complète*, v. 8, pp. 278-79; e Paul-Claude Moultou a Rousseau, 7 de março de 1761, v. 8, pp. 225-26.

64   Madame du Verger a Rousseau, 22 de janeiro de 1762, em *Correspondance complète*, v. 10, p. 47.

65   Ver em *Correspondance complète*, v. 9, pp. 132-55, o início de sua correspondência.

66   Rousseau, *Confessions*, v. 1, pp. 545-7.

67   Fromaget a Rousseau, 6 de abril de 1761, em *Correspondance complète*, v. 9, p. 3.

68   Um leitor anônimo a Rousseau, 6 de abril de 1761, em *Correspondance complète*, v. 8, p. 296; carta de uma jovem anônima, março de 1761 (?), v. 8, pp. 258-9; Pierre de La Roche e Rousseau, 16 de outubro de 1761, v. 9, p. 168; e C.-J. Panckoucke a Rousseau, fevereiro de 1761, v. 8, pp. 77-8.

69   M. Rousselot a Rousseau, 15 de março de 1761, em *Correspondance complète*, v. 8, p. 252, B.-L. de Lenfant de la Patrière, *baron* de Bormes a Rousseau, 27 de março, 1761, v. 8, pp. 280-1; A.-A. Lalive de Jully a Rousseau, 31 de janeiro de 1761, v. 8, p. 43; F.-C. Constant de Rebecque a F.-M.-S. Constante de Rebecque, 9 de fevereiro de 1761 (?), v. 8, p. 72; e J.-L. le Cointe a Rousseau, 5 de abril de 1761, v. 8, pp. 292-3.

70   A.-J. Loyseau de Mauléon a Rousseau, 18 de fevereiro de 1761, em *Correspondance complète*, v. 8, p.131; um leitor anônimo a Rousseau, 6 de abril de 1761, v. 8, p. 296; um leitor anônimo a Rousseau, março de 1761, v. 8, pp. 257-8. Todas essas frases e as expressões de outras cartas recebidas por Rousseau aproximaram-se intimamente da redação dos prefácios.

71   Rolf Engelsing, *Der Bürger als Leser: Lesergeschitchte in Deutschland 1500-1800*. Stuttgart: 1974. Para uma discussão crítica da tese de Engelsing, ver Reinhart Siegert, *Aufklärung und Volksletüre exemplarisch dargestellt an Rudolph Zacharias Becker und seinem, "Nothund Hülfsbüchlein" mit einer Bibliographie zum Gesamtthema* (Frankfurt am Main, 1978); e, de Martin Welke, "Gemeinsame Lektüre und frühe Formen von Gruppenbildungen im 17, und 18, Jahrhundert: Zeigungslesen in Deutschland", in

Otto Dann (org.) *Lesegesellschaften und bürgeliche Emanzipation: Ein europäischer Vergleich*. Munique: 1981.

72 Ranson à STN, 27 de dezembro de 1774.

73 Ranson à STN, 8 de maio de 1781.

74 Ranson à STN, 12 de junho de 1785.

75 Johann Adam Bergk, *Die Kunst Bücher zu Lesen*. Iena: 1799, p. 411.

76 Por exemplo, na p. 302, ibid., Bergk enfatizou: "Rousseau, com sua ardente e criativa imaginação e sua compreensão penetrante, esmaga-nos com seu domínio e proporciona-nos um prazer que trespassa os mais íntimos recessos de nosso coração. Ele rasga o véu que cobre os segredos da natureza e suas descrições, como uma poderosa torrente, arrastam-nos."

Conclusão

1 Pierre Chaunu, "Un Nouveau Champ pour l'histoire sérielle: Le Quantitatiff au troisième niveau", in Pierre Chaunu, *Histoire quantitative, histoire sérielle*. Paris: 1978, pp. 216-30. Com *sérielle* Chaunu quer dizer algo mais específico que estatístico ou quantitativo, mas a palavra não é bem traduzida como "serial". Por outro lado, não discute a maneira como os fenômenos dos dois primeiros níveis afetam os do terceiro. Para uma exposição explícita em torno desse assunto, ver Fernand Braudel e Ernest Labrousse, *Histoire économique et sociale de la France*, v. 2. Paris: 1970, pp. 693-740; e Albert Soboul, *La Civilisation et la Révolution française*. Paris: 1970, pp. 459-80. Para uma discussão da história das *mentalités* como gênero, ver os ensaios de Lucien Febvre republicados em *Combats pour l'histoire*. Paris: 1965, pp. 207-39; de Georges Duby, "Histoire des mentalités". in *L'Histoire et ses méthodes* (*Encyclopédie de la Pléiade*, Paris: 1961), pp. 937-66; Alphonse Dupront, "Problèmes et méthodes d'une histoire de la psychologie collective". *Annales: Economies, sociétés, civilisations,*

16, 1961, pp. 3-11; Louis Trénard, "Histoire des mentalités collectives: Les Livres, bilans et perspectives". *Revue d'histoire moderne et contemporaine*, 15, 1968, pp. 691-703; Robert Mandrou, "Histoire sociale et histoire des mentalitás" *La Nouvelle Critique*, 1972, pp. 3-11; Jacques Le Goff, "Les Mentalités: Une Histoire ambiguë", in Jacques Le Goff e Pierre Nora (org.), *Faire de l'histoire*, v. 3. Paris: 1974, pp. 76-94; Philippe Ariès, "L'Histoire des mentalités", in Jacques Le Goff, Roger Chartier e Jacques Revel (org.), *La Nouvelle Histoire*. Paris, 1978, pp. 402-22; e *Michel Vovelle*, "Histoire des mentalités — Histoire des résistances de ou les prisons de la longue durée", in *History of European Ideas*, v. 2, 1981, pp. 1-18. *La Nouvelle Histoire* proporciona um levantamento das tendências historiográficas que são identificadas com a "Escola dos *Annales*". Para exemplo das excelentes teses de doutoramento elaboradas de acordo com o mesmo modelo, ver F.G. Dreyfus, *Sociétés et mentalités à Mayence dans la seconde moitié du dix-huitième siècle*. Paris: 1968: parte 1, "Economie", parte 2, "Structure sociale", parte 3, "Mentalités et culture"; Maurice Garden, *Lyon et les Lyonnais au xviiie siècle*. Paris: 1970: parte 1, "Structures économiques et socio-géographiques", parte 2, "Structure démographique", parte 3, "Mentalités".

2   Ernest Labrousse, "La Crise de l'économie française à la fin de l'Ancien Régime et au début de la Révolution" (Paris: 1944), 1, xxix; Pierre Chaunu, "Dynamique conjuncturelle et histoire sérielle: Point de vue d'historien", in Chaunu, op. cit, p. 17. Tentei fazer um levantamento da literatura francesa numa série de artigos em *The New York Review of Books*, alguns dos quais foram republicados com o título "The History of *Mentalités*: Recent Writings on Revolution, Criminality, and Death in France", in Richard H. Brown e Stanford M. Lyman (org.), *Structure, Consciousness, and History*. Cambridge: 1978, pp. 106-36. É bom acrescentar que alguns historiadores ligados aos *Annales*, especialmente Jacques Le Goff e Jean-Claude Schmitt, afastam-

-se agora da análise quantitativa da cultura, voltando-se para a antropologia. Ver Roger Chartier, "Intellectual or socio-cultural history? The French trajectories", in Dominick La Capra e Steven L. Kaplan (org.), *Modern European Intellectual History Reapprosals and New Perspectives*. Ithaca: 1982, pp. 13-46; e André Burguière, "The Fate of the History of Mentalités in the Annales", in *Comparative studies in Society and History*, 24, 1982, pp. 424-37. Entretanto, esta antropologia geralmente permanece restrita ao sistema estruturalista de Claude Lévi-Strauss, ou ao funcionalismo derivado de Émile Durkheim. Não foi afetada pela veia simbólica da antropologia americana, que se desenvolveu sob a influência de Edward B. Tylor e Franz Boas, nem pela veia weberiana, que floresceu no trabalho de Clifford Geertz. Enquanto os norte-americanos tendem a ignorar os sistemas de relações, os franceses geralmente negligenciam sistemas de significação.

3 William Langer, *Political and Social Upheaval, 1832-1852*. Nova York: 1969; Keith Thomas, *Religion and the Decline of Magic*. Nova York: 1971; Hildred Geertz e Keith Thomas, "An Anthropology of Religion and Magic". *Journal of Interdisciplinary History*, 6, 1975, pp. 71-109; Lawrence Stone, *The Family, Sex and Marriage in England 1500-1800*. Nova York: 1977; Philippe Ariès, *L'Homme devant la mort*. Paris: 1977; e Michel Vovelle, *Piété baroque et déchristianisation en Provence au XVIIIe siècle: Les Attitudes devant la mort d'après les clauses des testaments*. Paris: 1972.

4 Keith Thomas, "History and Anthropology", *Past and Present*, n. 24, 1963, pp. 3-24; E.E. Evans-Pritchard, "Anthropology and History", in E.E. Evans-Pritchard, *Essays in Social Anthropology*. Londres: 1962. Seria inútil enumerar todos os trabalhos de antropologia e história em que as duas disciplinas estão juntas. O leitor interessado em pesquisar mais profundamente o tema pode consultar as obras de Clifford Geertz, Victor Turner, Rena-

to Rosaldo, Shelly Errington, Louis Dumont, Marshall Sahlins, B. S. Cohn, James Fernandez, Jacques Le Goff, Emmanuel Le Roy Ladurie, Jean-Claude Schmitt, Natalie Davis, William Sewell, Lawrence Levine, Greg Dning e Rhys Isaac, para designar apenas uns poucos entre os autores mais talentosos.

5   Marc Bloch, *Apologie pour l'histoire ou métier d'historien*. Paris: 1974; edição de um texto escrito em 1941 e 1942, p. 35.

Este livro foi composto na tipografia Dante MT Std, em corpo 12/15, e impresso em papel off-set no Sistema Digital Instant Duplex da Divisão Gráfica da Distribuidora Record.